ヨーロッパとはどこか

統合思想から読む二〇〇〇年の歴史

中嶋洋平

吉田書店

はじめに

二〇〇〇年代後半以降、世界は深刻な経済危機に直面してきた。ヨーロッパ諸国もまた経済危機に苦しんできたことは、メディア報道などによって伝えられるとおりである。

では、なにゆえにヨーロッパ諸国は経済危機に苦しんできたのだろうか。とくに「単一通貨ユーロ」の危機が叫ばれたが、なにゆえに諸国家の通貨を単一にする、つまり「通貨統合」を図る必要があったのだろうか。単一通貨ユーロが流通する「ヨーロッパ連合（EU）」という国際的政治組織は、なにゆえに設立されたのだろうか。

さらに、根本的に考えてみるなら、そもそも統合されるべき「ヨーロッパ」とはどこからどこまでなのだろうか。政治的な意識や経済力、はたまた習慣や習俗が互いに異なる諸国家・諸国民を次々と取り込みながら、今日なおEUはその領域を拡大させ続けているわけだが、結局のところヨーロッパ統合はどこで終わるのだろうか。統合を推し進める「ヨーロッパ人」は、自らが日々の生活を営むヨーロッパをどのように定義することで、その領域を見出しているのだろうか。

統合されるべきヨーロッパの領域をどのように見出すかという問いへの答えは、ヨーロッパというものの定義に応じて変化する。ヨーロッパというものをどのように定義するかという問いへの答えは、ヨーロッパに建設される政治的統合体の性質や意義に深く関わる。「ヨーロッパとはどこか」

を問うことが重要である。

とにもかくにも、現代のヨーロッパ世界で起きている経済危機を中心とした諸問題について理解するには、その基礎であり背景である「ヨーロッパ統合」について考察せねばならないわけである。なにゆえに、そしてどのようにして多種多様な諸国家・諸国民間でヨーロッパ統合が構想され、さらに実現に向かって進められてきたのかという歴史への知見は、ヨーロッパ世界のあり方を探究するために必要不可欠である。

こうしたヨーロッパ統合は、第二次世界大戦終結後から今日に至る数十年間において具現化した事象であるものの、実のところ統合を実現しようという試みそのものは古くより存在してきた。つまり、ヨーロッパ統合とは決してここ数十年に限定された話なのではなく、古代以来の二千数百年に及ぶ長い歴史を背景とする事象である。そうした二千数百年の歴史の中で、ヨーロッパは定義され、統合されるべきものとして形作られてきた。ヨーロッパ統合こそがヨーロッパ史を体現していると考えてもよいほどである。

さて、筆者は、有史以来の歴史の流れの中で展開したさまざまな出来事やさまざまな問題に対して、その時代、その場所において日々の生活を営んでいた人びとがどのように思考し、どのように解決策としてのヴィジョンを導き出していったのか、そしてそれらのヴィジョンが思想という形で受け継がれることで、次の世代がどのような時代を創りだしていったのかという、人間、出来事、ヴィジョン、思想の関係、そうした関係の中で育まれる「文明史」に関心を持ってヨーロッパ世界について探究してきた。

ヨーロッパ統合は、主として、さまざまな政治社会が築きあげられて以来続いてきた諸国家・諸国民の反目や対立、その結果としての戦争という現実を目の前にして、人びとが解決を図るために導き出したヴィジョンに基づいて構想されてきた。

ユーラシア大陸の西の端に付属する小さな半島に存在した何十もの国家・国民が互いに激しく対立する一方で、恒久平和を構築する、あるいは可能な限り対立を抑止するためのルールや方法を模索する中で、「統合（地域統合）」が目指されたわけである。そうして生まれたヨーロッパ統合ヴィジョンは次の世代の人間にヨーロッパ統合思想として受け継がれた。次の世代の人間は諸国家・諸国民の戦争を解決しようと、受け継いだ思想を元にして、新たなヴィジョンを紡ぎ出し、そのヴィジョンはまた次の世代に受け継がれていった。一つのヨーロッパ世界が形成されていく過程としてのヨーロッパ史は、ヨーロッパ統合思想・ヴィジョンの継承という観点から描き出すことが可能であるにちがいない。

こうした「統合」のあり方を人間、出来事、ヴィジョン、そして思想の関係という観点から検討することで、統合が目指されてきたヨーロッパ世界の歴史を再考しつつ、ヨーロッパなるものの定義、そして統合されるべきヨーロッパの領域をめぐる人びとの思惟について探究していきたい。

目次

・本書に掲載した図版は、特記したものを除き、すべてパブリックドメイン下であることを確認している。
・本書に掲載した地図は、Georges Duby, *Grand atlas historique*, Paris: Larousse, 2011の他、Jean Weydert, & Sophie Béroud, *Le devenir de l'Europe*, Paris: Editions de l'Atelier, 1997、Antoine Leca, *La république européenne: introduction à l'histoire des institutions publiques et des droits communs de l'Europe. L'unité perdue (476-1806)*, Aix-en-Provence: Presses Universitaires d'Aix-Marseille, 2000、Jean-Baptiste Duroselle, *L'Europe, Histoire de ses peuples*, Paris: Hachette littératures, 2004などの記述も参考にしながら筆者が作成した。

序　章　ヨーロッパとはどこか？

1　問われているもの

†ヨーロッパの経済危機

二〇〇〇年代後半以降、ヨーロッパ諸国は経済危機に直面し続けてきた。二〇〇七年のアメリカ合衆国における住宅バブルの崩壊、そして二〇〇八年九月のいわゆるリーマン・ショックなどに端を発した世界的な経済危機の後、ヨーロッパ諸国においてはPIIGS諸国（ポルトガル＝P、イタリア＝I、アイルランド＝I、ギリシャ＝G、スペイン＝S）を中心として財政危機、そして債務危機が発生し、ヨーロッパ連合（EU）加盟二八カ国のうち一八カ国[1]に流通する単一通貨ユーロに対する信用が大きく揺らぐという「ユーロ危機」に見舞われてきた。

ヨーロッパ諸国を襲っている経済危機は、世界的な信用不安が続く中、二〇〇九年一〇月のギリシャにおける政権交代の際に、国家財政の〝粉飾決算〟が発覚したことを直接的な原因としているが、PIIGS諸国のみならず、ハンガリーやブルガリアといった東ヨーロッパの中小国に危機が連鎖的に波及し、さらにはEU域内第二位、世界第五位の経済大国フランスの危機までが公然と語られるようになるなど、ヨーロッパ全域が急速に危機に巻き込まれていったことの根底には「ヨーロッパ統合」がある。

ヨーロッパ諸国は一五世紀末からの「大航海時代」以降、世界中に植民地を広げ、七つの海を支配し、長らく国際政治をリードしてきた。そして、ヨーロッパ諸国間では領土や資源など権益をめぐって、いくたびもの戦争が繰り返された。しかし、第一次世界大戦および第二次世界大戦という二度の世界大戦を経験することによって政治的にも経済的にも没落し、西のアメリカと東のソビエト連邦に国際政治の主導権を奪われる中で、西ヨーロッパ諸国は「統合」への道を選択した。そこには恒久平和の実現、米ソ二大国へ対抗するための大同団結、はたまたフランスによる隣の大国ドイツ（西ドイツ）の取り込み、あるいはドイツによるフランスの手を借りての国際社会への復帰といった、さまざまな理念、目的、そして動機があった。東西冷戦の中で、アメリカが西ヨーロッパ諸国の統合体を対ソ連・対共産主義勢力圏の防波堤とみなしつつ大きく支援したことも忘れてはならない。

とはいえ、何百年もの間、互いに戦争を繰り返してきたヨーロッパ諸国がたやすく一つの国家のような統合体になれるはずはなかった。「ヨーロッパ統合の父」とも呼ばれる二人のフランス人政治家、ジャン・モネ（一八八八～一九七九年）とロベール・シューマン（一八八六～一九六三年）は、ヨーロッパ統合によって恒久平和を実現することを理念として掲げつつも、「ヨーロッパは一日にしてならない」ことを自覚したうえで、ヨーロッパ諸国が結束できるという実績を積み上げるために、一九五一年、パリ条約締結（一九五二年に発効）による「ヨーロッパ石炭鉄鋼共同体（ECSC）」の設立を主導した。

長らくフランスとドイツというヨーロッパの二大国の戦争の原因となってきた石炭と鉄鋼の生産

を両国だけでなく、イタリアやベネルクス三国（ベルギー、オランダ、ルクセンブルク）も加わったうえで共同管理するという試みであった。フランスとドイツの国境地帯は石炭と鉄鉱石の一大産地であり、産業発展と軍備拡大を目指す両国の係争地となってきたわけである。ＥＣＳＣの設立により、参加六カ国の間では関税や補助金が撤廃され、石炭・鉄鋼の自由な共同市場が構築された。経済的な利益がもたらされることが望まれた。

モネ（左）とシューマン

出典：Encyclopedia Britannica（http://global.britannica.com/EBchecked/topic/389660/Jean-Monnet）

経済的利益こそ諸国家・諸国民の共通利益――。ヨーロッパ諸国は長らく互いに自国の政治的・経済的利益のみを優先しつつ主権を行使し、戦争を繰り返してきた。共通の政府や議会、あるいは共通の軍隊を設立するなどして、共通の外交政策の策定といった共通の意志決定のプロセスを作り出す「政治統合」は、ヨーロッパ諸国間に恒久平和を実現するための一つの理想ではあるものの、各国の主権を大きく侵してしまう可能性がある点で極めて難しい。また君主政か共和政か、一院制か二院制か、中央集権制か分権制かといった各国の民主主義の具体的なあり方は、その国の歴史や文化の影響を受けてさまざまである。民主主義国家において、主権は選挙といった民主主義的手続きを通して国民の政治的意志が示されることで行使されるわけだが、

「政治統合」を推し進めるためには、諸国民の多様性を超えて主権を有する一つの〝ヨーロッパ国民〟の存在がいずれ必要となる。「政治統合」へのハードルは非常に高い。ヨーロッパ防衛共同体（EDC）やヨーロッパ政治共同体（EPC）の設立といった「政治統合」の試みは失敗に帰した。

しかし、経済的な協力関係が大きな金銭的利益をもたらすとき、資本主義の中で生きるヨーロッパ諸国家・諸国民にとって、そうした経済的利益だけは互いのさまざまな利害を超えて共通している。ヨーロッパ諸国は「政治統合」からではなく、まずは関税同盟や「単一市場」の設立といった「経済統合」を優先することになった。ヨーロッパ諸国が結束するという実績を積み上げるために、統合できるところから統合を進めていった。このような国際関係を構築する手法は「新機能主義」と呼ばれている。そもそも、政治的なことがらと非政治的なことがらを分けたうえで、諸国家の利害対立がより起きにくい非政治的なことがらにおける協力によって、諸国家の関係を深め、恒久平和を実現していくという手法を機能主義という。〝新〟機能主義は機能主義の理論を基礎としつつも、いずれは政治的なことがらについても諸国家の枠組みを弱めて、より超国家性を有する制度を創りあげていくことを目的としている。諸国家間においては「経済統合」によって経済的関係が密接になり、結束の実績が積み上がっていくことによって、いずれ「政治統合」も開始され、将来的には恒久平和が実現されるだろうと考えられたのである。なお、気をつけねばならないが、「経済統合」は経済的領域において統合を進めるということを意味するのであって、「経済統合」が行われるか否かについては諸国家・諸国民の政治的決定が必要となる。「経済統合」も「政治統合」も前述のような中身の違いはあるが、共通して政治的行為である。

ＥＣＳＣの設立により、フランス、ドイツ、イタリア、ベネルクス三国の計六カ国で始まったヨーロッパ統合であるが、一九五七年のローマ条約締結（一九五八年に発効）によるヨーロッパ経済共同体（ＥＥＣ）およびヨーロッパ原子力共同体（ＥＵＲＡＴＯＭ）の設立を経て、一九六五年のブリュッセル条約締結（一九六七年に発効）によって三つの共同体の組織体制が統合され、「ヨーロッパ諸共同体（ＥＣ）」[2]が誕生した。

ＥＣの加盟国は増え続けた。一九七三年にイギリス、アイルランド、デンマーク、一九八一年にギリシャ、一九八六年にスペインとポルトガルがＥＣに加盟した。そして、ＥＣＳＣの設立より四〇年弱、一九九二年のマーストリヒト条約締結（一九九三年に発効）によって、ＥＣが「ヨーロッパ連合（ＥＵ）」へ発展する中で、経済統合がさらなる深化を遂げるとともに、政治統合の要素がより強まっていった。

一九九五年にはオーストリア、フィンランド、スウェーデンがＥＵに加盟した。東西冷戦の終結やソ連の崩壊などにより共産主義勢力圏から解放された東ヨーロッパ諸国もまた、二一世紀に至り、ＥＵに相次いで加盟することになった。経済危機の真っ只中にある二〇一三年には、クロアチアの加盟によりＥＵ加盟国は二八カ国に膨れ上がった。さらに、トルコやマケドニア、セルビアといった加盟候補国の加盟が控えている。加盟国が拡大することによって、ＥＵ域内の多様性がますます増している（地図序－1）。

新たにＥＵに加盟した新興・中小国それぞれが狙いとするものには、もちろん歴史的な経験や地政学的な条件の差異を前提とした違いがあるだろう。たとえば、西ヨーロッパ諸国を中心としたＥ

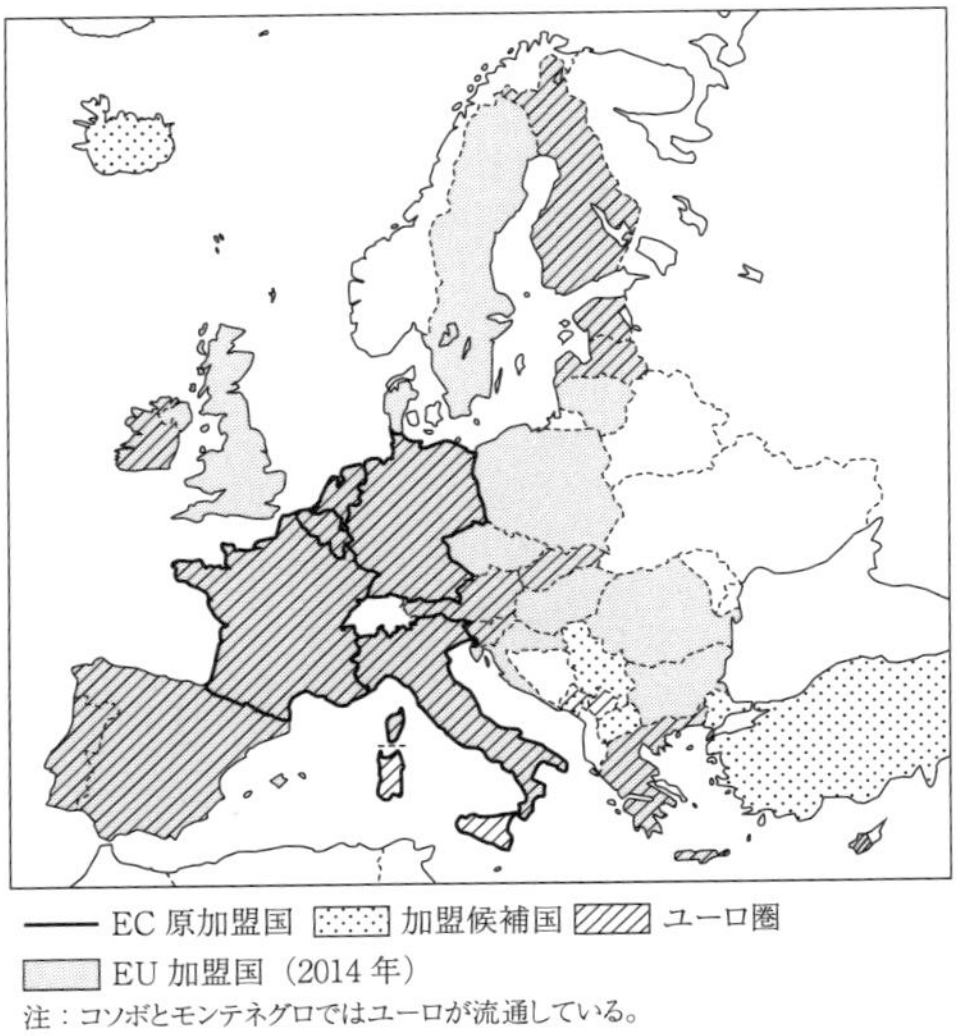

地図 序－1　EC原加盟国、EU と加盟候補国（2014年）

Uに加盟することを、東の大国ロシアに対する防衛手段とみなす東ヨーロッパの国家・国民が存在する。ただ、どの国家・国民も共通して、「一つのヨーロッパ（One Europe）」という関税が撤廃された巨大市場の中に入ることで、多大な経済的利益を得ようと期待してきたことは間違いない。

ドイツやフランスといった経済大国にとっては、統合されるべきヨーロッパの領域を拡大することで、成長が期待される新興・中小国を取り込み、独占的な巨大市場をさらに巨大化することが可能になった。

一九九九年に単一通貨ユーロがEU加盟一一カ国の間に導入されたことで（決済用仮想通貨としてであり、現金の形で流通するようになったのは二〇〇二年のこと）、新たに構築された「ユーロ圏」内部においては資金の移動がそれまで以上に活発化し、経済発展が促進された。東ヨーロッパの新興・中小国のユーロへの参加が実現していくならば、ドイツやフランスにとってはさらなる利益がもたらされる可能性があった。

こうした戦後のヨーロッパ統合のあり方こそが、まさにヨーロッパ諸国を苦しめてきた経済危機の根底にある問題である。統合の進展の中でくすぶり続けていた矛盾が、経済危機の中で一気に噴出し始めたのである。

†経済統合の歪み

ヨーロッパ統合が深化する中で、ドイツやフランスといった経済大国の資金が新興・中小国に一気に流れ込むことにより、経済発展が促進された。景気が順調に推移している状態であれば問題ない。しかし、景気が落ち込み、信用不安が生じることになった。フランスやドイツといった経済大国の間ならまだしも、そうした経済大国とギリシャを含めた東ヨーロッパの新興・中小国の間にある経済力の差は実に巨大である。経済発展の途上にあり、自立的な経済構造を手にできていない新興・中小国は、経済大国より受けた莫大な債務をどのように償還していくことができるだろうか。逆に、経済大国は危機の拡大を抑制するために簡単に債権放棄などに踏み切れるだろうか。

むしろ、ヨーロッパ最大の経済大国であるドイツが、債権国として諸国家のヒエラルキーの上に君臨するかのようにして、新興・中小国に債権の回収を迫ると同時に、国政改革を求めてきた。さらには自国の利益を確保し、経済危機に対処するために、輸出を強化し続けた。〝ドイツによるヨーロッパ〟が出現したかのように、ドイツの発言力や影響力が強まっているように見受けられる。そして、新興・中小国は〝強権的な〟ドイツに対する反発を抱えている。債務を抱えているという立場の弱さこそあれ、新興・中小国の民主的自律性はどうなってしまうだろうか。各国の主権があるがために政治統合よりも経済統合が優先されたにもかかわらず、ドイツを頂点としたヒエラルキーが出現し、〝ドイツによるヨーロッパ〟という形で政治統合のような状況がなし崩し的に進むのをそのままにするのだろうか。東ヨーロッパの新興・中小国にとっては、ソ連から解放されたと思いきや、次はドイツの影響下におかれるということになろう。

経済統合である以上、経済大国であり債権国であるドイツやフランスなどが優位に立ってしまうことは当然である。歴史を振り返るなら、そうした経済大国は長らく国際的な「列強」として世界に君臨してきた。経済危機の中で、ヨーロッパ諸国は否応なしにそうした一つの現実に向き合うことになった。

ところで、ヨーロッパ諸国の経済危機に直接的に火を付けてしまったギリシャの財政状況や債務残高であるが、一九八一年のECへの加盟の頃より慢性的に悪い状態にあった。さらには、二〇〇一年のユーロへの参加をめぐって、ギリシャが参加の条件たる「安定成長協定」を遵守する、つまり一般政府財政赤字をGDP（国内総生産）比三％以内に、債務残高をGDP比六〇％以内にそれぞれ抑えるとの条件を満たすことができたということ自体がそもそもごまかしであった。

事実が露見するまでに時間がかかるものであるとはいえ、ヨーロッパ世界の政治指導者たちはギリシャのユーロへの参加について、本当に不安はなかったのであろうか。経済発展が予想される国家、あるいは市場としての価値のある国家ならば、先手を打って取り込んでしまえということだったのであろうか。いや、それともまったく別の思案の結果だったのであろうか。はたまた、どうにでもなるという慢心だったのであろうか。

ギリシャは〝粉飾決算〟を実行してしまう。二〇〇九年、一般政府財政の赤字がGDP比一三・

六％に膨れ上がっているにもかかわらず、三・七％と虚偽の報告をしていたことが明るみに出たのである。ユーロへの信頼は大きく揺らぎ、リーマン・ショック後の信用不安の中で、危機が一気にヨーロッパ諸国に広がっていった。ヨーロッパ世界の政治指導者たちは、新興・中小国で連鎖的に起きた経済不安もまた予見できなかったのであろうか。

各国の利害を超える経済的利益という共通利益を「紐帯」にするかのようにしてヨーロッパ統合は展開してきた。ヨーロッパ諸国はもともと多種多様であり、長らく互いに争ってきたという歴史を抱えている。経済統合が多大な利益をもたらすどころか、経済危機を誘発し、さらには深刻化させることで各国を窒息させてしまうとき、ヨーロッパ諸国は分裂しないでいられるのであろうか。

†何のために、何をもってヨーロッパを統合するのか？

確かに、経済的利益とは諸国家・諸国民にとって、それぞれの利害を超える共通利益であろう。そうした経済的利益をテコにした経済統合から進んできたヨーロッパ統合であるが、もともと二度の世界大戦の後、恒久平和の実現を一つの理念にしていたことを忘れてはならない。つまり、モネやシューマンといった「ヨーロッパ統合の父」たちにとって、経済的利益をテコにした経済統合は、ヨーロッパ諸国が結束するという実績を積み上げるための「手段」であった。経済は人間の欲によってまわっていくが、決して消え去ることのない人間の欲を満たすことによって、恒久平和という未だかつて満たされたことのない「理念」を実現させようということになる。

ところが、第二次世界大戦後から今日に至るヨーロッパ統合の歩みやEUの現状を振り返るに、単なる手段に過ぎなかった経済が、むしろ最重要の目的、そして動機になってしまっているようである。ヨーロッパ統合が諸国家・諸国民に共通する経済的利益のためだけに推進されるようになったのならば、経済危機の中でその将来は疑われてしまう。

今日、「一つのヨーロッパ」が謳いあげられているとはいえ、諸国家・諸国民は長らく独自の歴史を歩んできた。諸国家・諸国民ごとの違いは実に大きい。そもそも、人種や民族がさまざまである。単一の〝ヨーロッパ民族〟なるものは存在しない。また、言語もばらばらである。一九五七年のローマ条約によってＥＥＣが設立されたとき、四つの言語が公用語として規定された。その後、加盟国の拡大とともに公用語の数も増加し続け、今日のＥＵでは二四の言語が公用語となっている。ＥＵのあらゆる会議ではすべての公用語で同時通訳が行われ、すべての公的文書はすべての公用語で執筆される。

宗教もばらばらである。ヨーロッパの宗教といえばキリスト教と考えられやすいが、一口にキリスト教といってもカトリック、プロテスタント、さらには正教会とさまざまである。そして今日、多くのイスラム教徒がドイツ国民、フランス国民、あるいはイギリス国民という資格を有してヨーロッパ諸国に居住している。

言語や宗教の影響を受けてそれぞれの国民の中には独自の文化が花開いている。主食のパン一つとっても国民ごとに実にさまざまである。素晴らしい料理文化を育んだ国民もいれば、そうではない国民もいる。

あらゆるものが多種多様なのである。国民同士が長らくいがみ合ってきたことは当然であろうし、各国の利害を超える共通の利益としての経済的利益というあり方が揺らいでいる今日、経済統合が優先されてきたヨーロッパ統合の前途に暗雲が立ち込めないわけがない。

経済的利益こそが多種多様な諸国家・諸国民の共通した利益になりうるとはいえ、そもそも経済統合という試み自体に困難があったのは否定できない。一九八一年にギリシャがECに加盟した際、ギリシャとその他の諸国家の間の経済格差を可能な限り縮小し、「単一市場」設立への道筋を盤石なものにするために、ECはギリシャに対し莫大な援助をせねばならなかった。

ドイツやフランスといった経済大国と東ヨーロッパの新興・中小国の間の経済格差は、さらに埋め難いものがある。ドイツやフランスは長らく列強として世界に君臨し、今なお経済大国の地位を守っているが、東ヨーロッパの新興・中小国は周辺大国に蹂躙され続け、第二次世界大戦後にはソ連の影響のもと、共産主義勢力側にあった。したがって、ドイツやフランスなどの経済大国のみによって先行して統合の深化を図っていく「先行統合論」が主張され続けてきた。

ところが、それでもなお、アジアともアフリカとも異なるヨーロッパなるものが存在しているように漠然とイメージすることができてしまう。そうした漠然としたヨーロッパなるものが、多種多様な国民、文化、言語、宗教といった特殊なものを超える普遍的なものとして存在するかのようである。

ヨーロッパ統合とは、ヨーロッパなる「普遍」をもってさまざまな「特殊」なまとまりを統合していく試みであった。そうして、「特殊」なまとまり同士は互いの共生を図ってきた。

ヨーロッパとは何か?——。西洋中世史家、増田四郎の著書に『ヨーロッパとは何か』がある。(3)

中世ヨーロッパに注目して、ヨーロッパという世界が形成されてきた歴史を分かりやすく解説している。

共通の人種、共通の民族、共通の言語、はたまた共通の宗教によって具体的に特定化することが可能ではない多種多様なヨーロッパ世界を、何のために、そして何をもって一つに統合することができるのか。それはとりもなおさず「ヨーロッパとは何か」ということを当事者である「ヨーロッパ人」たちが主体的に定義することである。

ヨーロッパとは何かを定義することとは、同時に統合されるべきヨーロッパの領域がどこからどこまでかを問うことでもある。つまり、定義された基準をもってヨーロッパ世界の内部と外部を峻別し、その「領域的限界」[4]を設定する必要がある。

ヨーロッパとはどこか?――。戦後のヨーロッパ統合は六カ国から始まったわけだが、二〇一四年現在、ＥＵが二八カ国から構成されていることは先に確認したとおりである。そして、ＥＵの周囲には複数の加盟候補国が存在する。ＥＵはいったいどの時点で拡大を止めるつもりだったのであろうか。今日、経済危機の中でヨーロッパ統合の将来が危惧されているものの、経済状況が好調であればＥＵはひたすら拡大し続けたのであろうか。

経済的利益こそが「紐帯」だというのなら、そうした経済的利益はヨーロッパ諸国のみならず資本主義の中で生きるあらゆる世界中の国家・国民にとっても共通の利益である。ヨーロッパ諸国を中心に、自由貿易を基軸とした世界的な経済統合体が出現するべきなのであろうか。そもそもそのようなことが果たして可能なのであろうか。世界はヨーロッパ以上に多種多様である。経済大国と新興・中小国の間の経済格差はヨーロッパ諸国間のそれよりも巨大である。

経済的な関係を強めることを手段にして、諸国家・諸国民同士が人的なつながりを深めていくということ自体は事実である。しかし、〝世界的なレベルで自由貿易を基本とした経済統合体を出現させることが自ずから諸国家・諸国民間の友好の実現に資する〟というようなヴィジョン、言い換えればグローバリゼーションをもっぱら賛美するような言説に対しては、少しは疑ってかかってよい。

†ヨーロッパとはどこか？

ところで、EUそれ自体が決して「ヨーロッパ」を表象するものではないことに気をつけねばならない。EUに加盟していないヨーロッパ諸国が存在する。たとえば、われわれはデンマークやスウェーデンとともにノルウェーを「北ヨーロッパ」とひとくくりに表現するものであるが、ノルウェーはEUに加盟していない。

ましてや、単一通貨ユーロが流通するいわゆる「ユーロ圏」こそがヨーロッパだともいえない。ヨーロッパ諸国は経済を手段にして統合を進めてきたのであり、「ユーロ圏」こそがヨーロッパ統合の中核にはなっている。しかし、世界的な経済大国であり、ヨーロッパ世界の重要な政治的アクターでもあるイギリスは、自らの通貨たるポンドを守り続けている。

現在のEUの領域の外側を見てみよう。ロシアはヨーロッパであろうか。東方に位置する巨大なロシアはヨーロッパ世界の歴史に深く関わってきた。ロシアはEUに加盟することができるのであろうか。

イスラエルがＥＵへ加盟する可能性が取り沙汰されたこともある。イスラエルは中近東に位置する国家である。それならばフランスなどと非常に関係の深いモロッコは北アフリカに存在するとはいえ、ＥＵへの加盟が可能ではないか。

トルコは加盟候補国となっているが、ヨーロッパ世界の一員たるに相応しい国家であろうか。トルコはイスラム教国家のようなイメージが持たれているが、第一次世界大戦後、オスマン＝トルコ帝国が崩壊していく混乱期において、トルコ革命（一九二二〜一九二三年）を指導したムスタファ・ケマル・アタテュルク（一八八一〜一九三八年）は、他のイスラム教諸国家とは一線を画しつつ、ヨーロッパ的な民主主義や政教分離の原則をトルコに導入し、トルコ語のアルファベット化を推進した。とはいえ、二〇〇二年にヴァレリー・ジスカール＝デスタン（一九二六年〜）元フランス大統領が「私の意見を述べるならば、トルコの加盟はＥＵの終焉を意味する」と発言したように、トルコのＥＵへの加盟には反対論が根強い。このトルコの加盟こそが、ＥＵの領域拡大をめぐる最も典型的な問題となってきた。

先ほどのジスカール＝デスタンであるが、二〇〇二年当時、「ヨーロッパの将来に関する会議」という会議の議長を務めていた。この会議は、ヨーロッパ統合のさらなる深化のために、「憲法条約」の草案を策定することを目的としていた。ジスカール＝デスタンの発言をさらに拾い上げてみよう。

曰く、トルコの首都たるアンカラはヨーロッパではない。曰く、トルコの人口の九五％はヨーロッパには住んでいない。さらに曰く、トルコのEUへの加盟を支持する人びとは敵である。ヨーロッパから中東へ広がる自由貿易圏を構築することで、ヨーロッパ統合を妨げようとする意図がある。ジスカール＝デスタンは決してヨーロッパ統合に反対ではない。むしろ積極的に賛成している。また、実は、ジスカール＝デスタンという人物のパーソナリティや政治的志向を考えれば、ヨーロッパ諸国の多様性を無視し、ヨーロッパをただただキリスト教勢力圏として定義することで、イスラム教勢力圏にあるトルコをヨーロッパより排除しようとしても不思議なことではない。

とはいえ、三つ目の発言から分かるように、ジスカール＝デスタンはヨーロッパ統合に賛成する政治家として、第一にEUが経済的利益のみを「紐帯」として際限なく加盟国を増やし、経済的利益を獲得するためだけにアラブ諸国へひたすら広がっていくことを危惧しているのである。ただただ経済的利益を増大させることを目的や動機として、際限なく加盟国を増加させていくのならば、EUは単なるFTA（自由貿易協定）、あるいはEPA（経済連携協定）の枠組みに変容してしまう。そして、ついには〝ヨーロッパ諸国の統合体〟であることの意味が失われてしまう。

トルコの人口は二〇一四年時点で約七五〇〇万人であり、EUに加盟した場合はドイツに次ぐ規模となる。住民の大多数はイスラム教徒である。ヨーロッパ世界の歴史を振り返るならば、中世の十字軍遠征に代表されるように、イスラム教勢力はヨーロッパ諸国にとって大きな脅威であった。さらにトルコ最大の都市、イスタンブールはかつてのオスマン帝国の首都であり、オスマン帝国もまたヨーロッパ諸国にとっての脅威であった。前述のように、現代トルコはヨーロッパ諸国と政治的価値観を多く共有してはいるものの、歴史を踏まえれば、ヨーロッパ諸国にとって異質な存在であるといえる。

「ヨーロッパとはどこか」、すなわちヨーロッパ世界の「領域的限界」をめぐる問題はこれまでもしばしば取り沙汰されてきた。経済危機の中で統合の試みが行き詰まる今日、何のための、何をもっての統合であるかという理念、目的、そして動機をもう一度明確にするためにも、トルコの加盟問題などを踏まえつつ、「ヨーロッパとは何か」を定義することによって、「ヨーロッパとはどこか」を問わねばならない。

†ヨーロッパ統合はヨーロッパの歴史そのものである

今日のヨーロッパ統合は二度の世界大戦の結果を受けて始まった。しかし、実は、ヨーロッパを統合しようという試み自体は中世以来、千年近い歴史の歩みの中でさまざまな知識人や政治家によって脈々と構想され続けてきた。ヨーロッパという概念そのものであれば、二千数百年の歴史の中で形成されてきたのである。

有史以来、ヨーロッパなるものが自然に生まれたわけではない。多種多様な国民、文化、言語、宗教など特殊なものを前にして、それらを超える普遍的なヨーロッパなるものは人びとによってイメージされるものである。ヨーロッパと呼ばれる土地にて日々の生活を営む人びとがそれぞれの特殊性を育みながら、そうした特殊性を超える普遍的なヨーロッパなるもののイメージを創り出していったのである。

ヨーロッパ世界の歴史とは、まさにそこに生きる人びとが「ヨーロッパとは何か」を主体的に定義していく終わりなきプロセスである。ある「ヨーロッパとは何か」という基準をもって「ヨーロッパとはどこか」を決定するプロセスという意味でのヨーロッパ統合とは、古代から現代へ向かうヨーロッパ世界の歴史そのものであるといえる。「統合」をキーワードにしてヨーロッパ世界の歴史を再考することができるわけである。

「統合」をキーワードにしてヨーロッパ世界の歴史を再考するとき、「ヨーロッパ統合思想」とその系譜に注目することがとくに重要である。人びとは日々の生活を営む中で、目の前で発生した諸問題に対処しようとヴィジョンを示し、そうしたヴィジョンは思想として次の世代の人びとの意識に訴えかけつつ、歴史の新たな展開に作用していく。ヨーロッパで日々の生活を営む人びとは衝突や戦争といった諸問題を解決するために、「ヨーロッパとは何か」を思考することで「ヨーロッパとはどこか」を構想しつつ、多種多様なまとまりを何らかの共通の理念を軸にして、そして何らかの方法によって「一つのヨーロッパ」として統合していこうとさまざまな「ヨーロッパ統合ヴィジョン」を示した。ヨーロッパ統合を試みる知識人や政治家は過去の「ヨーロッパ統合ヴィジョン」から形成された「ヨーロッパ統合思想」とそれらの思想を一つの基盤とした政治文化的な伝統の影響を多大に受けつつ、同時代の現実を目の前に自らもまた独自の「ヨーロッパ統合ヴィジョン」を紡ぎ出すとともに具体的な政策として実現しようとした。

ときには、絶対君主や独裁者が、覇権を握るという自らの野望のためにヨーロッパなるものを利用しようということもあった。そうした形で生まれるヨーロッパ世界では、今日問題となっているような大国を頂点としたヒエラルキーが形作られてしまうだろう。

反対に、ヨーロッパ諸国家間・諸国民間の平等性を担保するためにヨーロッパ統合を試みた人びともいる。恒久平和の実現という今日のヨーロッパ統合の一つの理念は、ヨーロッパ諸国家間・諸国民間の平等性の上に打ち立てられるだろう。

第二次世界大戦後の世界で、ヨーロッパ諸国だけが統合の実現にこぎ着けたのは、それまでの紆余曲折、複雑なる歴史の展開があったからこそのことであった。「ユーロ危機」などヨーロッパ諸国を苦しめてきた経済危機は、国際的に極めて重要な政治経済上の問題である。しかし、「統合」に向かって歩み続けてきたヨーロッパ世界のあり方を根本的に理解するためには、いったん経済危機といった現在の諸問題から離れる必要があろう。そして、過去から現在に至るヨーロッパ世界の歴史の展開を追いつつ、その過程で発生したさまざまな問題への解決策として主張された「ヨーロッパ統合ヴィジョン」、そして継承されていった「ヨーロッパ統合思想」を考察することで、「ヨーロッパ統合の歴史」という視点からヨーロッパ世界の歴史を探究し直すことができよう。

ヨーロッパ諸国を統合するということが、ヨーロッパ世界にとって歴史的にどのような意味を持ってきたのかを問うならば、経済危機を誘発するほどまでに格差・差異の大きい諸国家・諸国民を次々に取り込んでいかねばならなかった経緯とともに、ヨーロッパ世界の「領域的限界」を決定するための諸要素を理解するきっかけを得ることができよう。

経済危機の中で危ぶまれるヨーロッパ統合の将来をめぐって、「ヨーロッパはどこに向かうか」を見出すためにも、「ヨーロッパ統合の歴史」という過去を振り返ることで、経済統合によって生じた矛盾やヒエラルキーといった諸問題を抱えるヨーロッパ世界の現在を照らし出すことに意味はあろう。

今日、〝われわれ〟が暮らすアジア・太平洋地域においても、ヨーロッパ統合をモデルとしたような地域統合が提唱されることがしばしばある。いかなる理念を掲げたうえでの統合なのか。何のための、何をもっての統合なのか。構築される統合体の「領域的限界」はどこか。そもそも設定された限界に理由はあるのか。問われるべき問題は多々ある。

2　すべては人間の意志によるもの

†ヨーロッパはアジアの西の付属物

「ヨーロッパ」という地域名の語源について考えてみたい。もともとは紀元前一一世紀から紀元前七世紀にかけての古代オリエント世界において、古代アッシリア語で使われていた「闇」という意味の単語「エレブ」が、ヨーロッパという地域名の語源であるとされる。「エレブ」という単語は、古代ヒッタイト語において、「闇」という意味から「日が沈む場所」という意味に転じ、さらに「日が沈む場所」として「西」という意味を持つようになる。この「エレブ」が古代ギリシャにおいて「エウロペ」と表記・発音されるようになり、古代ギリシャ人から見て西にある地域がエウロぺと呼ばれるようになったという。

古代のことであるがゆえに、ヨーロッパという地域名の語源はさまざまに異なる形で説明されている。古代フェニキア人自身が自らの居住地域より西の地域を「エレブ」と呼んだとの説明もあれば、「エレブ」を古代アッシリア語ではなく古代ヘブライ語であるとする説明もある。

重要なことは、ヨーロッパという地域名が、ヨーロッパで日々の生活を営む人びとという意味での〝ヨーロッパ人〟が主体的に作り出したものではなく、古代ヒッタイト人や古代フェニキア人、あるいは古代ギリシャ人といった外部に存在する「他者」から与えられたものに過ぎないということである。そうした古代ヒッタイト人や古代フェニキア人、あるいは古代ギリシャ人にとって、ヨーロッパという地域名とは、自らが居住する世界の外にある世界を異質なものとして切り離すための手段である。古代オリエント世界や古代ギリシャ世界から見た西の地域を漠然と指し示しているに過ぎないのであるから、ヨーロッパと呼ばれるものがいかなる地域的広がりを持つものなのかは不明確である。日本が存在するアジアという地域名もまた、古代オリエント世界や古代ギリシャ世界から見て漠然と東の地域を指し示すものに過ぎない。

フランスの代表的知性とも称された作家ポール・ヴァレリー（一八七一～一九四五年）は「ヨーロッパはアジアの小さな岬か」と記した。(5) こうした認識はヨーロッパの知識人たちにおいてしばしば見られる。たしかに、世界地図を眺めれば、アジアが巨大なユーラシア大陸に広がり、実に奇妙な形をした小さなヨーロッパはユーラシア大陸の西の端に岬、あるいは半島として付属しているかのようである。

では、ヨーロッパとアジアの境界線を含めて、古代の人びとはヨーロッパという領域の限界をどのように見出そうとしたのだろうか。おそらく三つの基準があるだろう。「地理学的基準」、「政治的基準」、そして「文明」という基準である。

ティツィアーノ『エウロパの誘拐』

†地理学的ヨーロッパ

「地理学的基準」とは、大河や巨大な山脈、あるいは大洋といった自然を基準とする考え方である。自然は人間が作ったわけではないので、実に客観的に見えるわけだが、果たして本当にそうなのかどうかについて考えてみたい。

古代ギリシャ人たちは地域の成り立ちを含めたあらゆる事象を必ず神話によって説明しようとする。一六世紀のヴェネツィアの画家、ティツィアーノ・ヴェチェッリオ（一四九〇？～一五七六年）が描いた『エウロパの誘拐』は、ヨーロッパの成り立ちに関する神話をモチーフにしている。なお、ギリシャ語の「エウロペ」はラテン語では「エウロパ」となる。

フェニキア王アゲーノールの娘であるエウロパを最高神ゼウスが見初めた。ゼウスは花を摘むエウロパを誘惑しようと、白い牡牛に姿を変えエウロパに近づいた。エウロパが白い牡牛にまたがるや、白い牡牛はそのままエウロパを連れ去り、口説き落とそうとした……という神話である。このときゼウスが姿を変えた白い牡牛がエウロパを連れ回した地域が「エウロパ」、すなわち「ヨーロッパ」と呼ばれるようになったという。

こうした神話が創り出された時代を生きた古代ギリシャ人たちは、ギリシャを中心に世界をヨーロッパ、アジア、リビア（アフリカ）の三つに区分した。[6] そしてドナウ川をギリシャとヨーロッパの境目と認識していた。当時、ドナウ川は、現在のフランスとスペインの間にあるピレネー山脈あたりより発し、ヨーロッパの中央部を流れ、最終的に黒海に流れ込んでいく大河だとみなされていた。なおドナウ川以北の状況は曖昧であった。

古代ギリシャに生まれ、吟遊詩人として諸国を遍歴したと伝えられるホメロス（紀元前八世紀頃）の叙事詩の中では、世界はオケアノスという名の大洋によってぐるりと取り囲まれていると想像されていた。現在の「地理学的ヨーロッパ」の北と西の限界となっている大西洋が想定されていたともいえるわけだが、「歴史の父」と呼ばれる古代ギリシャの歴史家ヘロドトス（紀元前四八五？〜四二〇年？）などは、その著書『歴史』[7] の中で、こうした大洋の存在を否定していた。

東はどうだろうか。ヘロドトスはエジプトからロシア南部に至る地域を旅して歩いたという。そうしてある程度の地理学的情報がギリシャに流れ込んでいただろう時代、ヨーロッパの東の限界は

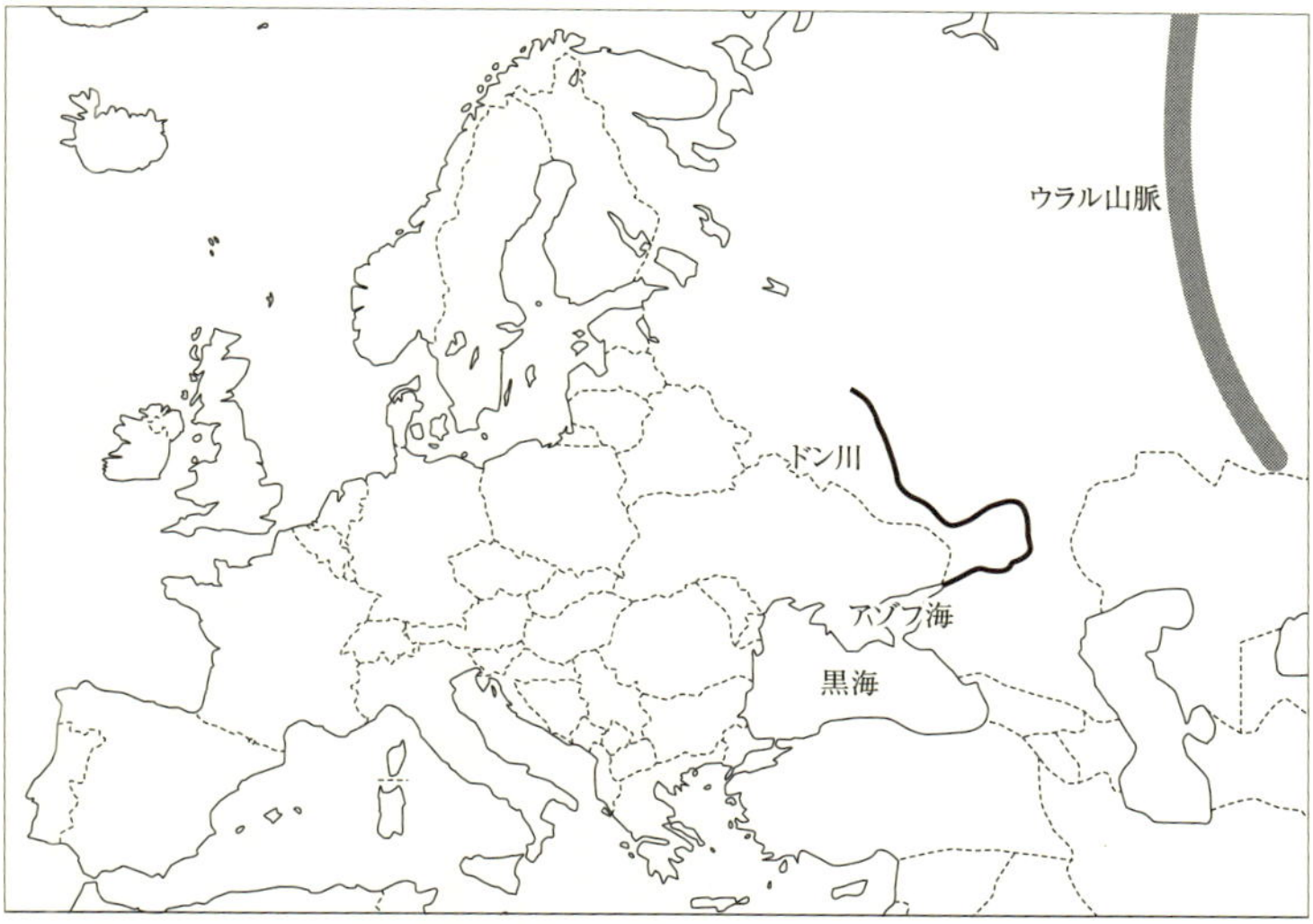

地図 序－2　ドン川とウラル山脈

ドン川だと認識されていた。現在のロシアの首都モスクワの南東より発し、ロシアとウクライナの国境付近を流れつつ、最終的にはクリミア半島の東に位置するアゾフ海に流れ込む大河である。ドン川こそがヨーロッパの東の限界であると同時に、アジアの西の限界であった。

今日の地理学において、ヨーロッパとアジアの境目はウラル山脈と定義されている。世界地図や地球儀を見れば、ロシアがちょうどウラル山脈によってヨーロッパとアジアに分割されている。しかし、古代ギリシャ世界においては、ウラル山脈より二〇〇〇キロ近くも西を流れるドン川がヨーロッパの東の限界であった。ドン川をヨーロッパとアジアの境界とする考え方は、中世以降のヨーロッパ世界にも広がっていく。そうしてロシアはヨーロッパ世界から長らく排除されることになる[8]（地図序－2）。

「地理学的基準」は大河や巨大な山脈、あるいは大洋という自然を用いるがゆえに、極めて客観的に見えるものの、実は当事者である人間がどの自然を用いるべき基準と認識するかによって、すなわち人間の意志によっていかようにも変わってしまう。地理学的に見れば、ヨーロッパは巨大なユーラシア大陸の西の端に付属する半島に過ぎない。だからこそ、ＥＵの東方への領域拡大をめぐって問題が生じているのである。

地理学的基準は決して客観的ではない。自然を用いてヨーロッパの領域を客観的に決定することはできない。ユーラシア大陸の西の端に育まれた諸国家・諸国民が、恣意的な形でドン川などを境にヨーロッパとアジアを切り離したうえで、主体的に自らの政治的なあり方を見出しつつ、ヨーロッパなるもののイメージを創りあげていくことで、「地理学的ヨーロッパ」とは異なる「政治的ヨーロッパ」、あるいは「文明のヨーロッパ」という基準が生み出されることになる。

†政治的ヨーロッパ

古代ギリシャ人にとって「エウロペ」、つまり「ヨーロッパ」という地域、そして地域名は常日頃から意識せねばならないものではなかった。古代ギリシャの三大悲劇詩人の一人として知られるアイスキュロス（紀元前五二五～四五六年）が『ペルシャ人』[9]において描き出したように、当時の人びとの目は主としてギリシャの都市国家を脅かす大帝国が存在する東のアジアに向いていたからである。

時代が下るとヨーロッパがようやく人びとの口の端に上るようになる。西洋哲学の源流を築きあげた哲学者プラトン（紀元前四二七～三四七年）は、『国家（共和国）』の中で、ギリシャ人と野蛮人を対立させた[10]。軍人としていくつかの戦争に参加しつつ多くの著書を残した文筆家クセノフォン（紀元前四三〇～三五四年）はそうした野蛮人たるスキタイ人が生活を営む地域としてヨーロッパを語った[11]。プラトンの弟子であり、その哲学を発展させた哲学者アリストテレス（紀元前三八四～三二二年）の『政治学[12]』は、勇気に溢れるが知性に劣るヨーロッパ人と知性はあるが勇気に欠け隷属に甘んじるアジア人を対比することでヨーロッパを語った。あくまでそれはギリシャ人の知的、道徳的、あるいは政治的優位性を語るためであった。

ギリシャはヨーロッパとアジアの中間に位置し、その両方から差異化される世界であり、ギリシャ人は自由を享受し、素晴らしい政治制度を営み、ヨーロッパ人やアジア人よりも優位に立つ存在であった。ギリシャという優位性を持つ政治的領域に属さない西の地域として位置づけられることで、ヨーロッパは定義された。

古代ギリシャの繁栄より四〇〇年程度の時代が進み、イタリア半島においてローマが興隆し始めた頃、その領土拡張にともなって地理学の発展も促され、ヨーロッパに関する地理学的知識はそれまでよりも大きく広がっていった。

たとえば、ギリシャよりローマに亡命し、地中海沿岸のヨーロッパからエチオピアなどアフリカまでを旅して歩いた地理学者ストラボン（紀元前六四？～紀元後二一年？）の著書『地理書』は、相変わらず東方の限界をドン川とドン川が流れ込むアゾフ海としているが、ヨーロッパに広がる河川

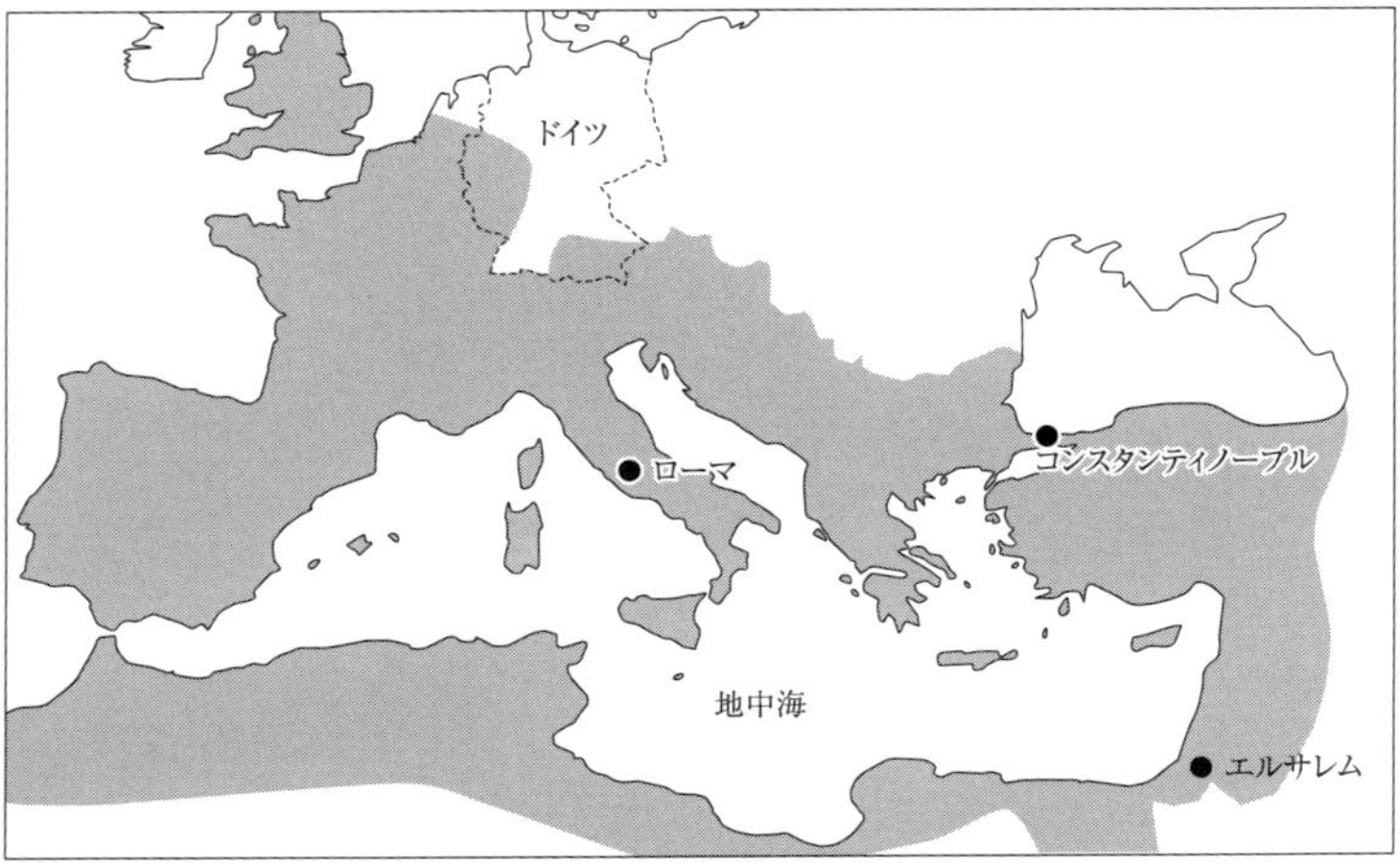

地図 序−3　ローマ帝国最大版図と現代ドイツの位置

や山脈など地理学的諸条件がより詳しく説明できている。人間が居住できる場所がどこに広がっているかについても語る。スカンジナヴィア半島の存在が知られていないなどの不十分さは残っている[13]。

ローマの軍人として属州の総督などを歴任した大プリニウス（ガイウス・プリニウス・セクンドゥス）（二三〜七九年）が残した全三七巻からなる百科全書『博物誌』の場合、第三巻と第四巻がヨーロッパについて解説している。ここでもやはり東方の限界はドン川であるが、西方の限界として大西洋が存在することが明確な形で認識されている[14]。ホメロスといったギリシャ人のような、大陸の周囲を大洋が取り囲むという空想ではない。

ストラボンが『地理書』を、そして大プリニウスが『博物誌』をそれぞれ著した時代は、ローマがヨーロッパ方面にさらに版図を広げようとした時代に重なる。地理学の発展は領土拡張という政治的動きによって促されたのであり、政治的動きが地理学の発展を後押しした。ヨーロッパはローマの政治的支配下に入るべき地域として探究されたのである。

かの有名なマケドニアのアレクサンドロス大王（紀元前三五六〜三二三年）が東方へ遠征した際、地理学者を含む多くの学者たちを引き連れていったように、地理学の発展と支配領域の拡大という政治的な行為は極めて密接に結びついていた。支配者にとって、地理学とは政治的に支配できる領域を見出すための学問であった。

さて、ヨーロッパは地理学的に詳しく理解されるようになったわけだが、ローマの政治的支配のもとに入ることによって、決して自律性を持った独自の世界として明確な形で出現したというわけではなかった。ローマは地中海を中心にしてヨーロッパ、アジア、アフリカへ広がる帝国であった。ヨーロッパはローマの政治的支配によってアジアやアフリカとともに「環地中海世界」として一体化されていた。ヨーロッパはローマの周縁に位置する地理学的領域の一つに過ぎなかった（地図序-3）。

地中海を中心としたローマが今日の地理学において明確にヨーロッパと呼ばれている地域全体を支配できたことはなく、ゲルマニア世界、つまり現代ヨーロッパの中心的な国家といってよいドイツが、ローマの版図外となっていたことも忘れてはならない。ヨーロッパ統合の原点をローマ帝国に見出すような議論が展開されることもあるが、それには一定の留保が必要であろう。

地理学的な領域が徐々に明確化されつつ、ヨーロッパは支配の対象として政治的な意味で語られた。ローマにとって、早くにその支配下に入ったヨーロッパは、東方への領域拡大を図っていくための重要な後背地であった。ローマがヨーロッパを後背地としてアジア・アフリカを侵略することによって、後世、ヨーロッパが西方としてアジア・アフリカという東方に対し断絶されることになる一つの要因が生まれたといえるかもしれない。もちろん、ローマの政治的支配のもとで、ヨーロッパ、アジア、アフリカはあくまでも一つであった。ホメロスの叙事詩『イリアス』に東方のトロイアの英雄として登場するアエネーアースが、後の時代において西方のローマの建国者として擬せられたように、東西両世界の一体性がことさらに強調されることもあった。

地中海を中心としたローマ帝国は、いくどもの危機に直面したものの、数百年にわたる安定をヨーロッパにもたらした。ヨーロッパはローマによる政治的支配の対象として「政治的ヨーロッパ」という側面を否応なしに持たされ続けたが、自律性を有する政治的主体として世界に現れることはなかった。そうした意味では、ヨーロッパとは何よりもまず地理学的領域、つまり「地理学的ヨーロッパ」であった。

地理学的基準は決して客観的なものではなく、地理学の発展に依存しており、時代によって大きく変化していくことは先に確認したとおりである。フランスの歴史家で、「ヨーロッパ統合の父」たるモネの知己でもあり、ヨーロッパ政治史・統合史に関する多くの著作を残したジャン＝バティスト・デュロゼル（一九一七〜一九九四年）によれば、ヨーロッパとは「範囲が不明確な地理的現実を元にした人間精神の建設物」[15]であるという。

古代において、ヨーロッパはまさにギリシャ人やローマ人の精神によって定義された。では、ギリシャから政治的に差異化される地域としてのヨーロッパ、あるいはローマに政治的に支配される周縁地域として、その他の地域に一体化されていたヨーロッパが、中世以降の歴史の中で自律性を有する政治的主体として「政治的ヨーロッパ」に進化していったのはなにゆえだろうか。「地理学的ヨーロッパ」の上で日々の生活を営む「ヨーロッパ人」が、主体性を持ってヨーロッパ世界の内部と外部を区分けしつつ、政治的にヨーロッパ世界内部の一体性を掲げるようになったとき、その基準はどこにあったのだろうか。

✝文明のヨーロッパ

そこで、「地理学的ヨーロッパ」および「政治的ヨーロッパ」という二つの基準に加えて、「ヨーロッパとはどこか」を定義する三つ目の基準として「文明のヨーロッパ」について触れねばならない。ローマ帝国が崩壊し、中世が始まって以降、数百年の歴史の歩みの中でヨーロッパに醸成されていく文明のあり方を基準として、ヨーロッパなるものが発見される。つまり、古代ギリシャ・ローマ文明の影響を受けつつも、それとは異なる独自性を持ったヨーロッパなるものである。

「文明のヨーロッパ」もまた、ヨーロッパらしさをイメージすることで見出されるという意味で、結局のところ「地理学的ヨーロッパ」や「政治的ヨーロッパ」と同様、人間の恣意的判断に委ねられてしまう。キリスト教、西洋哲学、自由、民主主義、基本的人権といった哲学・思想領域に属するもの、封建制の展開や主権国家の出現、あるいは国民国家の成立、外交上の思考様式といった政治・政治史領域に属するもの、さらには習慣や習俗まで、ヨーロッパなるものを形作る要素はさまざまである。

よく知られているように、一五世紀末になるとヨーロッパ人たちは航海術を駆使して世界中に進出していく。世にいう「大航海時代」である。これ以降、ヨーロッパなるものを形作る諸要素が世界中に広まっていくのである。

典型的には北アメリカの二つの国、つまりアメリカ合衆国とカナダであろう。両国ともイギリスやフランスといった旧宗主国を通してヨーロッパ文明の影響を多大に受けており、世界的な経済大国であると同時に、世界的な民主主義国家でもある。生活習慣の多くはヨーロッパ世界とさほど変わらない。「文明」の類似性を基準とするならば、場合によっては、西ヨーロッパと北アメリカの違いより、西ヨーロッパと東ヨーロッパの違いのほうが大きくなってしまう。それでも、西ヨーロッパと北アメリカを統合するなどということはありえないだろう。

さて、以上のような三つの基準をもって、どのように統合されるべき「一つのヨーロッパ世界」を見出していけばよいのだろうか。こうして「ヨーロッパ統合思想」が生まれていく。その時代の国際情勢、宗教をめぐる状況、諸国民の動き、科学的・学問的水準といったさまざまな要素によって、ヨーロッパをめぐる人びとの思考のあり方は変化し続ける。しかし、「文明」という歴史の中で徐々に築きあげられたものに基づいてヨーロッパなるものをイメージしつつ、地理学的な領域の上に政治的に〝一つの統合されるべき世界〟が存在するととらえる点では一貫性を有している。

ヨーロッパ世界の歴史の流れの中でどのようなヴィジョンが提示され、そうしたヴィジョンが後世にどのような「ヨーロッパ統合思想」として継承されていったのか、また「ヨーロッパ統合思想」をどのように分類することができるのかについて考えていきたい。

3　さまざまな思想、さまざまな手段

†三つの基準（地理学、政治、文明）、そして歴史

古代における地理学の発展はヨーロッパの地理学的状況を徐々に明らかにしていった。「地理学的ヨーロッパ」が出現すると同時に、ローマの政治的支配の対象、そして東方侵略のための後背地となることにより、ヨーロッパは受動的に「政治的ヨーロッパ」という側面を持たされた。地理学的基準は人間精神によって、すなわち人間の恣意的判断によっていかようにも変化していく。政治的基準もまた政治という人間の日々の営みの中で恣意的に作りあげられていく。そして、中世以降、古代ギリシャ・ローマ文明の影響を受けつつも、独自性を有する文明が生まれるとともに、人間の心の中に「文明のヨーロッパ」がイメージされるようになる。

ヨーロッパ諸国の違い、さらに西ヨーロッパと東ヨーロッパの間にある壁さえも乗り超えて、ヨーロッパなる普遍性をもって一つの統合体を創りあげていくために、「地理学的ヨーロッパ」、「政治的ヨーロッパ」、「文明のヨーロッパ」という〝三つのヨーロッパ〟のそれぞれが形作られてきた歴史を踏まえたうえで、「歴史的創造体のヨーロッパ」と呼びうるものを見出すことができるのではないだろうか。[16]さらに、統合体それ自体が未来に向かって歴史を創り出していく。

では、どのような方法・手段をもって、あるいはどのような領域の上で一つの統合体を創りあげるのか、そのために歴史をどのように踏まえるのか、そして未来に向かってどのような歴史を創り出すかという「ヨーロッパ統合思想」を分類していこう。

†四つのヨーロッパ統合思想

ヨーロッパ世界の歴史の流れを踏まえるなら、ヨーロッパ統合思想は「信条」、「覇権」、「諸国家分立」、「超国家」の四つに分類することができるように思われる。[17] これらは歴史的に順番に出現するが、ときに古いものが復活することもある。また互いに深く関連している。

①「信条」による統合　古代が終わって中世という時代に至り、ヨーロッパが自律性を有する政治的主体に変化していく中で、最初に主張されたヨーロッパ統合ヴィジョン、そして思想は宗教的な「信条」に基づくものであった。

三九五年にローマ帝国が東西に分割され、四七六年に西ローマ帝国が滅亡した後、現在のフランス北部からベルギーにかけてゲルマン系部族のフランク族によるフランク王国が出現する。七六八年にその王となったカール大帝（シャルルマーニュ）（七四二〜八一四年）は、周辺部族やイスラム教勢力と戦いながら版図を広げ、八〇〇年にはローマ教皇より「西ローマ皇帝」の帝冠を受けることになる。こうして古代ギリシャ・ローマ文明にキリスト教、さらにはゲルマン民族という要素が合体することで、古代ローマなるものとは異なるヨーロッパなるものが出現するようになる。そして、ローマ教皇の支持を受けたカール大帝の政治的権威によって、キリスト教という「信条」を基盤とした統合体が構想されるのである。

ただし、キリスト教という「信条」による統合体を〝ヨーロッパの統合体〟と同一視することには留保が必要である。ローマ教会はコンスタンティノープルの東方教会（正教会）に対抗することを考えており、その意味でカール大帝の帝国に生きる人びとは「東方人」に対する「西方人」、あるいは「東方教会に属するキリスト教徒」に対する「ローマ教会に属するキリスト教徒」となる。ローマ教会の勢力圏が広がっていくなら、キリスト教という「信条」による統合体もまたその領域を広げていくことになる。「地理学的ヨーロッパ」の限界をはるかに超えていく可能性もある。

一口にキリスト教的な「信条」とはいっても、時代によってその様相はさまざまに異なっていく。時代ごとの「信条」の様相を確認することが必要である。さらに、「信条」が必ずしも宗教的なものだけではないことにも注意せねばならない。

②**「覇権」による統合**　「信条」を実現しようとするとき、当事者は極めて覇権的になることがある。たとえば、カール大帝は軍事力を用いて異敵たる周辺部族を屈服させつつ、外部から到来した異教徒たるイスラム教勢力の攻勢を防いだ。「信条による統合体」は「覇権による統合体」と一体化する可能性がある。

「覇権」によって統合体を創りあげるという考え方自体が「信条」になることもあろう。すなわち、ある君主やある国家が覇権を握ることそのものを目的として創りあげる統合体が存在する。

カール大帝の覇権だけでなく、一九世紀のナポレオン一世（一七六九～一八二一年）のフランス帝国による覇権、二〇世紀のアドルフ・ヒトラー（一八八九～一九四五年）のドイツ「第三帝国」による覇権によって、ヨーロッパ世界は不完全ながらも一体化されようとした。その他にも、フランス国王ルイ一四世（一六三八～一七一五年）やフランス皇帝ナポレオン三世（一八〇八～一八七三年）など覇権的な振る舞いをした君主たちが存在した。

時代を経るに従って、ヨーロッパ諸国はこうした覇権を抑え込むシステムを作りあげていこうとする。「覇権による統合体」に反発する形で出現するのが「諸国家分立の統合体」である。「諸国家分立の統合体」は、キリスト教を基盤とした「信条による統合体」と衝突することもある。

③「諸国家分立」の統合　カール大帝の帝国に代表されるように、中世にはキリスト教勢力圏が存在するとみなされた。そこにはキリスト教会の首長たるローマ教皇、そしてローマ教会の守護者たる神聖ローマ皇帝の権威が広がっていたものの、諸国家・諸君主は教皇や皇帝の権威に対抗しながら、自らの主権を徐々に確立していった。

そうして生まれたさまざまな主権国家の間で、互いに法的に平等な諸国家から形成されるという意味での「諸国家分立」を基盤としたヨーロッパ世界が出現するのである。ヨーロッパ国際政治において出現した「勢力均衡（バランス・オブ・パワー）」と呼ばれる秩序は、「諸国家分立の統合体」の一つであるといってよい。

「諸国家分立の統合体」は、諸主権国家の平等性と多様性を保障するという一種の「信条」によって構想されるが、諸主権国家は互いにそうした「信条」を守っていくことを約束し合う。とはいえ、諸主権国家間の共通したルールや規範、あるいは国際法は、必ずしも起草された形で存在するわけではない。したがって、ルールや規範、あるいは国際法は破られてしまうことがある。主権国家は自らの利益を最大化するために、他の主権国家と争い続けるものである。「諸国家分立の統合体」は、諸国家間の小さな紛争が繰り返される中で徐々に揺らぎ始め、最終的には二度の世界大戦によって崩壊してしまう。

気をつけねばならないが、一口に主権国家といっても、君主が主権を持つ封建国家なのか、国民が主権を持つ民主主義国家なのかという違いが存在する。ヨーロッパ統合をいかに実現していくかについても、主権者たる君主たちの合意なのか、諸国民間の支持なのかという点で違いが生じる。

④「超国家」の統合　単なる「勢力均衡」が作用しなくなるのなら、諸国家・諸国民同士がより強力に歩み寄りを図る以外にヨーロッパ世界を安定させる方法はない。互いに法的に平等な諸国家・諸国民が、相手の存在とその利益を承認しつつ、譲り合える部分は譲り合えるよう、半恒久的なシステムを作りあげる必要がある。

一八世紀頃より、諸国家分立という国際関係の限界を感じ取った知識人や政治家たちが、「ヨーロッパ合衆国」と表現される政治的ヴィジョンを掲げ始めていた。今日のヨーロッパ統合はまさにこうしたヴィジョンや思想展開を受けて花開いたものである。

「超国家の統合体」を創り出そうとするとき、既存の主権国家の位置づけが問題となる。「諸国家分立」に近い形で、諸主権国家同士の比較的ゆるやかな統合体のレベルでとどめるのか、それとも諸主権国家をはるかに超える主権を有する一つの統合体にするのか、である。

経済統合が優先された今日のヨーロッパ統合においては、経済危機によってその基盤が揺らぐことにより、諸国家の自国の利益を優先する動きが見られるようになっている。また、経済大国を頂点とするヒエラルキーの存在は諸国家の平等性を揺るがしている。それでも、第二次世界大戦終結より七〇年が経過する中で、諸国家間においてさまざまな意見の衝突が見られることはあったにせよ、大規模な戦争が抑止されているという意味での安定性が生み出されたことは、人類史・文明史上の「進歩」であるといえよう。

次章からはヨーロッパ世界の歴史の展開を追いつつ、さまざまに主張された「ヨーロッパ統合ヴィジョン」やそれらのヴィジョンを基礎とする「ヨーロッパ統合思想」の形成過程をより具体的に見ていく。その中で描かれた「ヨーロッパとは何か」を定義するための諸要素、そしてそうした諸要素をもって主張された「ヨーロッパとはどこか」というヨーロッパ世界の「領域的限界」について確認していく。

第1章

［中世〜近世］

ヨーロッパ統合の始まり

1　ヨーロッパ世界の創出と自律

†古代の終焉、中世の始まり

古代において、ヨーロッパとは、古代ギリシャにとっては西方に広がる地理学的領域、あるいは古代ローマにとっては政治的に支配する地理学的対象であり、東方への版図拡大のための後背地であった。どんなに地理学的知識が増大しようとも、その領域は漠然としたままであった。そして、「ローマの海」たる地中海を中心としたローマ帝国の政治的支配のもと、ヨーロッパはアジア、アフリカとともに「環地中海世界」として一体化されていた。

しかし、「パックス・ロマーナ（ローマによる平和）」は徐々に揺らぎ始め、四世紀に入るや、環地中海世界に大変動がもたらされた。最大で西は大西洋から東はチグリス・ユーフラテス川、北はグレートブリテン島から南は北アフリカ一帯にまで広がった巨大なローマ帝国を一元的に統治することは極めて難しく、ディオクレティアヌス帝（二四四～三一一年）が帝国を四分割してそれぞれに皇帝（正帝・副帝）を置いた「テトラルキア（四名の支配）」（二九三年に成立）など、帝国を分割することによる効率的な統治がいくども試された。最終的には三九五年の東西分割によって、ローマ帝国が再び統一されることはなかった。そして、東方のアジアから移動してきたフン族に押される形でゲルマン系部族の一つであるゴート族が西方へ向かって移動を始めると、多くのゲルマン系部族の西ローマ帝国内への侵入、いわゆる「ゲルマン民族の大移動」が発生し、四七六年、その混乱の中で西ローマ帝国は滅亡した。

ローマ帝国の東西分割によって東方と西方が分離し、西ローマ帝国の滅亡と環地中海世界の動揺によって北方と南方に亀裂が生じることにより、地理学的に漠然と「ヨーロッパ」と呼ばれてきた地域の大きな部分が東方世界から否応なしに差異化されていく。そして、ローマ帝国によって単に政治的に支配される対象という立場から解放され、またそこで日々の生活を営む人びとが主体的に自らのあり方と運命を決定していくようになることで、「西方世界」として自律していく。この「西方世界」が、東方世界に対する西方世界ではなく、何よりもまず地理学的な名称に過ぎなかった「ヨーロッパ」と強く結びつくことで、やがて「ヨーロッパ世界」という意識とそうした意識を持つ「ヨーロッパ人」が生まれてくるだろう。

さて、「西方世界」が自律する転換点とは、古代から中世への歴史の変わり目である。「地理学的ヨーロッパ」の上に広がる「西方世界」の中に、少しずつ古代ローマとは異なるヨーロッパなるものを形作る文明が醸成されていくことで「文明のヨーロッパ」が生まれると同時に、一つの自律性を有する政治的主体としての「政治的ヨーロッパ」が出現していく。

「西方世界」に対し外部となり始めていた東方においては、東ローマ皇帝ユスティニアヌス一世(四八三~五六五年)のように、旧来の政治的な認識に従って、地中海を中心としたローマ帝国の秩序を「再建」[1]するべく軍事行動を起こした君主たちもいた。ユスティニアヌス帝は、旧西ローマ帝国の版図のうち北アフリカの大部分に加えてアルプス山脈以南のイタリア半島を中心とした地域も支配下に収めるなど、東西分割前の古代ローマ帝国の版図を不完全ながらも回復することに成功した。ローマ帝国、そして環地中海世界が一時的に復活したのであった。

ところが、こうしたユスティニアヌス帝の外征策のように、古代ローマ帝国が築きあげた環地中海世界をあくまで政治的に一つとしてとらえるような行動が見られる一方で、西方に位置する「ヨーロッパ」が東方とは異なる独自の地域として認識されていたことが、同時代を生きた歴史家、カイサレイアのプロコピオス（生没年不詳、六世紀頃）の記述から理解できる。プロコピオスはパレスチナの都市カイサレイアに生まれ、古代ローマ帝国の「再建」に力を尽くした東ローマ帝国の将軍フラウィウス・ベリサリウス（五〇五〜五六五年）のもとで多くの戦争に従軍し、その記録を残している。

プロコピオスによれば、世界は西のカディス湾（ジブラルタル海峡の西側）から東のアゾフ海に至る地中海によって分断されており、北の大陸をヨーロッパ、南の大陸をアジアとそれぞれ呼ぶという。プロコピオスの表現をそのままに理解するなら、西方に位置するヨーロッパが東方の東ローマ帝国の版図外の地域として特殊化される一方で、東方の東ローマ帝国の版図内に維持され続けている一つの地域としてアジアとアフリカ（リビア）が混ぜこぜになってしまっている。(2) 前述のように東ローマ帝国の最大版図を築きあげたユスティニアヌス帝ではあったが、結局はアルプス山脈以北の旧西ローマ帝国の版図、さらにその向こうに広がる地域というヨーロッパの大部分にまで手を伸ばすことには成功しなかった。プロコピオスの世界観にはこのような状況が反映されているのであ

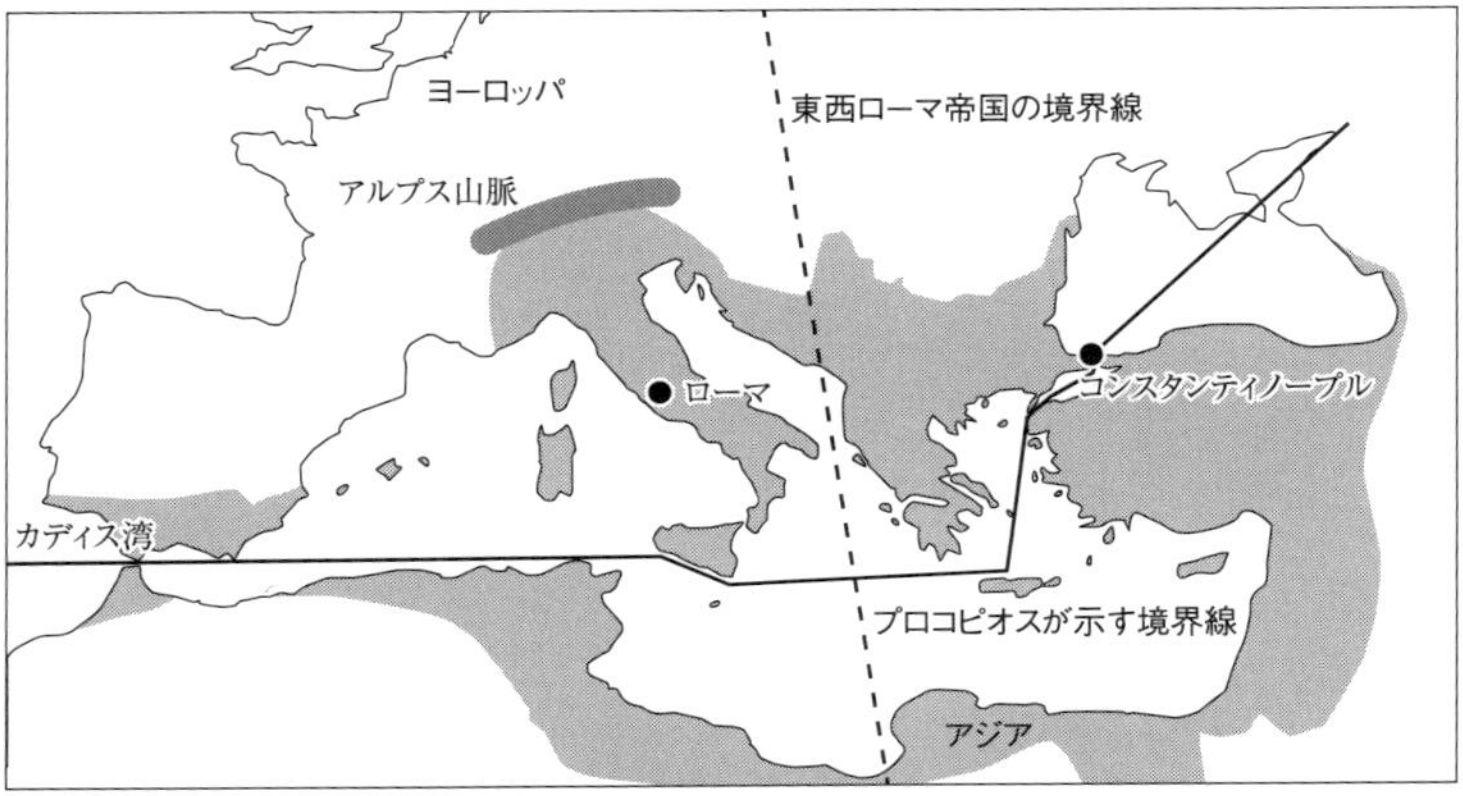

地図１—１　東ローマ帝国の最大版図と西方世界の関係、プロコピオスの世界観

ろう（地図１－１）。

東方世界に対する西方世界の自律が少しずつ進んでいた。崩壊した西ローマ帝国の版図には「蛮族」が、つまりゲルマン系諸部族がそれぞれ独自の国家を築き始めた一方で、東ローマ帝国はコンスタンティノープルを中心にアジアや北アフリカへ勢力を広げつつ、古代ギリシャ・ローマからの文明を守り続けていた。「地理学的ヨーロッパ」の西の地域で生活を営む人びとが、主体的にヨーロッパなる政治的で文明的なものを創り出し、自らが何者であるかを決定する自由を手にし始めていたといってよい。

また、西方のローマ教会と東方のコンスタンティノープル教会の対立が先鋭化していった。コンスタンティノープル教会が東ローマ帝国の力を背景にキリスト教世界における指導的役割を主張する一方で、ローマ教会はイエス・キリストに従った使徒の中でも最高位とされるペトロ（生年不明～紀元後六七年？）の後継者としての地位を守っているという点で他教会に対する優越性を掲げていた。[3] ローマ教会はかつての西ローマ帝国の領土内に定住するゲルマン系「蛮族」への布教を展開し、ローマ教皇グレゴリウス一世（五四〇？〜六〇四年）の時代に、その権威を確立することに成功した。対するコンスタンティノープル教会は東ヨーロッパに広がるスラヴ系諸部族へ布教していった。

一種の布教競争によって、ローマ教会とコンスタンティノープル教会の敵対関係はますます深まった。とくに、布教に際し偶像崇拝を認めない東ローマ帝国側と聖像を用いることを是とするローマ教会側の対立は典型的だった。そして、教義の解釈、礼拝方式、教会組織の運営方法など多くの対立を経て、一〇五四年、両教会は相互に破門するに至った。

西方と東方の間に入った「宗教的」な分裂は「政治的」で「文明的」な分裂であった。これらの分裂に加えて、もう一つの亀裂、すなわち地中海という海による「地理学的」な境界が決定的なものとなる歴史的事件が起きる。六二二年、アラブにおいてイスラム教が勃興したのである。

†マホメットがいなければ……

西ローマ帝国が滅亡し、ゲルマン系「蛮族」たちが独自の国家を打ち立て、ローマ教会（ローマ＝カトリック教会）とコンスタンティノープル教会（正教会）の対立が先鋭したからといって、それだけで「ヨーロッパ」が自律性を有する政治的主体となっていくのに十分ではなかった。さらに異なる「他者」が必要であった。われわれ人間というものは、自分ひとりでは自分が何者であるか分からない。鏡を見て自分の姿を認識すると同時に、自分とは異なる他者との交流、ときには衝突を通して、自分のパーソナリティのあり方を確認していく。

「ヨーロッパ」にとってのさらに異なる他者とは「イスラム教勢力」であった。イスラム教の勃興以後、六六一年に成立したウマイヤ朝イスラム帝国の版図拡大は極めて急速であり、アラブに広がる東ローマ帝国の領土が大規模に侵食されていった。七世紀が終わる頃には、イスラム帝国の勢力は現在の北アフリカのチュニジアにまで広がっていた。七一一年、イスラム帝国軍はついに北アフリカからジブラルタル海峡を越え、イベリア半島に流れ込んだ。イベリア半島の全域に広がっていたゲルマン系の西ゴート王国はイスラム帝国の攻勢の前に敗れ去った。

「地理学的ヨーロッパ」の西の地域においては、イベリア半島のつけ根たるピレネー山脈から今日のベルギーにかけて、ゲルマン系のメロヴィング朝フランク王国が、クロヴィス王（四六六？～五一一年）以来、勢力を広げていた。フランク系諸部族を糾合しつつ、広大な領土を築きあげたクロヴィスは、四九六年、他のゲルマン系諸部族の王に先んじてローマ＝カトリックへ改宗した(4)。そうしてクロヴィスは支配した旧西ローマ帝国領内に住むローマ＝カトリック教徒とフランク人の絆を強めることに成功した。

イスラム教勢力がイベリア半島に進出した八世紀前半、フランク王国はピレネー山脈以北のキリスト教勢力の中心としてこれに対峙する必要があった。しかし、メロヴィング王家の支配力が減退し、国内の反乱や北方のゲルマン系諸部族の侵攻が相次いでいた。七二一年、宮宰であるカロリング家のカール・マルテル（六八六～七四一年）率いるフランク王国軍はトゥールーズにてイスラム帝国の攻勢を退けたものの、現在のフランス南部にイスラム教勢力が版図を広げることになった。

七三二年、イスラム帝国は再びフランク王国への侵攻を開始した。イスラム帝国軍はボルドーから北上し、ロワール地方の首府トゥールに迫った。カール・マルテルはトゥールの南側にあるポワティエの近郊にてイスラム帝国軍を迎え撃った。「トゥール・ポワティエ間の戦い」である。戦いはフランク王国の勝利に終わった。この結果、イスラム教勢力はピレネー山脈以南のイベリア半島に引き戻されることになった。そして、イスラム帝国による環地中海世界の「再建」とも呼びうる動きが停止した。加えて、東ローマ帝国が小アジアのアクロイノンにてイスラム帝国に対し勝利を収めるということもあった。

七三九年にウマイヤ朝イスラム帝国がシチリア島へ侵攻し、七五一年にはウマイヤ朝を継いだアッバース朝が現在の中央アジア・キルギスで行われたタラス河畔の戦いにて唐を打ち破り、その後イタリア半島、バルカン半島、さらにフランス南部へも手を伸ばすなど、イスラム教勢力の版図拡大は多方面で続くものの、少なくともアルプス山脈以北の世界では、カール・マルテルの息子であるピピン（ピピン三世）（七一四〜七六八年）が創始したカロリング朝フランク王国を中心にして、キリスト教勢力がイスラム教勢力に向かい合う形で自らの政治的自律性を育んでいくのであった（地図1－2）。

「マホメットがいなければ……」。『ヨーロッパの誕生』（一九六二年）を著したアメリカの歴史家ロベルト・サバティーノ・ロペス（一九一〇〜一九八六年）曰く、「マホメットがいなければ、ペルシャの脅威から解放されたビザンツ帝国（東ローマ帝国）は、ユスティニアヌス帝の地中海世界を再び支配しようという計画を引き継ぐことができただろう[5]」。

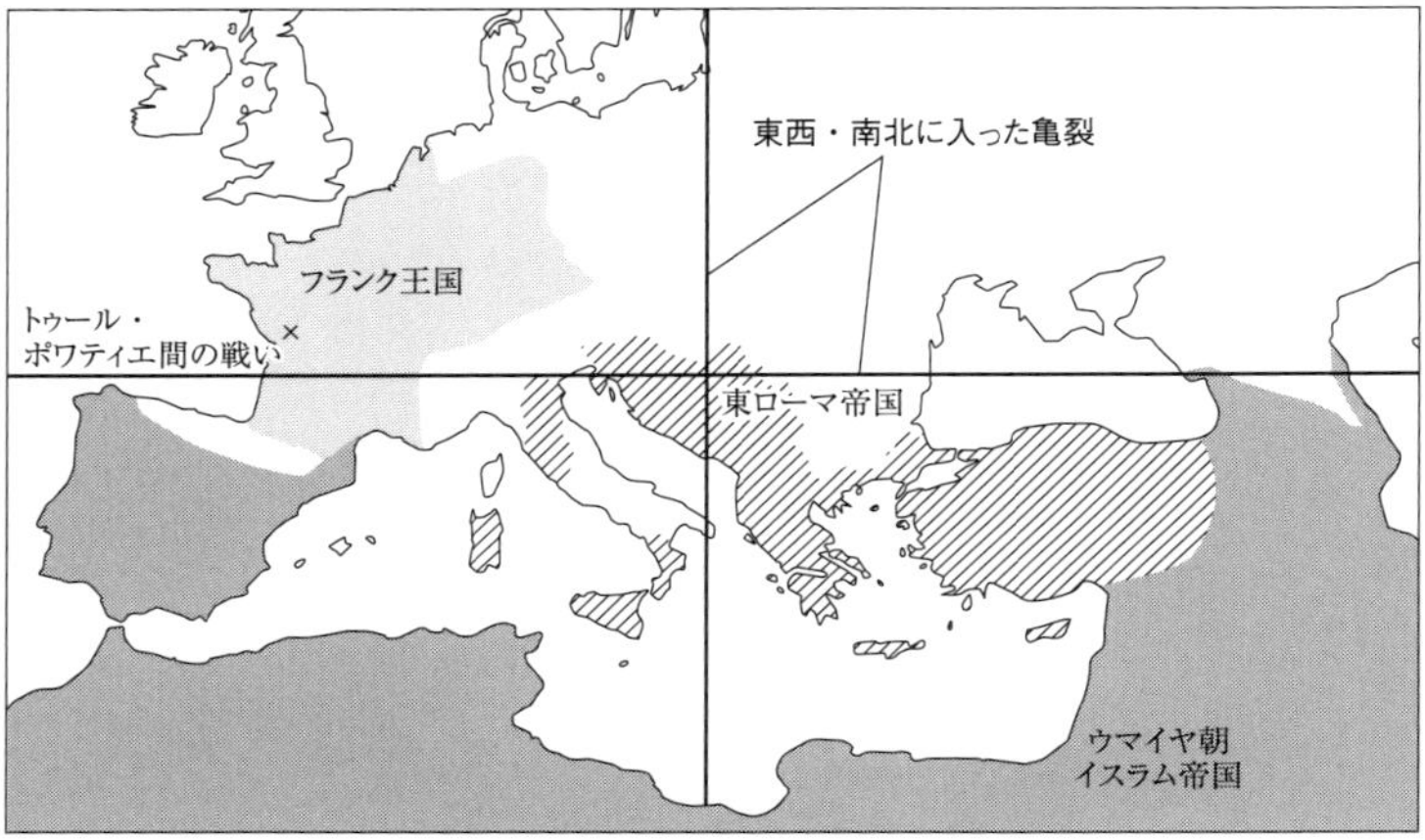

地図 1−2　イスラム帝国版図と東ローマ帝国およびフランク王国

歴史に「もし」はないが、もしユスティニアヌス帝の環地中海世界の「再建」という事業がその後の皇帝たちに引き継がれていたとしたら、世界史はどのように展開していたであろうか。実際には、東ローマ帝国の領土はイスラム帝国によって侵食され続け、アラブやアフリカは東ローマ帝国とは異なる文化、言語、宗教、法体系を有する世界となっていく。その後長らく東ローマ帝国の領土として残ることになった地域、つまり今日において「東ヨーロッパ」と呼ばれる地域は、アラブやアフリカから差異化されると同時に、たとえ「地理学的ヨーロッパ」の一部として認識されているにしても、フランク王国が版図を広げた「西ヨーロッパ」とは似ているとは言い難い独特な境界線の地域に成長していく。

今日、「西ヨーロッパ」で生まれたEC、そしてEUという統合体が東方へ拡大を続け、ちょうどこの「東ヨーロッパ」という境界線の地域を領域に含めたあたりで多くの問題に直面するようになったことは偶然ではないだろう。

「マホメットがいなければ、シャルルマーニュ（カール大帝）は考えられなかった」[6]。ベルギーの歴史家アンリ・ピレンヌ（一八六二〜一九三五年）は、トゥール・ポワティエ間の戦い以後、〝ヨーロッパ世界が誕生した〟ことについて、このような言葉で表現した。キリスト教勢力圏としての政治的な自覚を得て、キリスト教を基礎にして新たな文明を築きあげていくことによって、一つの独自の〝ヨーロッパ世界〟が形成され始めたのであった。

もちろん、ここでいう〝ヨーロッパ世界〟は、地理学的に認識されている「地理学的ヨーロッパ」の領域とぴったりと重なり合うことはない。「地理学的ヨーロッパ」の西の極めて限定された地域に、独自の文明が育まれた「文明のヨーロッパ」が醸成されていくと同時に、外部の異なる他者と戦う政治的統合体であり、自律性を有する政治的主体である「政治的ヨーロッパ」が打ち立てられる。「ヨーロッパ」が地理学的にさらに広いものと認識されている以上、「政治的ヨーロッパ」も「文明のヨーロッパ」も外部の異なる他者との関係の中でその領域を西から東へ拡大していこうとする。そこで、「東ヨーロッパ」という境界線の地域のあり方が問題となっていく。

さらに、「政治的ヨーロッパ」は他者との戦いや政治的判断によって、「文明のヨーロッパ」は文明の広がりによって、地理学的な限界をはるかに超えていく可能性を持っている。八〇〇年、ピピン三世の息子であるカール大帝がローマ教皇レオ三世（七五〇?〜八一六年）より「西ローマ皇帝」の帝冠を授けられたことは、〝ヨーロッパ世界〟が自律性を有する政治的主体となっていくための象徴的な出来事だった。カール大帝はレオ三世に対し、皇帝は帝国外部の異民族の攻撃から教会を

カール大帝

守り、帝国内部においてはローマ＝カトリックへの信仰を強固にしていくことを責務とすると申し述べたという[7]。カール大帝のもとにおいて、主としてキリスト教を「紐帯」とした「信条による統合体」が建設されようとするのだった。

それはまさに「レスプブリカ・クリスティアーナ」、すなわち全キリスト教徒による信仰に基づいた「キリスト教共和国」と表現しうる統合体を建設しようとする動きだった。東ローマ帝国やイスラム教勢力などを「外部」とし、そうした「外部」に対抗するためにキリスト教勢力圏として諸侯や諸民族・諸部族を統合していくわけである。「外部」からの脅威に対し、自らの領域を防衛するための統合論であるので、「共同防衛論」とも表現できよう。

もちろん、「信条による統合体」を実現するためには、「外部」に存在する東ローマ帝国やイスラム教勢力と戦い、独立的なゲルマン系諸部族を抑えるだけでなく、「内部」に存在する敵対的な諸侯の力を削いでいかねばならない。「内部」を安定させなければ、「外部」との戦いに勝利することはできない。「内部」を安定させるには、ある一人の君主の、もしくはある一国の強力な指導力、つまり政治的で軍事的な「覇権」が必要となる。「信条による統合体」はいつでも「覇権による統合体」に変化していく可能性がある。両者は表裏一体の関係にある。

✝中世に生み出された政治的自律性

ピレンヌが提示した仮説、いわゆる「ピレンヌ・テーゼ」によれば、トゥール・ポワティエ間の戦いによるフランク王国の勝利の結果、キリスト教勢力は古代ローマ帝国の版図たる環地中海世界から切り離され、アルプス山脈以北の地域に閉じ込められたという。古代より農業経済を主体としてきたアルプス山脈以北の地域が環地中海世界という貨幣経済が広がる世界から切り離されることによって、そうしたアルプス山脈以北に形成され始めていた〝ヨーロッパ世界〟は、古代ローマ帝国統治下とまったく異なる歩みをたどるようになっていく。

中世ヨーロッパ世界を特徴づける封建制は、各地域によって細かな違いを生み出しつつも、(8)自給自足的な農業経済を基礎にして成立していった。まさにマホメットがイスラム教を創始したからこそ、偉大なるカール大帝の帝国が生み出され、〝ヨーロッパ世界〟は独自性を持った世界として歩んでいくことができたというわけである。

とはいえ、「マホメットのおかげ」であることを意味してしまう考え方に対しては多くの批判が向けられた。後代の啓蒙思想が象徴するように、ヨーロッパ世界が古代ギリシャ・ローマ文明から直接的に進歩することで形成されたとする考え方は根強い。そうした意味でも、ヨーロッパ世界が古代ギリシャ・ローマ文明と断絶することで創出されたという事実は受け入れられ難いものがあった。

もちろん、トゥール・ポワティエ間の戦いによって、完全に地中海が分断されてしまったかのような考え方は批判的に検討される必要がある。一つの戦いをきっかけにして、西方世界と東方世界の間の交流が完全に消滅したなどということはありえない。現代のように国境管理が厳重に行われていたわけではない。海上封鎖を行うにしても、軍事衛星など存在しない世界では、広い地中海に浮かぶ木造船を発見して、交流を完全に封じてしまうことなど不可能である。

国際関係についても注意が必要である。キリスト教勢力とイスラム教勢力の間で戦争が繰り返される中で、キリスト教勢力が団結したことは確かである。しかし、キリスト教勢力の象徴であるカール大帝が、アッバース朝イスラム帝国のカリフ[9]、ハールーン・アッラシード[10]（七六六〜八〇九年）と提携したということがあった[11]。ローマ教会の守護者として、東ローマ帝国と戦い、さらにはイベリア半島に成立したイスラム教国家である後ウマイヤ朝と戦うためであった。

とはいえ、ヨーロッパやアラブといったそれぞれの地域が互いに異なる宗教的・政治的勢力の支配下に入ることによって、徐々に独自性を育み、主張するようになっていく。そうした動きは急速に進んだわけではないが、ゆっくりと、しかし着実に進んでいったのである。

さて、八〇〇年のカール大帝の戴冠によって、フランク王国の版図を基礎として「西ローマ帝国」が復活したものの、皇帝を頂点とした一元的な政治的支配が完全に実現されたわけではなかった。

ここで、中世ヨーロッパに生まれた政治社会システム、つまり封建制についてさらに考えたい。封建制は、基本的に「封」と呼ばれる土地を媒体とした主君と家臣の契約関係を基礎とする政治社会体制である。統一的国家権力による一元的な政治的支配関係を持たず、極めて分権的である。主君と家臣の関係は互いに義務を負う双務的関係であるがゆえに、一方が義務を怠るや契約関係は簡単に破棄されうる。さらに一元的な政治的支配関係が存在しないのだから、主君にとって家臣の臣下である陪臣は臣下ではない。主君は臣下の臣下を支配することができない。したがって、一つの普遍的なキリスト教勢力圏としての西方世界の一体性が構想されたとはいえ、その下には地域ごとの特殊性、そして多様性がさらに醸成されていく要素があった。

カール大帝の孫たちの代となった八四三年、ヴェルダン条約によってフランク王国は中フランク王国、東フランク王国、西フランク王国の三つに分割されてしまう。カール大帝の後を継いだルートヴィヒ一世（ルートヴィヒ敬虔帝（王））（七七八〜八四〇年）がフランク族の伝統に則り、自分の死後にフランク王国を三人の息子たちに分割相続させることを計画したからである。東フランク王国はドイツへ、西フランク王国はフランスへ、それぞれ発展していくだろう。中フランク王国はローマとフランク王国の首都たるアーヘンを治めるなど中心的な地位にあるように見えたが、現在のオランダからライン川流域を経てイタリア半島北部に至るという地理的一体性が欠落した細長い王国として治めるに難しく、八七〇年のメルセン条約によりその大部分が東西フランク王国側に分割吸収されてしまう。吸収されずに残されたアルプス山脈以南のイタリア半島地域はイタリアへ発展しつつも、さまざまな小規模な国家に分裂していくだろう(12)（地図1-3）。

フランク王国の版図が分割され、フランス、ドイツ、イタリアといった諸国家・諸地域それぞれの特殊性が醸成されていく中で、各国内では君主が自らの主権を掲げつつ、国内の一元的支配を実

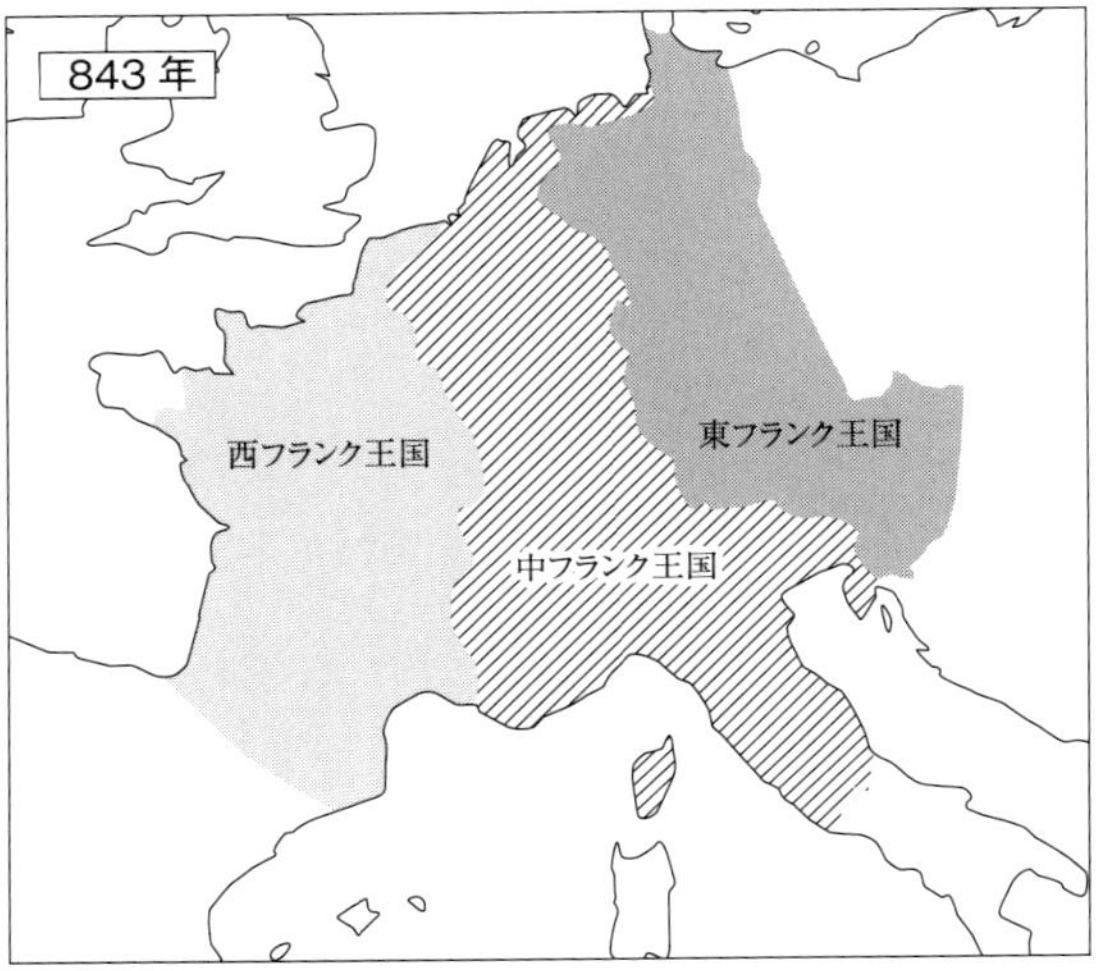

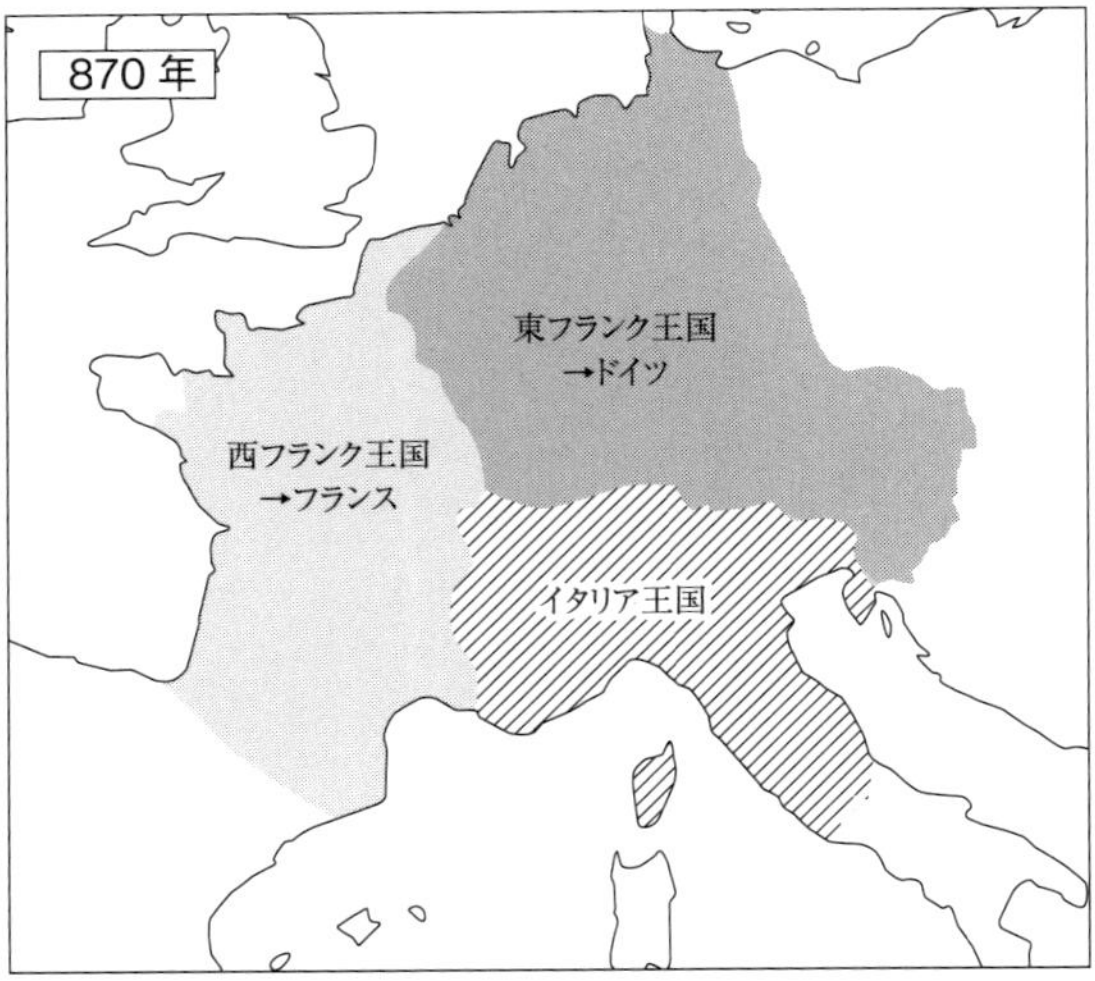

地図 1−3　中東西フランク王国の版図（843年）とイタリアおよび東西フランク王国（870年）

現しようと努力していく。とはいえ、そうした諸国家・諸地域の特殊性を超える形で、より普遍的なキリスト教勢力圏としての西方世界の一体性が構想・主張され続けることになるのである。

2　キリスト教のヨーロッパ

†普遍的世界観

アメリカの国際政治学者であり、国務長官や大統領補佐官を歴任したヘンリー・キッシンジャー（一九二三年〜）は、その著書『外交』（一九九四年）の中で、中世のキリスト教勢力圏に存在した「普遍的世界観」について極めて簡潔に、実に分かりやすく説明している。曰く、「天上に神が君臨し、世俗世界を皇帝が支配し、ローマに教皇がいる(13)」。

キリスト教の神のもとで、「神聖ローマ皇帝」がフランス王、ドイツ王、イングランド王といった諸君主、そして封建諸侯に優越する形で世俗世界の宗主権者として存在し、ローマ教皇が宗教世界の至上権者として教会組織を通して信仰を司った。フランク王国の三分割後、イングランドも含めて、ほぼ今日につながる形で封建制の諸国家が形成されていくものの、カール大帝の「西ローマ皇帝」への戴冠を始まりとする神聖ローマ皇帝が、名目的にでもキリスト教勢力圏を政治的に統括する世俗的権力者であった。

東フランク王国ではカロリング家の血統が絶えた後、九六二年、ザクセン朝のオットー一世（九一二～九七三年）が神聖ローマ皇帝に戴冠した。「神聖ローマ帝国」[14]の実質的な支配力は東フランク王国、つまりドイツ世界を超えなかったものの、名目的な宗主権はキリスト教徒全体に及ぶものであった。

九八七年、西フランク王国においてもカロリング家の血統が絶え、パリ伯ユーグ・カペー（九四〇?～九九六年）がカペー朝フランス王国を創始したが、カペー朝の国王たちは神聖ローマ皇帝に対して決して従順ではなかった。国王たちは、フランス国家に対する自らの主権を主張しながら、国境の外部においては皇帝の宗主権を退けるとともに、国境の内部においては地方に散らばる封建諸侯を抑え、国家統一、そして一元的な政治的支配の確立を目指した。東フランク王国側では、君主たる国王が神聖ローマ皇帝としての役割を果たさねばならなかったこともあり、統一的な国家運営を実現するにも限度があった。そのため、地方に散らばる封建諸侯が皇帝・ドイツ王に抵抗する形で割拠し続けた。

また、皇帝権と教皇権のどちらの権力が実質的に優越するかという神学・政治論争が巻き起こった。この二つの権力の間の対立の中で、日本でもよく知られたものは、一〇七六年に教皇グレゴリウス七世（一〇二〇?～一〇八五年）と皇帝ハインリヒ四世（一〇五〇～一一〇六年）の間に起きた「叙任権闘争」であろう。

ある領土に建てられた教会の司教や修道院の院長など高位聖職者を任命する権限、つまり叙任権は領主が有しており、ドイツにおいてはその国王の地位にある皇帝が叙任権を握っていた。高位聖職者の任命はその頂点に立つ教皇の選出に関係する事案であるがゆえに、皇帝は間接的に教皇の選出に影響を及ぼすことができるようになっていた。

ハインリヒ四世は自分の意に沿う高位聖職者の任命を続けたが、グレゴリウス七世はハインリヒ四世に対し破門を言い渡すことで抵抗した。グレゴリウス七世曰く、教皇権は神によって創り出されたが、皇帝権は人間の高慢さによってでっち上げられたものなのである。[15]破門の影響は大きく、ドイツ内部の反皇帝派が反旗を翻す中で、最終的にハインリヒ四世はグレゴリウス七世に敗北を認め、北イタリア・カノッサ城にて赦しを請うことになる。いわゆる「カノッサの屈辱」[16]である。そして、教皇インノケンティウス三世（一一六〇?〜一二一六年）の時代に教皇権の隆盛は最高潮に達していく。

では、インノケンティウス三世の時代、教皇権が皇帝権よりも優越するような中で、キリスト教勢力圏は真に統一性・一体性を得たのだろうか。そもそも、こうした「普遍的世界観」を基礎とするキリスト教勢力圏としての西方世界を、中世に生きた人びとは「ヨーロッパ世界」と同一視していたのだろうか。

そこで、先に論じた〝三つのヨーロッパ〟について再び考えたい。つまり、「ヨーロッパ」が単なる「地理学的ヨーロッパ」という意味を超え、キリスト教勢力圏としての「西方世界」と強く結びつくことによって、そこで日々の生活を営む人びとは自らをキリスト教徒だけではなく、〝ヨーロッパ人〟と認識すると同時に、すでに政治的にも文明的にもヨーロッパなるもの（「政治的ヨーロッパ」と「文明のヨーロッパ」）が確実に存在していると理解するようになっていたのだろうか。当時の人びとの認識を見ていこう。

✝ヨーロッパという言葉の定着

トゥール・ポワティエ間の戦い、そしてカール大帝が登場する以前、すなわち「ヨーロッパ」という言葉にまだ古代ローマ帝国によって政治的に支配されていた地理学的な領域という意味が強く付与されていたであろう時代、たとえば、イングランドに生まれた聖職者で、膨大な知識によって一種の百科全書を残し、「尊者（ヴェネラビリス）」と称えられたベーダ（ベーダ・ヴェネラビリス）（六七二／六七三?～七三五年）は、その著書『イングランド教会史』（七三一年）の冒頭において、イングランドの通史を書き記す際に「ヨーロッパ」という言葉を用いている。[17] この現存する最古のイングランドに関する歴史書を通して、ベーダは「ヨーロッパ」という言葉に地理学的概念以上の意味を込めなかった。

七三二年のトゥール・ポワティエ間の戦いが終わった後、時間が進む中で、「ヨーロッパ」という言葉は徐々に地理学的概念に加えて新たな実体をともない始める。イベリア半島の編年史家イシドールス[18]（生没年不詳）はトゥール・ポワティエ間の戦いを描くために、カール・マルテルが率いた軍隊を「ヨーロッパ人たちの軍隊」と表現した。[19] 外部から現れた異教徒たる侵略者たちに対し、自らのキリスト教への信仰と土地を守るために連帯したキリスト教徒を〝ヨーロッパ人〟として語ったわけである。

八〇〇年のカール大帝の戴冠により、東方の東ローマ帝国やイスラム教勢力とは対峙する形で「西ローマ帝国」が再建されるや、「ヨーロッパ」という言葉は政治的で文明的な意味をさらに強く帯びるようになる。たとえば、カール大帝の側近だったアンジルベール（七五〇?〜八一四年）は、カール大帝を「ヨーロッパの尊敬すべき首長」、「ヨーロッパの父なる王」などと表現する[20]と同時に、「カール大帝はヨーロッパの頂点に立つ者として、新たなローマ帝国の城壁を築きあげている」と述べた[21]。

アンジルベールは、東ローマ帝国ともイスラム教勢力圏とも差異化されつつ、「ヨーロッパ」に一致する「新たなローマ帝国」を描き出した。それは地中海を中心とした古いローマ帝国やその文明とは異なり、キリスト教への信仰を基礎として「地理学的ヨーロッパ」の西の地域に広がる自律性を有する政治的主体たる帝国であり文明圏であった。

歴史家コルヴァイのウィドゥキント（九二五〜九七三年?）は、カール大帝との長きにわたる戦いについには敗れ去ったザクセン族に生を享けたが、そのザクセン族の歴史を綴る中で、カール大帝のことを「ヨーロッパの支配者」と表現した[22]。ザクセン族に対する勝利はキリスト教勢力の異教徒・異民族に対する栄光の勝利として語られていく。

「ヨーロッパ」という言葉が地理学的概念というだけでなく、「外部」の異質な「他者」の存在に照らし出される形で政治的で文明的な実体をともない始めたからこそ、その領域性が問題となる。つまり、普遍的世界観に基づく西方世界を一つの政治的統合体として見るとき、世俗世界を統治する皇帝の宗主権というものがどこまで広がるのかについて、当時の人びとがどのように認識していたのかを考えねばならない。「信条による統合体」である以上、統合体の領域は布教によって、あるいは異教徒に対する勝利によって拡大していってしまう。キリスト教という大きな普遍性を持ちうる信仰を基礎にするのなら、「政治的ヨーロッパ」も「文明のヨーロッパ」も「地理学的ヨーロッパ」の領域にとどまらず、その限界を超えていくはずである。とはいえ、「地理学的ヨーロッパ」の領域を超える可能性を持つ統合体とは〝ヨーロッパ的〟なのであろうか。「地理学的ヨーロッパ」の領域を超えた時点で、統合体は「ヨーロッパ」との結びつきを失うのではないだろうか。そうした可能性を持つキリスト教勢力圏としての統合体にとって、「ヨーロッパ」とは結局のところ二次的な属性に過ぎないのではないだろうか。

こうした問いに対する答えを見つけるためには、やはり当時の人びとの認識を知る必要がある。そこで『ワルタリウス（ウァルター物語）』というラテン語で書かれた叙事詩について触れたい。[23] 一〇世紀頃の作品であり、「フン族の侵入」を題材としている。西ローマ帝国末期、アッティラ大王（四〇六？～四五三年）に率いられたフン族が東方のアジアから到来することによって、ゲルマン系諸部族は押される形で西ローマ帝国領内への大移動を開始した。「ゲルマン民族の大移動」である。この大移動が西ローマ帝国滅亡の要因の一つになったとされている。

七世紀末にはスカンジナヴィア半島からノルマン人の侵入が相次ぐようになり、九世紀頃には南イタリアにイスラム教勢力が、ハンガリーにはマジャール人がそれぞれ来襲するなど、『ワルタリウス』が生まれた一〇世紀前半までにも、キリスト教・ゲルマン系諸国家が広がる「地理学的ヨーロッパ」には異教徒・異民族の侵入が続いていた。そして、異教徒・異民族の存在はキリスト教徒たちにとって大きな脅威となっていた。西フランク国王などは侵入してきたノルマン人の一部族の長たるロロ（八四六?〜九三三年）に娘を娶らせたうえで、国土北西部の半島を封土とするノルマンディー公位（ロベール一世）を与え、[24]彼らの攻撃を回避しようとしたほどである。[25]『ワルタリウス』はこうした状況下で執筆された。

『ワルタリウス』によれば、「ヨーロッパ」と呼ばれる地域には、習俗、言語、宗教などによって異なる諸民族が定住しており、そのうちの民族の一つがフン族だという。[26]つまり、一〇世紀に生きた『ワルタリウス』の作者は、「ヨーロッパ」を何よりもまず地理学的に見ることで、フン族という異教徒・異民族の住む地域を「ヨーロッパ」から排除せず、「ヨーロッパ」の一部として認識している。フン族を「ヨーロッパ」外に生きる〝非ヨーロッパ人〟ではなく、「ヨーロッパ」内に生きる〝ヨーロッパ人〟として扱っているともいえる。もちろん、「ヨーロッパ」内に生きるキリスト教を信仰する人びともまた〝ヨーロッパ人〟である。

中世という時代、キリスト教徒たちは〝西方世界のキリスト教徒〟、そして〝西方人〟という自覚こそを第一に有している。〝ヨーロッパ人〟については、あくまで「ヨーロッパ」という名の地理学的領域の一部にキリスト教勢力圏が形成されていることによって、二次的に自認していたに過ぎなかったと読み取ることができるのではないだろうか。つまり、キリスト教勢力圏としての「西方世界」と「ヨーロッパ」は必ずしも強く結びつくようになっていたわけではなかった。

東方に広がる異教徒や異民族であってもキリスト教に改宗することは可能である。当時の人びとの意識の中では、異教徒や異民族の改宗によって、やがてキリスト教勢力圏が「地理学的ヨーロッパ」を超えて外部に広がりうることが想定されていたといえるように思われる。この点については、後述するように、中世に主張された〝ヨーロッパ統合ヴィジョン〟を確認することで、さらにはっきりすることになる。

キリスト教勢力圏が「地理学的ヨーロッパ」の領域を超えて外部に広がっていくのならば、キリスト教徒たちは二次的に自認しているに過ぎない〝ヨーロッパ人〟という立場を超えて、キリスト教に改宗した人びととの間で連帯を作りあげるだろう。

中世半ばにおいてなお、キリスト教を基礎にして醸成される文明も、キリスト教的「普遍的世界観」を基礎にして異教徒に対峙する形で形成される政治的統合体も、第一にキリスト教勢力圏としての「西方世界」を意味するものとして理解される。「ヨーロッパ」という要素については、人びとが「地理学的ヨーロッパ」の上で日々の生活を営んでいるという理由によって、二次的に帯びるものに過ぎない。「ヨーロッパ」という要素が前面に出るようになり、「西方世界」と強く結びつくことで、字義通りの「政治的ヨーロッパ」や「文明のヨーロッパ」が出現するには、さらなる歴史の展開が必要であった。

†二つのルネサンス

カール大帝の帝国は早々に分裂し、封建制の成立による諸地域分断の状況、さらに「諸国家分立」の状況が生まれたが、その中で今日に通ずるヨーロッパなるもの、ヨーロッパらしさが徐々に生まれていく。つまり、カール大帝のフランク王国が広大な領土を確立し、「西ローマ帝国」を復活させることによって、「地理学的ヨーロッパ」の西の領域を中心にしてキリスト教勢力圏の一体性が構想・主張されるようになる中で、「カロリング・ルネサンス（カロリング朝ルネサンス）」と呼ばれる文明の興隆が見られたのである。

アーヘン大聖堂
786年にカール大帝の指示で建設が始まった。神聖ローマ皇帝の戴冠式が執り行われるなどキリスト教勢力圏を象徴する場所となった。

このカロリング・ルネサンスについては、しばしば古代ギリシャ・ローマ文明、キリスト教、そしてゲルマン民族が融合したものと評価されている。さまざまな議論こそあれ、カロリング朝こそが〝ヨーロッパの始まり〟といわれることもある。

もちろん、諸国家・諸国民が分立していく時代でもあるので、普遍的なヨーロッパなるものという政治的・文明的・知的一体性のもとでは、諸国家・諸国民の特殊性・多様性が醸成されていく。ヨーロッパなるものは、それぞれの自意識を持った諸国家・諸国民の多様性を調和させる。キリスト教という大きな普遍性を帯びた信仰を基礎としつつも、「地理学的ヨーロッパ」の中の一部に限定される形で、ヨーロッパなるものの一体性が担保する「諸国家のヨーロッパ」、あるいは「諸国

パリ大学

12世紀（1150年頃）に設立されたヨーロッパ最古の大学の1つである。創設期には神学、法学、医学、技芸（リベラル・アーツ）の4学部が置かれていた。

民のヨーロッパ」が生まれていくのである。

文明的な興隆という内生的プロセスによって醸成されたヨーロッパなるものの一体性をさらに強固にしていったものが、外部の「他者」たるイスラム教勢力との戦いであると同時に、東ローマ帝国との戦いであった。農業社会の発展、そして生産力や人口の増大が、外部との戦いを後押しした。「ヨーロッパ」内部に徐々に力が溜め込まれていき、ついにはローマ教皇ウルバヌス二世（一〇四二～一〇九九年）の呼びかけをきっかけにして実行された第一回十字軍の東方遠征（一〇九六～一〇九九年）という形で、内部に溜め込まれた力が外部に向かって爆発したのであった。

第一回十字軍は聖地エルサレムを奪還するとともに、「地理学的ヨーロッパ」の外部たる東地中海沿岸地域（「レヴァント」地域）にエルサレム王国、アンティオキア公国、エデッサ伯国、トリポリ伯国といった複数の封建制の十字軍国家を樹立することに成功した。十字軍国家はエルサレムへの巡礼道を保護すると同時に、貿易（「レヴァント貿易」）を通してヴェネツィアやジェノヴァといったイタリア諸都市に大きな富をもたらすことになった。さらに、東方世界より多くの知識が西方世界に持ち込まれた。大規模な教会が建立され、大学が設立され、文学作品が世に送り出された。そうした中で、一二世紀から一三世紀にかけては、「一二世紀ルネサンス」と呼ばれる文明の興隆が見られた。

キリスト教勢力圏に、神を頂点として、神聖ローマ皇帝が世俗世界を支配し、ローマ教皇が教会組織を通して信仰を司るという「普遍的世界観」が存在したことは先に確認したとおりである。そして教皇と皇帝が政治的優越性をめぐって争う神学・政治論争が見られた。この「一二世紀ルネサンス」という文明の興隆はローマ教皇側の勢力が優越する中で生じたものであった。では、すでに提示した問いであるが、教皇インノケンティウス三世の時代を頂点として、教皇権が優越することによって、キリスト教勢力圏は真に統一性・一体性を得ることができたのだろうか。

結局のところ、教皇がキリスト教勢力圏に一元的な宗教的・政治的支配権を確立することはなかった。皇帝もまたキリスト教徒に対し世俗的な領域における名目上の宗主権を有していたとはいえ、その実質的な支配力がドイツ世界を超えることはなく、ドイツ世界内部もさまざまな権力主体が分立した状況で不安定だった。

十字軍も失敗に終わった。第二回十字軍の遠征以降、キリスト教勢力は基本的にイスラム教勢力の攻勢に押され続けた。さらには十字軍を構成するキリスト教封建諸侯同士の対立がいくたびも繰り返された。そして、一二七一年から一二七二年にかけて行われた第九回十字軍をもって、十字軍はその歴史を終えた。一二九一年、エルサレム王国の滅亡によって、「地理学的ヨーロッパ」の限界を超えて東方に広がった十字軍国家は完全に消滅した（地図1－4）。

歴史の経過の中で、ヨーロッパなるものを形作る諸要素は醸成されていった。しかし、そうした

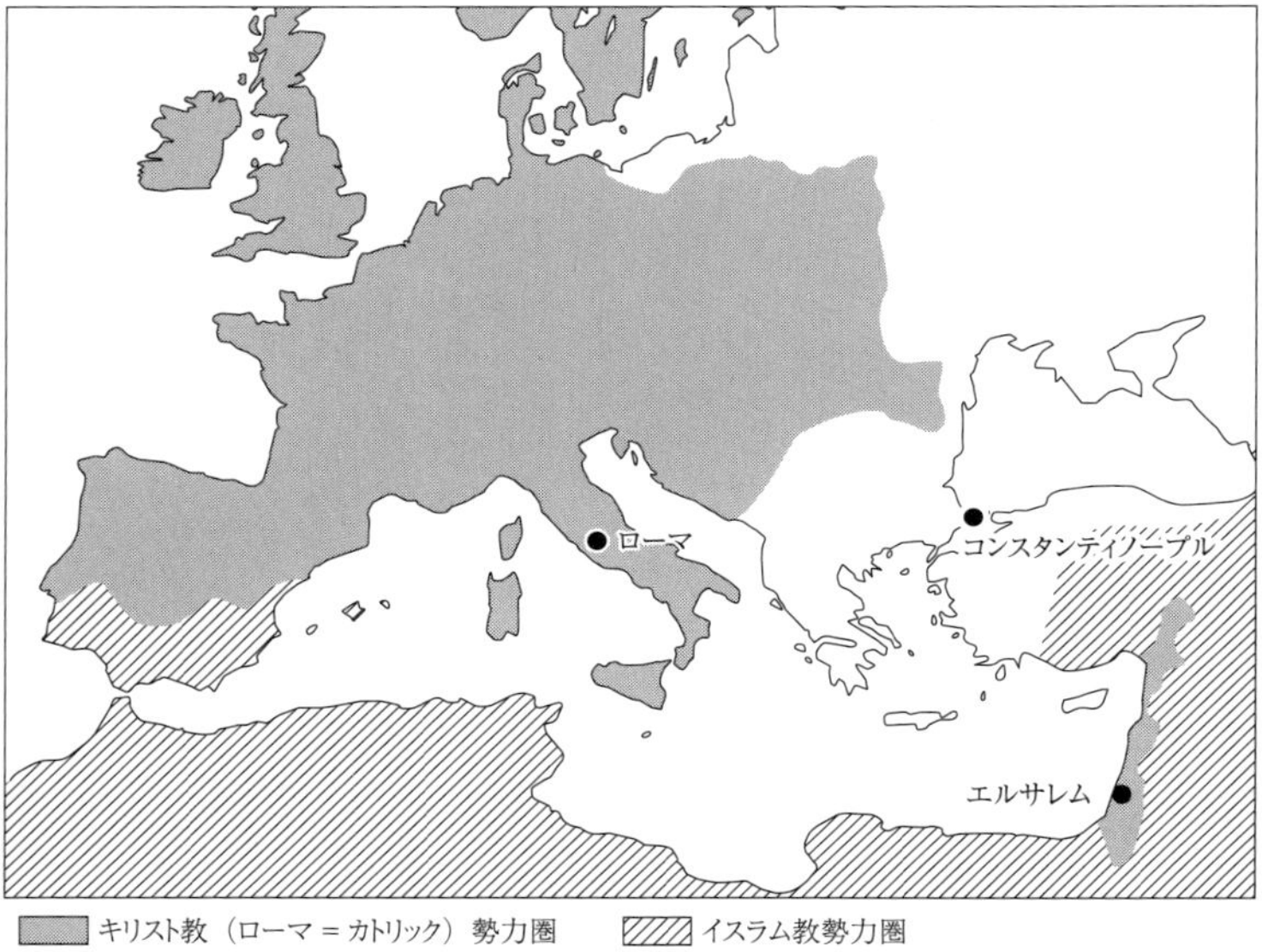

地図１－４　第１回十字軍遠征後の情勢

一体性のもとでは多様なる諸国家が分立し、対立を先鋭化しつつあった。イスラム教勢力などの外敵に対して団結することはあれ、やがてイスラム教勢力の攻勢が緩み始め、また東ローマ帝国の政治的衰退がさらに進んでいくと、諸君主、そして封建諸侯も自らの利益を優先して行動し始めた。こうした状況において、ついに知識人たちの間で〝ヨーロッパ統合〟が大々的に語られ始めるのである。カール大帝治世下のような過去において、あたかも普遍的で一体化された〝ヨーロッパ世界〟が確実に存在していたかのように考えるノスタルジーとともに、知識人たちは〝ヨーロッパ統合〟を構想していった。

　にもかかわらず、「普遍的世界観」の崩壊は進む一方であった。教皇と皇帝が政治的優越性をめぐって争った結果、両者の権力基盤が徐々に揺るがされていった。ドイツ世界においては、一二五四年、皇帝コンラート四世（一二二八～一二五四年）が死去すると、ドイツ王位をめぐる争いの中で「大空位時代[27]」（一二五四～一二七三年）が発生し、皇帝・ドイツ王の権威は地に落ちた。一二七三年、スイスの小規模な封建領主に過ぎなかったハプスブルク家のルドルフがルドルフ一世（一二一八～一二九一年）としてドイツ王位を継承することで、ようやく「大空位時代」は終焉するものの、「ドイツ国家」の分断状況が強まっていくだろう。

教皇の地位をめぐっては、一三〇三年に「アナーニ事件」が発生すると、教皇は事実上、フランス国王の言いなりの立場に追い込まれていった。フランス国王フィリップ四世（一二六八～一三一四年）が戦費捻出のために教会財産への課税を試みたことに対し、教皇ボニファティウス八世（一二三五?～一三〇三年）が反対する回勅を出したことがきっかけである。一三〇二年、フィリップ四世は聖職者、貴族、平民の三つの身分から構成される身分制議会、すなわち「三部会」を招集し、三部会が一致して国王の課税案を支持すると、ボニファティウス八世はフィリップ四世の破門を決定した。叙任権の完全掌握など「ガリカニスム（国家教会主義）」に拠って立ちつつ、王権の拡張を志すフィリップ四世は軍を派遣し、イタリアのアナーニにてボニファティウス八世を捕縛した。そして、フランス人枢機卿がクレメンス五世（一二六四?～一三一四年）として教皇に就任すると、一三〇八年、この新教皇はフィリップ四世の要請を受けて教皇庁をローマからフランス南部のアヴィニョンに移転してしまった。イタリア本土が皇帝ハインリヒ七世（一二七五～一三一三年）の侵攻を受けることで、教皇がローマに戻れない状況も生まれていた。

教皇がアヴィニョンに滞在せざるをえない「アヴィニョン捕囚」という状況の中で、フランス国王の影響を受けたフランス人教皇の即位が相次ぐことになる。一三七七年、教皇グレゴリウス一一世（一三二九?〜一三七八年）がローマに帰還し、「アヴィニョン捕囚」は終焉するものの、一三七八年、グレゴリウス一一世の後継をめぐって二人の教皇（ウルバヌス六世（一三一八?〜一三八九年）とクレメンス七世（一三四二〜一三九四年）がローマとアヴィニョンに並び立つ「大シスマ（大分裂）」が引き起こされてしまう。

フランス国王が王権の拡張と国内の統一化に邁進し、やがて教皇の地位を動かすほどの力を発揮するようになる一方で、教皇権は衰え、皇帝権もまた揺るがされていた。そうした状況下で、〝ヨーロッパ統合〟がノスタルジーとともにますます主張されるようになるのであった。

3　諸国家分立へ向かうヨーロッパと統合ヴィジョン

†ノスタルジーとヨーロッパ統合

知識人たちがノスタルジーとともに〝ヨーロッパ統合〟を口にし始めたとき、それは第一に東方世界という外部に存在する異なる他者と戦い、聖地エルサレムを（再）奪還するために、崩れかけた「普遍的世界観」に基づく西方世界を再建しようというヴィジョンであった。一つの共通政府を設立し、諸国家間に平和を醸成し、そして諸国家の力を結集したうえで、外敵と戦うわけである。諸国家が〝再統合〟されるや、再建された西方世界は失われた聖地エルサレムを奪還し、イスラム教勢力の手になるイベリア半島を回復し、「地理学的ヨーロッパ」の限界を超えて東方へ大きく領域を広げていくことができるだろう。

とはいえ、どのような形で西方世界を政治的に再建するかをめぐっては、かつての神学・政治論争のような論争が繰り返された。つまり、教皇権によって西方世界を再建するのか、皇帝権によって西方世界を再建するのか、あるいは二つの権力の均衡によって再建するのか、といった原理や方法論をめぐって、〝ヨーロッパ統合ヴィジョン〟はいくつかに分けられる。

教皇権を重視するヴィジョンとしては、聖アウグスティヌス会の二人の修道僧の著作、ローマのジル（一二四六?～一三一六年）の『教会権力について』[28]（一三〇二年?）やヴィテルボのジャコモ（一二五五?～一三〇七年）の『キリスト教政府について』[29]（一三〇二年?）がある。両方の書とも、「アナーニ事件」によって教皇権の衰退が否応なしに見せつけられた時代に執筆されたものである。そうした現実を踏まえたうえで、両者とも教皇権こそを西方世界の最高権力とみなしつつ、教皇権を再建することによって西方世界もまた再建しようと主張するのである。こうした教皇権の下に、皇帝権が存在する。

他方、ドイツの二人の著述家による著作、つまりオスナブリュックのヨルダン（一二二〇～一二八四年）が執筆を始め、ロエスのアレクサンダー（一二二五?～一二八八年?）が引き継いだ『ローマ帝国の大権について』（一二五〇～一二八一年？）は、タイトルから分かるとおり皇帝権に注目する。「大空位時代」からハプスブルク家出身のルドルフ一世のドイツ王即位にかけて執筆する中で、二人は西方世界の支配権がドイツ王に存在することを認める。しかし、信仰についてはローマ教皇が司り、さらに学問の発展を台頭著しいフランスが牽引すべきことを訴える。(30) こうした役割の分担によって西方世界の一体性と平和が保証されることになる。

皇帝権を重視するヴィジョンとしては、聖ベネディクト会の修道院で修道院長を務めるなど高位聖職者であったアドモントのエンゲルベルト（一二五〇～一三三一年）の『ローマ帝国の起源、発展、そして終焉について』(31)（一三〇八～一三一〇年？）や日本でも叙事詩『神曲』（一三〇七～一三二一年）でよく知られたダンテ・アリギエーリ（一二六五～一三二一年）の『帝政論』(32)（一三一〇～一三一三年？）などを挙げねばならない。(33)

エンゲルベルトの『ローマ帝国の起源、発展、そして終焉について』は、皇帝が唯一の首長たることの必要性を説く。(34) 当時の状況として、かつて古代ローマ帝国の版図に入っていた地域の諸王、すなわちイベリア半島の諸王、フランス国王、イングランド国王、さらにスラヴ系諸国家やギリシャの諸王は神聖ローマ皇帝の皇帝権のもとで統治されているわけではない。皇帝権は地中海の向こうにあるかつての古代ローマ帝国の版図、つまりアフリカやアジアにも広がっていない。エンゲルベルトは皇帝の指導のもとにキリスト教徒が異教徒と戦っても、この状況を改善するべきことを主張する。同時に、皇帝権を強化することは、諸国家間の平和を維持することに寄与する。エンゲルベルトは諸国家の解体を望んでいるわけではない。諸国家間の平和を維持するための調停者として、超越的な皇帝を位置づけるのである。

エンゲルベルトの主張の中で特筆すべきは、諸国家に共通する「自然法」があることを想定していることであろう。現実的に効力を得ている諸国家の法、つまり実定法は諸国家の習俗や伝統の多様性に応じてさまざまであり、それぞれの人民はそれぞれの王を戴いている。しかし、キリスト教徒という人間にとっては諸国家の実定法を超える自然法が普遍的に存在する。自然法を基礎として構築される共同体を皇帝が主宰するのである。皇帝は諸王を超越する存在であるが、諸王の存在が否定されるわけではない。このような普遍の共同体と特殊な諸国家が互いを解体し合うことなく並存するという考え方は、この後のさまざまなヨーロッパ統合ヴィジョンに見られるとともに、今日のヨーロッパ統合にまで続いている。

また、中世において古代ギリシャ・ローマ文明、キリスト教、そしてゲルマン民族が融合したと表現されるように、古代ローマで生まれた自然法の理論がゲルマン民族を中心とするキリスト教勢力圏のために援用されている点が重要である。

エンゲルベルトの主張の中で検討すべきは、キリスト教徒の共同体の領域の問題である。エンゲルベルトは古代ローマ帝国について口にするものの、神聖ローマ皇帝を戴く中世の西方世界としてのキリスト教勢力圏と地中海を中心にアジアやアフリカにまで広がっていた古代ローマ帝国の版図は決して重なり合ってはいかない。事実問題において、神聖ローマ皇帝の地位がカール大帝の「西ローマ皇帝」の戴冠に始まり、古代ローマ皇帝からの連続性の中に位置づけられうるものとはいえ、そもそも厳密に言えば都市国家から出自し、環地中海世界を作りあげた古代ローマ帝国と、キリスト教勢力圏としての西方世界を防衛するためにこそ存在し、それを象徴する神聖ローマ帝国という二つの帝国は本質的に異なる存在である。いずれにせよ、ローマ帝国の版図を復活させることで共同体を建設するにしても、ローマ帝国に関係なくキリスト教勢力圏を広げることで一つの共同体を建設するにしても、エンゲルベルトが考える共同体の領域は「地理学的ヨーロッパ」を越えて広がっていくことになる。

エンゲルベルトの〝ヨーロッパ統合ヴィジョン〟は、あくまで皇帝を頂点とするキリスト教徒の共同体、すなわち「キリスト教共和国」建設のヴィジョンであって、字義通りのヨーロッパ建設のヴィジョンではない。「ヨーロッパ」という属性が相変わらず二次的なものであったことが分かる。

ダンテは、『帝政論』の中で[35]、恒久平和の実現を主張し、エンゲルベルトのように皇帝権のもとに諸王が存在する共同体を構想する。ダンテにとって、このような共同体を構築することこそが人間が真に人間なるものを完成させるための手段である。ダンテの構想によれば、こうした共同体が存在することによって、バラバラに存在する人びとの意志が一つになるのであって、そのためにも皇帝権が諸王を超越する形で存在せねばならない。ダンテのヴィジョンもまたキリスト教徒の共同体を建設しようというヴィジョンである。

さて、フランスの法曹家であるピエール・デュボワ（一二五五？～一三二一年以降）の『聖地の回復について』（一三〇八年以降？）は、具体的な政治的諸制度が提案されているという点で、この時代のさまざまなヴィジョンの中でも特徴的である[36]。「聖地の回復」というように、デュボワはキリスト教徒が内部の対立を乗り越え、一致団結することにより、聖地エルサレムを回復するべきことを考える。そのためにはキリスト教諸王の間に新たな調停者を設置することで、平和を維持することが必要である。

すでに紹介したさまざまなヴィジョンが、ローマ教皇や神聖ローマ皇帝を最高権力者、あるいは調停者とみなしたのとは違い、デュボワは「評議会」の設置を主張する。「評議会」は諸国家から選出された代表者によって形成される国際的政治機関であり、諸国家を超越する。

ここで、デュボワがフランス人であるということには注意せねばならないだろう。そもそも、皇帝権を優越させるというヴィジョン、つまり神聖ローマ皇帝に諸君主を超える権力を認めるというヴィジョンは、ドイツがキリスト教勢力圏を牽引することを意味する。神聖ローマ皇帝はドイツ王である。いわば「パックス・ゲルマニカ（ドイツによる平和）」という「覇権による統合体」の一つのあり方につながりうるヴィジョンである。しかし、諸国家の代表者による「評議会」であれば、必ずしもドイツ王が優位であるというわけではなく、諸君主、そして諸国家は平等化される。フランス国家に対する自らの主権を主張しつつ、神聖ローマ皇帝に対抗しようと試みるフランス国王にとって有利な考え方である。

デュボワのヴィジョンは、とりもなおさずキリスト教に基づく「普遍的世界観」、すなわち神を頂点とし、皇帝が世俗世界を支配するという世界観を突き崩してしまう可能性を持っていた。この後、フランス側から出てくるヴィジョンは、主としてこうしたドイツの優位性を否定するという意味で、諸国家の平等性を追求するようになる。

ただし、フランス側から出てくるヴィジョンを、いわゆる「パワー・ポリティクス」のレベルに還元することのみにとどめて論じるべきではないだろう。事実問題において諸国家間に力関係が生じるものであるとはいえ、主権を有する諸国家が平等であるという考え方は、今日の世界において一つの理想となっている。フランス国王たちやデュボワがキリスト教の信仰に基づく「普遍的世界観」を否定したことが、今日に通じる国際関係が構築される源泉の一つになったといってもよい。

デュボワや同時代のフランス人たちが、こうした結果をどこまで意識していたかは分からない。当事者たちの試みがその想定を超える結果をもたらす可能性を孕んでいたということは、しばしば起こりうるものである。

この後もキリスト教徒の信仰に基づく共同体、言い換えれば「キリスト教共和国」を構築しようというヴィジョンはさまざまな知識人たちによって提示されていく。たとえば、ボヘミア国王、イジー・ス・ポジェブラト（一四二〇～一四七一年）は、『全キリスト教徒の平和条約』[37]（一四六二～一四六四年）の中で、デュボワの「評議会」のように平和の維持を目的としたキリスト教諸侯の代表者からなる議会の創設を提案する。議会はキリスト教諸侯の間の対立を整序し、共同体の決定に反する振舞いをとった諸侯に対して軍事制裁を科す。ポジェブラト王のヴィジョンもまた旧来の「普遍的世界観」、そして神聖ローマ皇帝の優位性の解体を促しうるものであった。

ポジェブラト王はフランス国王ルイ一一世（一四二三～一四八三年）に対し自らのヴィジョンを開陳したものの、ルイ一一世は軍事制裁の可能性にまで踏み込んでいる点でポジェブラト王のヴィジョンに対し拒否反応を示したという。時代にとって早すぎるヴィジョンであった。

後に教皇ピウス二世として即位し、ポジェブラト王と対立することになるアエネアス・シルウィウス・ピッコローミニ（一四〇五～一四六四年）は、『ローマ帝国の起源と権威について』（一四四五年）の中で、すべての世俗権力が皇帝に属すべきことを説く。そして、教皇権と皇帝権が並び立つ旧来の「普遍的世界観」に基づく西方世界を再建することを目指している[38]。

†「普遍的世界観」から諸国家のヨーロッパへ

外部に存在する異なる他者との戦いに備えるために内部の対立を抑制し、恒久平和を実現していこうというヴィジョンは、キリスト教徒の団結を促す意味で極めて〝キリスト教的〟である。キリスト教は大きな普遍性を見据える宗教であり、キリスト教徒の連帯は「地理学的ヨーロッパ」の限界を超えていく。

しかし、主権を有する諸国家の分立という内的に醸成されてきた現実を引き受けようとするとき、いずれのヴィジョンも「地理学的ヨーロッパ」の領域に限定され、結びつくことによって、字義通りの「ヨーロッパ統合ヴィジョン」に昇華していく可能性を内包していた。

主権の概念はキリスト教勢力圏としての西方世界における教皇と国王、あるいは皇帝と国王の対立の中で確立されたものである。つまり、この時代、主権の概念はキリスト教勢力圏が広がる「地理学的ヨーロッパ」の内部にしか存在していなかった。主権国家の時代が始まることによって、単にキリスト教に基づく「普遍的世界観」を踏まえたうえでキリスト教徒の共同体を建設・再建するのではなく、主権を有する諸国家が分立しているというヨーロッパ、すなわち「諸国家のヨーロッパ」の平和と安定を実現することが構想されていく。

キリスト教勢力圏としての西方世界と「ヨーロッパ」が強く結びつくことによって、真に「ヨーロッパ世界」が誕生するのである。同時に、「地理学的ヨーロッパ」の上で日々の生活を営む人びとにとって、「ヨーロッパ人」という自意識は決して二次的なものではなくなっていく。

中世において、諸国家の主権を保持するのは国王など君主である。統合を選択するか否かは主権者君主が決定する。時代が進み、国民が主権を有する国家が形成されるとき、すなわち「諸国家のヨーロッパ」が「諸国民のヨーロッパ」となるとき、統合を選択するか否かは国民が決定する。諸国民がキリスト教徒だからという理由で統合を選択することを強いられるのではなく、国民という資格を有することによって意志的にヨーロッパ統合に参加するか否かを決定するのならば、ヨーロッパ統合ヴィジョンははっきりした形でキリスト教勢力圏建設・再建論と一線を画するものとなろう。

さらに、諸国民が「ヨーロッパ人」という自意識を強く持ちつつも、その主権を行使することによって統合を選択するか否かを意志的に決定する場合、統合を選択しないことは自由である。民主主義の時代という今日、「地理学的ヨーロッパ」内部の国家であるにもかかわらず、あえてEUへの加盟を選択しない国民が存在することは、何ら不思議なことではない。

さて、字義通りの「ヨーロッパ統合ヴィジョン」が主張され始めるとはいえ、主権を有する諸国家が分立し、互いに相争うという状況は、ヨーロッパなるものの一体性を弱めてしまいかねないものである。それでも、中世が始まるとともに醸成されてきたヨーロッパなるものの政治的・文明的・知的一体性が徐々に根づいていったのは確かであり、そうした一体性のもとで知識を育んだ人びとが諸国家間の激しい対立を整序し、恒久平和を実現することを目的としたヨーロッパ統合ヴィジョンを次々と提案していく。

宗教的なものであろうとなかろうと、あるいは外敵の存在を意識していようといまいと、ヨーロッパ統合ヴィジョンが一貫してヨーロッパにおける恒久平和の実現を一つの理念としていることを忘れてはならない。

✝諸国家のヨーロッパにとっての新たな脅威

古代ギリシャ・ローマから中世半ば頃にかけて、基本的に「ヨーロッパ」はアジアやアフリカとは異なる地理学的世界として地理学の中で存在し続けていた。地理学上の発見が数多く記録された古代とは異なり、中世半ば頃において地理学そのものは学問としては極めてマージナルな扱いを受け、停滞するようになっていた。たとえば、デーン人といったスカンジナヴィア半島の人びとがすでにグリーンランドやアメリカ大陸に到達していたにもかかわらず、そうした成果が大々的に語られることはなかった。

しかし、国際関係が変化することによって、たとえキリスト教の信仰に基づくヴィジョンであっても、徐々に「ヨーロッパ」という地理学的概念を強く意識しつつ、再考するものとなっていく。国際関係のあり方という外的要因もまた、キリスト教勢力圏としての西方世界と「ヨーロッパ」が強く結びつくことを促したのである。東方世界に新たにオスマン帝国という脅威が出現したからである。一四世紀後半に入るや、イスラム教勢力たるオスマン帝国は「地理学的ヨーロッパ」の中に

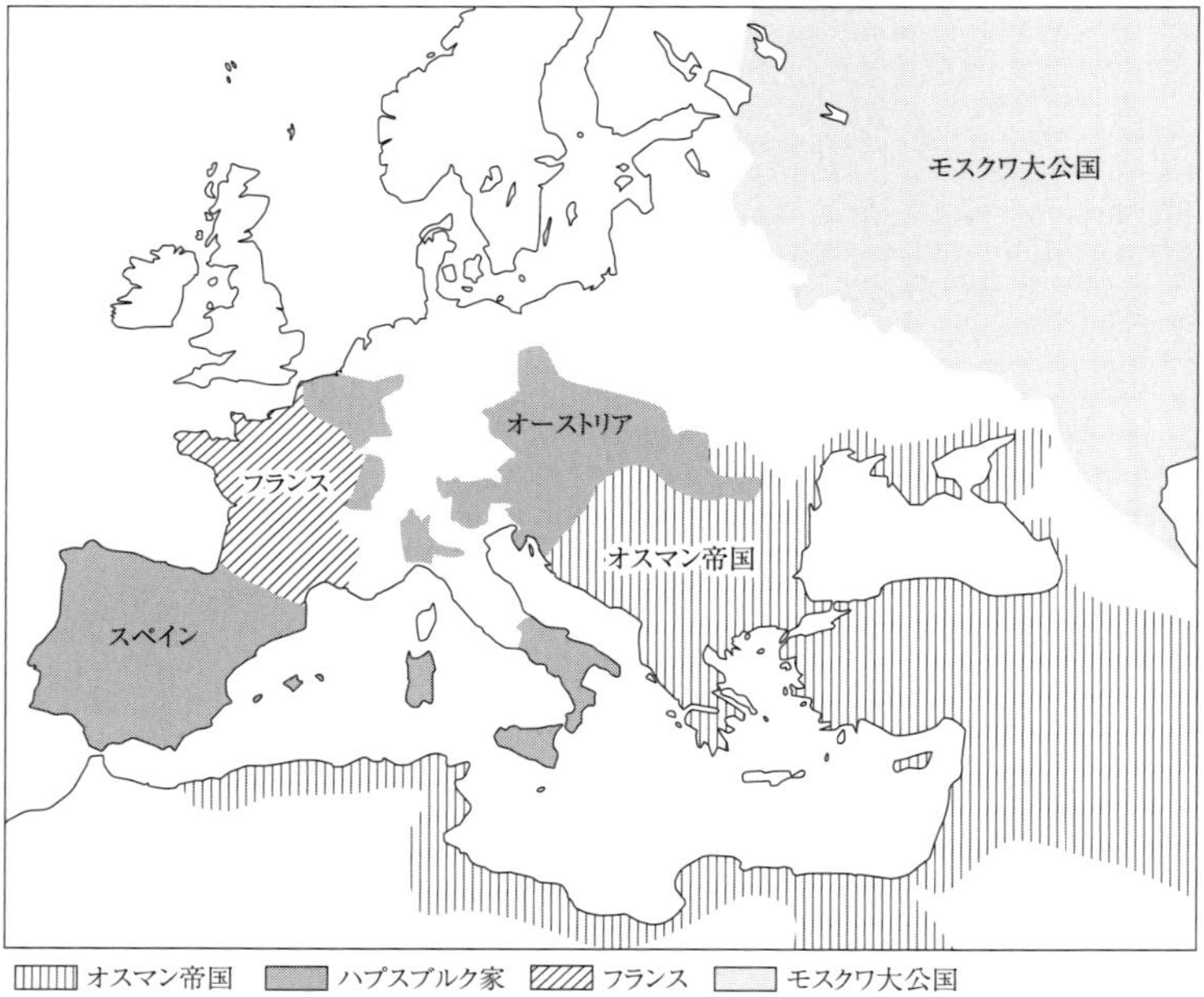

地図1－5　オスマン帝国の最大版図とヨーロッパ諸国（1600年頃）

勢力を伸長していく（地図1－5）。

オスマン帝国がバルカン半島に大規模に版図を広げつつ、東ローマ帝国の首都、コンスタンティノープルに迫っている中で開かれたコンスタンツ公会議（一四一四～一四一八年）では、「今やただヨーロッパだけがキリスト教世界である」と宣言された[39]。オスマン帝国という新たに現れた脅威を要因の一つとして、人びとの意識の中では「ヨーロッパ」が前面に出てくるようになるのである。しかし、キリスト教的な〝ヨーロッパ統合ヴィジョン〟ではなく、字義通りの「ヨーロッパ統合ヴィジョン」が主張され始めた時代、オスマン帝国がヨーロッパ世界にとって、それまでのイスラム教勢力のような脅威とはいささか異なる存在となっていくことには注意せねばならない。

さて、中世から近世へ、ヨーロッパ世界の歴史的な展開とそこで生み出された新たな政治的・社会的状況を確認しつつ、近世のヨーロッパ統合ヴィジョンが中世のさまざまなヴィジョンを思想の形で受け継いで、どのように主張されたかについて検討していこう。

第2章

［近世～近代］

ヨーロッパ統合の夢と現実と

1　主権国家の出現と国際秩序

†諸国家分立という現実を前にして

中世の君主たちは、国家に対する自らの主権を主張しつつ、国境の外部においてはローマ教皇の至上権や神聖ローマ皇帝の宗主権に対抗し、国境の内部においては常備軍の整備などを進め、国家統一を企図したものの、国内外の数多くの封建諸侯の力は侮り難いものがあった。一元的な政治的支配が欠落した封建制において、諸国家ともその領域性は曖昧であり、統合と分裂を繰り返していた。たとえば、デンマーク国王カヌート一世（九九五?～一〇三五年）は北海を中心にして、デンマーク、ノルウェー、そしてイングランドの王位につき、北海帝国とも呼ばれる巨大な連合王国を築きあげることができた。

イングランドとフランスの間には複雑な関係が生まれていた。ノルマン朝イングランド王国の始祖、ウィリアム一世（一〇二七～一〇八七年）は、もともとフランス貴族ノルマンディー公ギヨーム二世としてフランス王家カペー家の臣下であったものの、一〇六六年にイングランドに侵攻し（「ノルマン・コンクエスト」）、イングランド王位を手に入れた。ウィリアム一世はイングランド国王としてフランス国王と対等な立場となった。一一五四年にノルマン朝が断絶すると、フランス諸侯の一つ、アンジュー伯アンリ（一一三三〜一一八九年）が血縁によってイングランド王位およびノルマンディー公位を継承し、ヘンリー二世としてプランタジネット朝イングランド王国を開始することで、イングランドおよびフランスの大部分に広がる広大な「アンジュー帝国」が出現した。プランタジネット家（アンジュー家）もまたイングランド国王としてフランス国王と対等でありつつ、フランス諸侯の一つとしてフランス国王の臣下であった。しかし、その力はフランス国王をはるかに凌いでおり、フランス王家は大陸に広がるアンジュー家領の削減を試み続けた。そして、一三二八年にカペー朝が断絶し、血縁によってヴァロワ家のフィリップ六世（一二九三〜一三五〇年）がフランス王位を継承すると（ヴァロワ朝フランス王国）、プランタジネット家（アンジュー家）のイングランド国王エドワード三世（一三一二〜一三七七年）もまた血縁を理由にフランス王位を要求し、ついに一三三七年、英仏百年戦争（一三三七〜一四五三年）の戦端が開かれた。英仏百年戦争はいくたびもの中断を挟みつつ、イングランド側の優勢の中でイングランド・フランス連合王国を成立せしめたことがあったものの、最終的にはフランス側の勝利によって終結し、英仏両国の分離を決定づけた。

隣接する国家との戦争を経て、フランスやイングランドにおいては、徐々に王領の概念が出現し、国家の領域性が意識されるようになる。国王の一元的な政治的支配のもとで国家は統一され、諸外国に対し独立した主権国家であることを認めさせる。他方で、ドイツやイタリアでは、封建的な分断状況が残り続け、統一国家の成立は一九世紀を待たねばならない。

キリスト教を基盤とした「普遍的世界観」、あるいは「パックス・ゲルマニカ」に対抗しようという動きは、フランスなどにおいては、平等な諸国家が参加する共通議会を創設するというような〝ヨーロッパ統合ヴィジョン〟を生み出すと同時に、主権を有する国家という概念を定着させる要因の一つになっていった。主権を有する諸国家の分立という現実は「普遍的世界観」を解体することで、旧来のキリスト教勢力圏のあり方を決定的に変えていく。主権国家の出現はヨーロッパ世界の歴史にとって重要な転換点である。

「ヨーロッパ統合の歴史」を考えるとき、教皇権や皇帝権を中心にして「キリスト教共和国」を打ち立てるというヴィジョンをもちろん無視することはできない。しかし、主権を有する諸国家の分立という今日にまで続く国際秩序は、そうした「普遍的世界観」に基づく秩序に対抗しようとする動きの中で生まれたものである。諸国家を基盤としたうえで「一つのヨーロッパ」を建設することを目指す今日のヨーロッパ統合を、中世のキリスト教的なヴィジョンからの直線的な流れの中に位置づけることには留保が必要である。

歴史自体は一つの連続した流れであるものの、中世とそれ以降の時代の間には、思想的にも政治的にも明確な断絶が存在する。とはいえ、そうした中世以降の思想的・政治的変容は、まさに中世という時代が用意したものである。歴史の連続性と断絶性の両方をとらえることが必要である。

さらに、主権を有する諸国家の出現について考えていこう。「王は王国においては皇帝である」という表現が存在する。諸国王が神聖ローマ皇帝の宗主権に対抗する形で自らの国家の主権を打ち立てるようになったとき、ドイツ王たる皇帝は、事実問題においてドイツ王として諸国王と平等な地位に甘んじざるをえなくなる。ローマ教皇とてローマ教皇領[1]を支配する一人の主権者に過ぎない。

主権の概念が根づき始めると、フランスのパリのジャン（一二五五?〜一三〇六年）などは、聖ドミニコ会の修道士であり神学者であったにもかかわらず、その著書『王権と教権について』（一三〇二年）の中で、「キリスト教共和国」を建設するという考え方そのものを否定する言説を展開するのであった。曰く、すべてのキリスト教徒が一つの一般的な共同体の中で統合される必要はない。気候や言語、また人的諸条件に応じて、さまざまな生活様式やさまざまな政体が存在しうるからである。曰く、一つの政治組織がすべての人びとにとって共通にはならない。ある一つの国民にとって良いことが、他の国民にとって良いとは限らないからである。[2] ジャンの主張は、主権を有する諸国家が分立し、その中で独自の政治体制や文化が生み出されていく現実を踏まえたものだった。

イタリアの神学者であるパドヴァのマルシリウス（一二八〇?〜一三四二年?）もまたジャンの考え方を継承することになった。その著書『平和の擁護者』[3]（一三二四年）は、人民主権論の先駆的議論として知られているが、諸国家の独立性について主張する。国家の中で有効となっている法の権威と根拠はその国家の人民が制定するということにあるのであって、法に基づいて何らかの強制力を発揮する指導者は人民に対し責任を負っている。こうした主張が後世の人民主権の議論に多大な影響を与えていく。

ところが、諸国家分立という状況が動かし難い現実となった時代、知識人たちはそうした現実を踏まえたうえで、恒久平和を実現するためにヨーロッパ統合ヴィジョンを次々と提案していく。キリスト教的な「普遍的世界観」が解体されつつも、知識人たちの中に、諸国家が分立する「ヨーロッパ」を統合されるべき一つの世界として認識するようになる強いきっかけが存在したからである。

一つは、諸国家の主権を強化していく宗教戦争の時代という現実である。諸国家分立を確立していくと同時に、一つのヨーロッパ世界という認識もまた強めていく。そして、もう一つは、キリスト教勢力圏としての西方世界ではなく、ヨーロッパ世界を照らし出す新たな「他者」との出会いである。

†宗教戦争と国際会議

一五一七年、ドイツにおいて、聖アウグスティヌス会に所属する神学者であるマルティン・ルター（一四八三～一五四六年）は「九五カ条の論題」を発表し、いわゆる「宗教改革」を開始した。先に紹介したように、かつて聖アウグスティヌス会の二人の修道僧、ローマのジルとヴィテルボのジャコモは、衰退する教皇権を再建することによって崩れゆくキリスト教勢力圏としての西方世界の一体性もまた再建することを主張した。ルターは資金集めを目的とした贖宥状（俗に言う免罪符）の販売といったキリスト教会の堕落を追及することによって論争を促し、聖書に準拠してキリスト教信仰を恢復することを主張したものの、結果としてキリスト教勢力圏を分裂させてしまうのである。

また、その後、ジュネーヴにおいてもフランス出身の神学者であるジャン・カルヴァン（一五〇九～一五六四年）が「宗教改革」を指導した。カルヴァンもまた聖書をキリスト教信仰の唯一最高の基準とする立場から、教会のあり方に加えて、市民の生活や風習までも改革しようと試みた。

宗教改革の中で、ドイツでは封建諸侯に対し封建制・農奴制からの解放を求める農民の反乱、ドイツ農民戦争（一五二四〜一五二五年）が発生すると同時に、シュマルカルデン戦争（一五四六〜一五四七年）など、ルターを支持し反ローマ教会を掲げるプロテスタント諸侯[4]とカトリック諸侯の間で対立が続いた。

フランスでもカトリック教徒によるプロテスタント教徒の虐殺などが契機となってユグノー戦争[5]（一五六二〜一五九八年）が勃発した。宗教戦争が続く中、一五八九年、カトリック側の国王アンリ三世（一五五一〜一五八九年）が暗殺され、ヴァロワ朝が断絶すると、プロテスタント側として戦っていたブルボン家のナバラ国王[6]エンリケ（アンリ）三世（一五五三〜一六一〇年）が血統からフランス国王アンリ四世として即位し、ブルボン朝フランス王国を興した。アンリ四世がカトリックへ改宗するとともに、ナント勅令（一五九八年）の発布によってプロテスタントへ信仰の自由を認めたことでユグノー戦争は終結した。

しかし、アンリ四世の子のルイ一三世（一六〇一〜一六四三年）の治世になり、国王権力の強化を目論む宰相リシュリュー枢機卿（一五八五〜一六四二年）に反発する形で、一六二七年、フランス西部にあるラ・ロシェルにてカルヴァン派プロテスタントの反乱が勃発した。一六二九年のアレスの講和はナント勅令が示した信仰の自由を認めたものの、プロテスタントが有するさまざまな特権を廃止した。プロテスタントを抑え込むことによって、フランス王権は宗教的にも政治的にも国内統一に成功したといってよい。そして、一六八五年、ルイ一三世の子のルイ一四世はナント勅令そのものを廃止してしまう。宗教戦争を通して、フランス国王の王国内に対する主権がさらに強化された。

ところが、ドイツでは事情が異なった。一五五五年のアウグスブルクの宗教和議において、各諸侯が自らが信じ、領民に従わせる宗派を選択することが可能となり、「ドイツ国家」の分裂状態が決定的になった。「領民は、その土地の宗派を信仰する」との原則が徹底された。

フランスとドイツの宗教上の事情が異なるように、諸国家の存在を前にキリスト教勢力圏としての西方世界の一体性という考え方は有名無実となった。一五四五年、ローマ教皇パウルス三世（一四六八〜一五四九年）はトリエント公会議を開催した。この公会議開催に尽力した神聖ローマ皇帝カール五世（一五〇〇〜一五五八年）は、カトリックとプロテスタントの妥協点を見出し、両派の決定的な分裂を回避することを狙いとしていた。しかし、公会議によって、両派の分裂、つまりはキリスト教勢力圏としての西方世界の分裂が決定的となってしまった。

こうしたキリスト教勢力圏の一体性の喪失、あるいはドイツ国家の分断という流れを、さらなる宗教戦争が後押しした。アウグスブルクの宗教和議によってカトリックとプロテスタントの対立が一時的には収まったように見えた。しかし、ハプスブルク家領ボヘミア王国でプロテスタントへの弾圧が続く中、プロテスタント教徒が首都プラハの王宮を襲撃し、王側の役人を窓から突き落とすという「プラハ窓外投擲事件」を引き起こすと、カトリックとプロテスタントは衝突するに至り、これをきっかけに三十年戦争（一六一八〜一六四八年）が引き起こされたのである。[7] 三十年戦争はドイツを徹底的に荒廃させ、それぞれ主権を有する諸「領邦」へ完全に分断することになった。

また、三十年戦争は宗教対立や国内諸侯による皇帝家・ハプスブルク家への反抗というあり方を超えて、周辺諸国家を巻き込むひとつの国際戦争へ展開していった。スウェーデンなどプロテスタント諸国家がプロテスタント勢力を支援するだけでなく、中世以来、主権の確立のために神聖ローマ皇帝と長らく対立してきたフランスでは、ブルボン家がカトリック王家としての立場を捨てプロテスタント勢力側についた。イスラム教勢力たるオスマン帝国さえも、間接的に三十年戦争に関与した。宗教的つながりよりも国家が有する主権が重んじられる時代であるといった現実が明確に現れた。

そして、世界初の国際会議たる一六四八年のウェストファリア講和会議と締結された講和条約は、主権を有する諸国家の分立という国際秩序を法的レベルにおいても確定させた。「諸国家のヨーロッパ」が名実ともに出現した。アウグスブルクの宗教和議によって実現された「領民は、その土地の宗派を信仰する」との原則が、キリスト教諸国家全体に広げられた。中世以来、「普遍的世界観」に基づく教皇の至上権や皇帝の宗主権へ抵抗しようとする動きが存在したわけだが、ようやく宗教は国家の内的問題となった。宗教や宗派がいかなるものであるかにかかわらず、国家同士は外交活動を展開する。異教徒や異民族に対抗してキリスト教勢力圏の一体性を建設する、あるいは再建することを目指すヴィジョンは現実政治の中では意味を失っていく。教皇は至上権を、皇帝は宗主権をそれぞれ失ったのである。

そもそも、ウェストファリア講和会議は各国家が対等の立場で参加したという意味で、皇帝の宗主権を否定するものであった。諸国家が国際秩序を話し合い、協調するために共通議会を開催するという考えは、デュボワなどの〝ヨーロッパ統合ヴィジョン〟の中に見られた。こうした「諸国家のヨーロッパ」は、ヨーロッパ統合の一つのあり方、つまり「諸国家分立の統合体」につながる。

これ以降、諸国家は対立に陥るや、国際会議を開催し、議論することによって対立を整序していくようになるからである。もっぱらキリスト教徒であるという理由のみによって集合するのではなく、「地理学的ヨーロッパ」に存在する諸国家として、主権や国際会議、そして交渉や議論といったヨーロッパ文明を形作るものを担いつつ、ヨーロッパ世界の政治的安定のために集合するのである。

何らかの形で諸国家の統合を図るというヴィジョンは、「地理学的ヨーロッパ」と強く結びつくことで、字義通りの「ヨーロッパ統合ヴィジョン」に昇華すると同時に、国際情勢に対する政治的判断をともなって、「政治的ヨーロッパ」を建設していくものとなる。諸主権国家が国際会議の開催や議論を通して対立を整序するというルールや作法を重んじることによって、「文明のヨーロッパ」が体現される。

この近世初頭という時代に現れた「諸国家分立の統合体」は「勢力均衡」によっても特徴づけられる。諸国家が分立する中、どの国家も他の国家の主権を尊重し、内政には基本的に介入しないといった普遍的な原則が存在する。成文法が存在するわけでもなく、実体がともなうわけでもないが、ヨーロッパ人の意識の中に超越的な共同体組織が存在しているかのようである。共通のルールや規範を基礎とする勢力均衡というあり方が、ヨーロッパ国際秩序の必要条件の一つとなっていく。

さらに、力に対しては力をもって対抗するという原理によって、一部の国家の力が過度に肥大化することが抑制されていく。たとえば、フランス国王フランソワ一世（一四九四〜一五四七年）はハプスブルク家に対抗するために諸国王と同盟を締結すると同時に、異教徒の国家たるオスマン帝国にまで同盟の輪を広げた(8)。強大な勢力へ対抗するために同盟によって同程度の力を作り出すことが試みられたわけである。

いかなる国家も他国を容易く支配できるほど他国より優越的な力を持っているわけではない。また、勢力均衡は大国同士の勢力を均衡させるだけでなく、大国同士の狭間に出現した小国の生存を保障していくものでもある。ただし、力をテコにした勢力均衡策がヨーロッパ世界の平和と安定に寄与しつつも、諸国家間の軍拡競争をもたらし、やがて諸国家を破綻に追い込んでいく危険性をともなうことには留意せねばならない。

ところで、イタリアの政治思想家であり、近代政治学の基礎を築いたとされるニッコロ・マキャヴェッリ（一四六九〜一五二七年）は『君主論』[9]（一五一三年）といった著作を通して、複数の小国に分裂し、侵略にさらされたイタリアの自由を守るために主権論を展開した。フランスの経済学者・法学者であるジャン・ボダン（一五三〇〜一五九六年）は、ユグノー戦争の最中に著した『国家論』[10]（一五七六年）の中で、こうした主権論を理論化した。主権は主権者に存するものであって、最高にして唯一、絶対的で不可分である。君主国家において、主権は一人の人間に属することになる。中世以来の封建的な国家の分断状況は否定される。

イギリスの哲学者であり、近代的な政治哲学理論を基礎づけたトマス・ホッブズ（一五八八〜一六七九年）は『リヴァイアサン』[11]（一六五一年）の中で、国家主権の絶対性をリヴァイアサンという一つの超越的な存在によって表現した。フランスの聖職者・神学者であるジャック＝ベニーニュ・ボシュエ（一六二七〜一七〇四年）は『聖書の言葉から引き出された政治論』[12]（一七〇九年）の中で、一人の君主が至上の権力を有する絶対主義を聖書により理論化する。そして、王権を神から付与されているものとみなし、王権の行使に際し国王は神だけに責任を負い、神以外の何人によっても拘束されないとする思想、すなわち王権神授説を支持する。

君主が主権を握る時代である。戦争は君主の意志によって遂行される。したがって、主権者たる君主たちの意を受けて国際会議が開催されることは、ヨーロッパ世界の平和と安定に資するはずである。知識人たちは、君主たちによる恒常的な国際的政治組織を設立することでヨーロッパ統合と恒久平和を実現しようと主張するようになる。

†諸国家分立の時代のヨーロッパ統合ヴィジョン

近世初頭、知識人たちが主張した「諸国家分立の統合体」を確立するという意味でのヨーロッパ統合ヴィジョンは、大きく二つに分類することができるだろう。「普遍的世界観」に基づいてキリスト教勢力圏を建設・再建しようとする中世のヴィジョンとは一線を画することはいうまでもない。

勢力均衡の理論化　一つは、「地理学的ヨーロッパ」の上に現れた諸国家の勢力均衡という状況を理論化していこうとする試みである。一つのヨーロッパ世界があると認識されているからこそ、その領域の中に限定された形で諸国家の関係が考慮される。

たとえば、イタリアの聖職者・哲学者であるトマソ・カンパネッラ（一五六八～一六三九年）は、理想社会（ユートピア）のあり方を描いた『太陽の都』[13]（一六〇二年）の中で、キリスト教勢力圏と一つのキリスト教王国の建設という宗教的なヴィジョンを志向するように、「普遍的世界観」を支

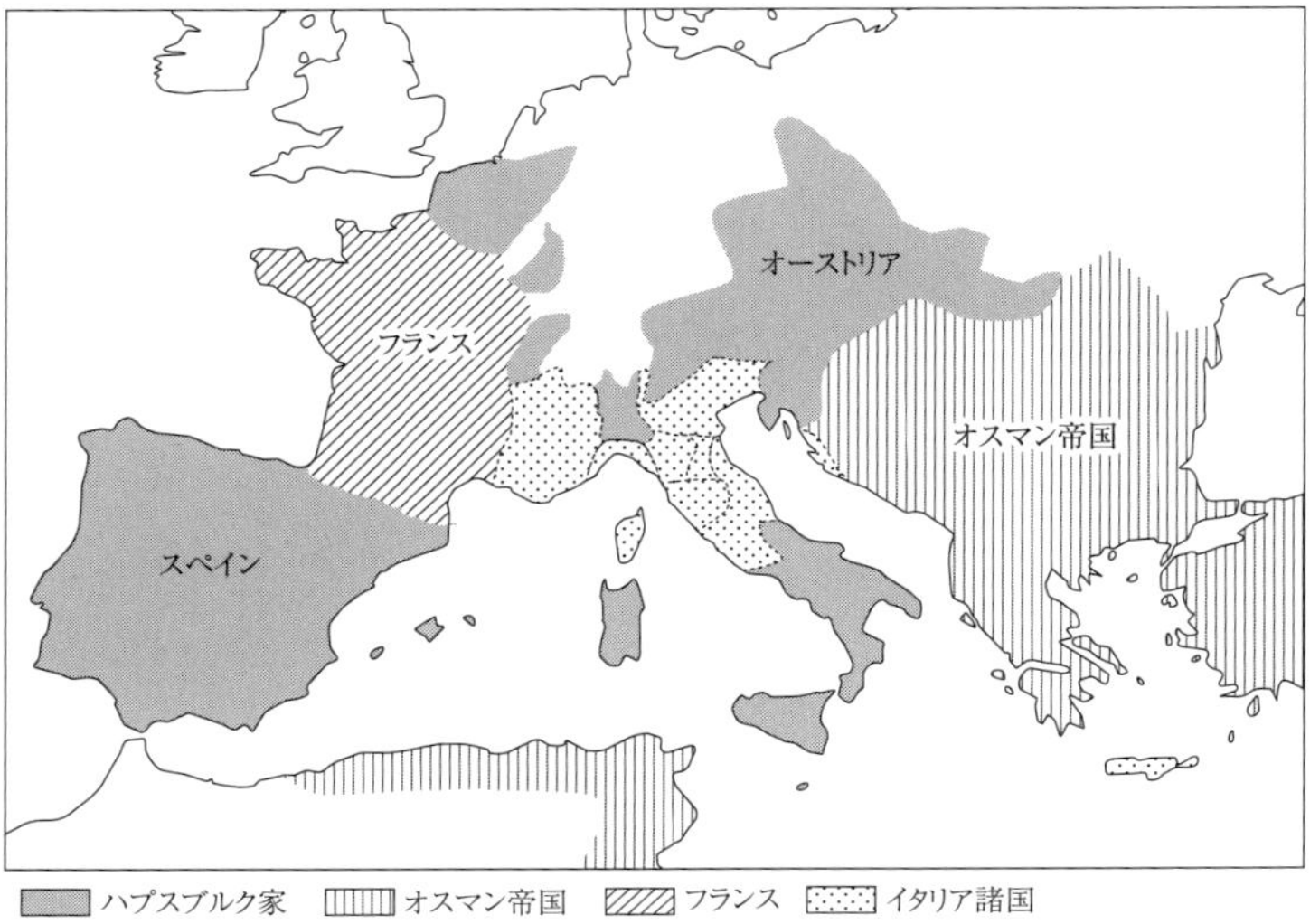

地図 2―1　カンパネッラの頃のイタリア諸国を取り巻くハプスブルク家・フランス・オスマン帝国

持するものの、『イタリア諸侯に捧げる辞』（一五九五年）の中では勢力均衡がヨーロッパ世界の現実となっていることを認識している。ヨーロッパには二つの緊張が存在している。ハプスブルク家とオスマン帝国の対立、そしてハプスブルク家とフランスの対立である。ヨーロッパ諸国間での勢力均衡を考えるとき、ハプスブルク家、フランス、そしてオスマン帝国といった巨大勢力の関係が重要になってくる。皇帝家として世俗世界に対する宗主権を主張できるハプスブルク家であるが、主権者君主としてはオーストリアを中心にドイツ世界に広がる自家領の他、ネーデルラントや北イタリア、そしてスペインを支配し、フランスを東西から挟み込んでいた。しかし、ハプスブルク家はオーストリアの東方に敵としてオスマン帝国を抱えていた（地図２－１）。

カンパネッラによれば、ハプスブルク家の圧迫を受けてきたイタリア諸侯はフランスを助けてスペイン・ハプスブルク家の力を抑えようとしているのだという。しかし、もしスペインが衰退し、フランスの力が増したならば、イタリア諸侯はスペインを助け、フランスを抑えるだろう。また、オーストリア・ハプスブルク家が神聖ローマ帝国内の抵抗勢力やオスマン帝国の攻撃を受けていないとすれば、イタリア諸侯がスペイン・ハプスブルク家に対抗することはできないだろう。[14] 確かに、ハプスブルク家とフランスの二大勢力、さらにオスマン帝国が均衡するということは、「諸国家分立の統合体」が安定するということであり、結果的にさまざまに分裂して存在しているイタリア諸侯の小規模な国家が守られることにもつながるだろう。

イタリアの文学者・風刺作家であるトライアーノ・ボッカリーニ（一五五六～一六一三年）などは、『政治的均衡』（一六六九年）の中で、一五六八年に始まったスペイン・ハプスブルク家に対するネーデルラントの反乱に際してのイタリア諸侯の反応、そしてイタリアやネーデルラントをめぐってハプスブルク家と争ってきたフランス、とくにアンリ四世の動きを勢力均衡の例として説明した。[15] 広大な領土を支配するハプスブルク家とその領土を狙うフランスの関係を注視することが中小国には必要であった。

知識人だけでなく、為政者もまたこうした勢力均衡を重視した。『フランスへのキリスト教諸侯および諸国家についての重要な辞』（一六二四年）は、リシュリュー、あるいはその側近で灰色の枢機卿と呼ばれたフランソワ・ルクレール・デュ・トランブレー（一五七七～一六三八年）の作であろうと考えられているが、スペイン・ハプスブルク家の強大な力を抑え込みつつ、勢力均衡を実現するために、諸国家との同盟が必要であるとする。[16] 当時のフランスの外交に関する主流の考え方であった。フランスと対立するハプスブルク家統治下のスペインにおいても、スペイン文学史を代表する作家・詩人として称えられるフランシスコ・デ・ケベード（一五八〇～一六四五年）などが、フランスとスペインを中心とした国際関係を描き出している。[17]

ハプスブルク家とフランスの二大勢力の関係を軸に、諸国家が分立している現実を踏まえた形で、為政者も知識人も勢力均衡のあり方を戦略上の理論としていった。このような状況は常に覇権を握ろうとする国家に対してはブレーキとなった。そして、一七〇〇年にスペイン・ハプスブルク家が断絶し、スペイン王位をめぐってヨーロッパ諸国間でスペイン継承戦争（一七〇一～一七一四年）が展開された後、ユトレヒト講和条約の中に「勢力均衡によって」との文言が記述されることによって、勢力均衡という言葉そのものが法的な形で追認されるに至った。[18] スペイン継承戦争については後述する。

しかし、勢力均衡が戦略上の理論である以上、巨大勢力同士の衝突は不可避である。そこで、勢力均衡を理論化しようという意味でのヨーロッパ統合ヴィジョンは、もう一つの進化を遂げていく。ヨーロッパ諸国間のルールや規範を法的な形でより明確にすることで、可能な限り戦争を抑止していこうとする考え方が生まれる。つまり、ヨーロッパ世界に「国際法」を打ち立てようというのである。

イングランドの神学者であり、イングランド国教会の神学思想を確立しつつも宗派の違いに拠らずキリスト教徒の団結を説いたリチャード・フッカー（一五五四〜一六〇〇年）や、スペインの法学者でイエズス会に属する神学者でもあるフランシスコ・スアレス（一五四八〜一六一七年）がこうした国際法に関する先駆者となった。そして、先駆者の影響を受けたオランダの法学者であるフーゴー・グロティウス（一五八三〜一六四五年）が国際法の基礎を築き、「国際法の父」と呼ばれることになった。過度な戦争を抑止するために自然法を元に国際法を構想したのである。すでに挙げたように、こうした諸国家間の共通する自然法を想定しつつ、一つの世界を確立しようとする考え方そのものは、アドモントのエンゲルベルトの〝ヨーロッパ統合ヴィジョン〟の中に見られた。

国際法は諸国家が相互に承認し合うような「国際社会」が存在して始めて成り立ちうる。一つのヨーロッパ世界はルールや規範が受け入れられた一つの社会であるがゆえに、そうしたヨーロッパ世界に存在する諸国家の間では、主権に基づく行為たる戦争であっても、国際法によって制限することができると考えられた。諸国家分立、そして諸国家間の勢力均衡というヨーロッパ世界の現実を踏まえたうえで、知識人たちはその理想形として恒久平和の実現を追求した。「国際法」の存在によって、「諸国家分立の統合体」がさらに強化されようとした。

国際的枠組みの常設化　一五一三年、ブルゴーニュ公シャルル二世に仕える宰相二人はヨーロッパ諸侯に国際会議を開催することを提案した[19]。このブルゴーニュ公[20]はハプスブルク家の神聖ローマ皇帝マクシミリアン一世（一四五九〜一五一九年）の孫であり、ほどなくしてカール五世として皇帝位を継承すると同時に、血縁からスペイン王位をも獲得できる立場にあった（スペイン国王カルロ

カール五世

ス一世)。こうしてカール五世はドイツ、スペイン、そしてイタリアなどの主権者君主としての地位を有することになるだろう。

戦争は諸国家の主権に基づく行為であるわけだが、主権者がもっぱら君主である時代においては、主権者同士の同意と国際法の遵守によって戦争を抑止することがまずは思考されるものである。ブルゴーニュ公国が提案するとおりに国際会議が実現していれば、ブルゴーニュ公の他、皇帝マクシミリアン一世、フランス国王フランソワ一世、イングランド国王ヘンリー八世(一四九一~一五四七年)などが集結することになり、やがてドイツ、フランス、スペイン、イタリア、イングランドといった大国の主権者君主の間で、恒久平和の実現が約される可能性があったかもしれない。勢力均衡、あるいは国際法による戦争の抑止が構想されると同時に、こうした国際的な政治的枠組みを常設化していこうとするヨーロッパ統合ヴィジョンもまた主張されていく。

中世に「普遍的世界観」に基づくキリスト教勢力圏を建設・再建しようとするヴィジョンの中で主張された諸国家間の平和は、何よりもまず外部の異教徒との戦いや聖地エルサレムの奪還を想定したうえでのものだった。近世のヨーロッパ統合ヴィジョンにおいては、外部の異教徒との戦いを想定している点で「共同防衛論」と形容できるものがあるが、もっと強くヨーロッパ諸国間の恒久平和の実現を理念として掲げるものが見られるようになる。

まずは、フランス国王アンリ四世の「大計画（グラン・デッサン）」について見ていこう。[21] ただし、アンリ四世の側近であったシュリー公爵（マクシミリアン・ド・ベテュヌ）（一五五九～一六四一年）が、一六二〇年から一六三五年にかけて断片的に書きためていったものであり、本当にアンリ四世が構想したものであるのかどうかについては留保が必要であろう。また、断片的な記録だからであろうと思われるが、以下に示す数字や地名などが版によって変化していることも注意せねばならない。

「大計画」によって、ヨーロッパ世界は等しい形で一五の国家に区分される。そして、国家ごとにキリスト教の三つの宗派、すなわちカトリック、プロテスタント、カルヴァン派のいずれの宗派を信仰するかが示される。アンリ四世はユグノー戦争の当事者として苛烈な宗教戦争を経験したわけだが、宗教を戦争の原因としてとらえつつ、三つの宗派の和解を推進することによって恒久平和を実現しようと思考するのである。キリスト教とはいっても、正教会に属する東方のモスクワ大公国については、カトリック、プロテスタント、カルヴァン派のいずれの宗派にも信仰を変えないのなら、イスラム教国家たるオスマン帝国同様、ヨーロッパ世界から除外される。

アンリ四世

新たに編成された一五の諸国家は、それぞれ四名の代表者を送り出すことで、六〇名からなる評議会をヨーロッパの中心に位置するメス、ナンシー、ケルンなどに創設する。評議会には諸国家間の対立を強制的に整序する権限が与えられる。評議会の下には六つの地域評議会が設置され、比較的小さな諸問題を解決する。さらに、二七万人の歩兵、五万人の騎馬兵、二〇〇門の大砲、一二〇隻の軍艦（帆船あるいはガレー船）を備えた共通軍が創設される。異教徒を討ち、アジアやアフリカに領土を広げるためである。宗教をめぐって和解を実現した諸国家は、異教徒との戦いを通してヨーロッパ世界の領域を「地理学的ヨーロッパ」の向こうに広げていくのである。こうした点で「大計画」はかつての「共同防衛論」的ヴィジョンを引きずっている。

さて、前述の一五カ国の原加盟国とは、六つの世襲の君主制国家（フランス、スペイン、イギリス、デンマーク、スウェーデン、ロンバルディア）、五つの選挙王制国家（神聖ローマ帝国（ドイツ）、ローマ教皇領、ポーランド、ハンガリー、ボヘミア）、そして四つの共和制国家（ヴェネツィア、イタリア、スイス、ネーデルラント）である[22]。この一五カ国が等しい形になるというのであるから、ヨーロッパ世界の地図は大きく書き換えられることになる。つまり、ハプスブルク家が皇帝位を有する神聖ローマ帝国の事実上の統治権が及ぶドイツはボヘミアとハンガリーを、同様にハプスブルク家が王位を有するスペインはイタリアとネーデルラントをそれぞれ失うことで、勢力を減退させるのである。オーストリアを中心にドイツ世界に広がる自家領やスペイン、イタリア、そしてネーデルラントを有するハプスブルク家は、東西からフランスを挟み込んでいるわけだが、このような構図が確実に弱まることになる。ただし、スペイン・ハプスブルク家はこの時点で支配しているポルトガル[23]の植民地も含めて、世界中に広がる植民地を守ることができる。ヨーロッパ世界内部での諸戦争と

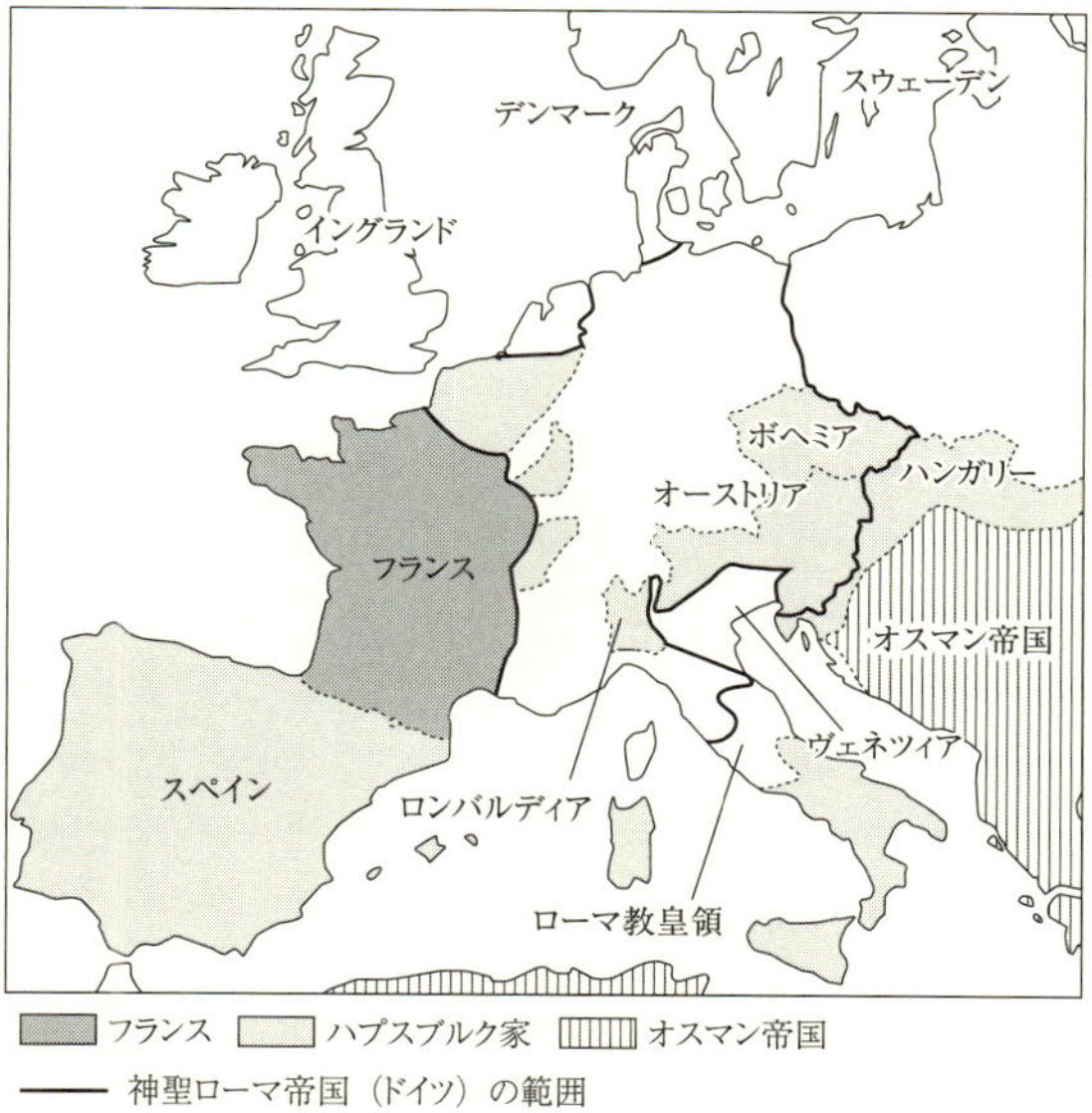

地図２−２　アンリ４世のフランスを中心とした勢力図（1600年頃）

領土拡大を抑止することの代償として、スペインをはじめとする諸国家はその領土野心を海外に向けることが奨励される（地図２－２）。

さらに、一五カ国が平等な形で評議会に参加することにより、皇帝の宗主権が完全に否定される。ハプスブルク家はフランス・ブルボン家やイギリス・ステュアート家といった諸王家と同格に扱われるのである。ローマ教皇とて教皇領を治める封建君主としては諸王と同格である。アンリ四世、あるいはシュリー公爵の「大計画」は、かつてのデュボワのヴィジョンのように、対ドイツ世界、そして対ハプスブルク家といったフランス外交の伝統を引き継ぐものであった。

なお、シュリー公爵によれば、アンリ四世は「大計画」の実現のために軍事遠征を予定していたという。しかし、一六一〇年にアンリ四世が暗殺されたことにより、「大計画」が実行に移されることはなかった。もちろん、このようなヴィジョンにハプスブルク家が同意するわけはなかった。いや、その他の主権者君主においても、恒久平和を希求するという態度の下に野心をひた隠しているかのようなフランスの「大計画」に同意することができたかどうかは疑問である。

さて、シュリー公爵が「大計画」の存在について書き記したのと同じ時期に興味深いヴィジョンが発表された。つまり、フランスの修道士であるエメリック・クルーセ（一五九〇?～一六四八年）の『新キネアス、あるいは国家論』（一六二三年）は、もっと純粋に恒久平和の実現を主張する点で、「大計画」とは一線を画する。[24] クルーセはこの著書によって諸国家間の関係の新たなあり方を描き出したことで、後世の国際関係学の先駆者的な存在としてみなされうる。ちなみに、キネアスとは、古代ギリシャのエピロスの王、ピュロス（紀元前三一九?～二七二年）の家臣だった人物のことである。ピュロス王は戦術の天才として名高く、多くの戦いに勝利を収めていた。キネアスはピュロスに対し平和を維持することの必要を説いたという。

クルーセはヴェネツィアに常設の国際的政治組織を創設することを提案する。ヴェネツィアには諸国家の主権者から派遣された大使が駐在し、大使によって構成される理事会は諸国家間のさまざまな対立を整序する権限を持つ。理事会の決定を拒絶する諸侯に対しては、他の諸侯が集団で介入することができる。この国際組織を主宰するのは、栄誉や影響力を客観的に評価してローマ教皇となる。そして、神聖ローマ皇帝、スペイン国王、フランス国王、オスマン皇帝が国際組織に参加する。クルーセがキリスト教への信仰を持ちつつも、イスラム教国家も含めたうえでヨーロッパ世界の平和を構想していることは注目に値する。

さらにクルーセは、イングランド、ポーランド、デンマーク、スウェーデンといったヨーロッパ世界の主権者君主だけでなく、モスクワ大公、中華王[25]、プレステ・ジョアンの王、タタール人の族長や、日本、モロッコ、モンゴル、はたまたインドやアフリカの諸国家の名前も挙げる。つまり、クルーセはヨーロッパ世界に限定された組織の創設を提案するだけでなく、今日の国際連合を想像させるような世界的な諸国家連合体の創設を通して、恒久平和を実現することを構想するのである。

クルーセによれば、通商によって諸国家間の関係を緊密化させることが、平和の実現と維持の手段になるという。また、クルーセによれば、戦争は名誉や利益、そして不公正の埋め合わせのために行われるのであって、宗教の差異は戦争の原因ではない。むしろ、宗教の差異などというものは、政治的意図を隠すような口実に過ぎない。ゆえに、クルーセは、宗教や宗派に差異があったとしても、さまざまに対立する者同士の間で平和を構築することは不可能ではないと主張する。

クルーセのヴィジョンは時代のあり方を考えれば極めて空想的である。しかし、実は、クルーセがヨーロッパ世界を取り巻く現実を十分に理解していたともいえるのである。それは、ヨーロッパ世界に隣人として関与し続けるオスマン帝国と何らかの関係を構築することなくして、ヨーロッパ世界の平和を実現することはできないという点である。ヨーロッパ世界にとって、オスマン帝国という他者が、それまでのイスラム教勢力とは異なる特殊な立場にあったことに注意せねばならない。

中世のキリスト教徒たちは外部の異なる他者たるイスラム教勢力と向き合う中で、キリスト教徒としての意識を強めるとともに、二次的なレベルでは〝ヨーロッパ人〟としての意識を持っていたわけだが、近世以降のヨーロッパ世界において、外部の異なる他者との関係は人びとに「ヨーロッパ人」としての意識をさらに強く定着させるために重要であった。他者は決してオスマン帝国だけではない。モスクワ大公国、つまりロシアや、あるいはヨーロッパ人が世界に進出するにともなって出会うことになった世界中の異なる人種や民族、そして文明もまた重要な他者である。これらの他者をめぐる問題については後ほど検討することにしよう。

†勢力均衡の危うさ

カンパネッラが指摘したように、近世ヨーロッパ世界においては、ハプスブルク家とフランスの二大勢力、そしてオスマン帝国の関係が緊張を生み出していた。これらの巨大勢力を軸にして、諸国家の勢力均衡が図られた。国際法などによって諸国家の対立を整序しようとしても、諸君主のパワーゲームが繰り返される中で、やがて勢力均衡には綻びが生じていくものである。とくに、勢力均衡によって維持されている秩序を自国に有利な形で変化させることを望む主権者君主が現れることがある。

そこで、前述のフランス国王アンリ四世の孫、太陽王と呼ばれたルイ一四世について触れたい。フランス絶対王政を築きあげたルイ一四世が不安定ながらも維持されていた勢力均衡を揺るがしたからである。しかし、実は、ルイ一四世が求めた「覇権」はヨーロッパ世界に安定をもたらしうるものでもあった。つまり、「覇権による統合体」を創り出そうというわけである

ルイ一四世の祖父にあたるアンリ四世とて、「大計画」を推し進めるための手段として、フランスによる軍事行動、言い換えればフランスのイニシアティブ、あるいは力を利用した覇権を想定し

ていたという。「諸国家分立の統合体」を勢力均衡、国際法の遵守、あるいは国際的政治組織の創設によって安定化させるのか、それともある一つの国家が覇権を握ることによって安定化させるのか。二つの方向性は対立するように見えて、場合によっては結びつきうるものでもある。

さて、リシュリューの地位を継承し、フランス絶対王政の強化とフランスの領土拡大に努めた宰相ジュール・マザラン(一六〇二〜一六六一年)が死去した後、ルイ一四世は親政を開始し、その中で領土拡大をさらに急速に進めていった。アンリ四世は、「大計画」によって、恒久平和の名のもとにオーストリアを中心としたドイツ世界とスペインに君臨する両ハプスブルク家の領土削減を目論んだが、ルイ一四世の治世下においては、スペインの衰退が始まり、オーストリア・ハプスブルク家はオスマン帝国との戦いに忙殺されていた。こうした状況を利用する形で、ルイ一四世は勢力均衡策に基づく周辺諸国家の同盟と介入を防止しつつ、オーストリアとスペインの両ハプスブルク家による東西からのフランス包囲を打破しようとした。そのためには、両ハプスブルク家同士の領土を介した直接的な交流に楔を打ち込むことが必要であり、ルイ一四世は北イタリアから東部国境地域(フランシュ=コンテなど)、そしてネーデルラントに至る地域をフランス領にすることを企てた。互いの本拠地が遠く離れていた両ハプスブルク家であるが、これらの地域を押さえることによって、それぞれの領土を接することができていた。領土が接していれば、軍隊の移動などをスムーズに行うことができる。そこで、アンリ四世などはスペイン・ハプスブルク家からイタリアやネーデルラントを放棄させようと画策したのであった(地図2-3)。

このようなルイ一四世の外交政策を理論的に後押しする形となったのは、財務総監ジャン=バテ

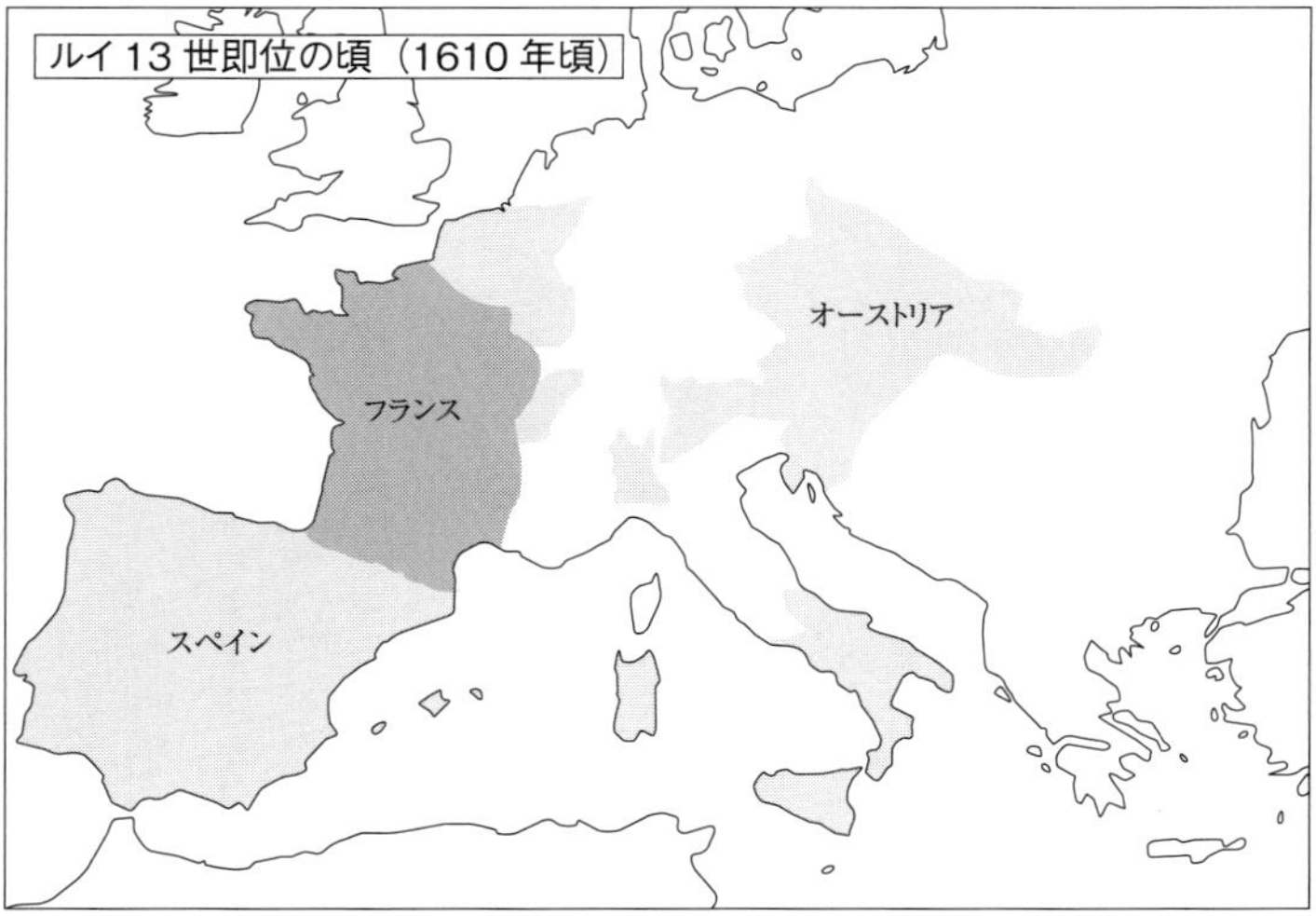

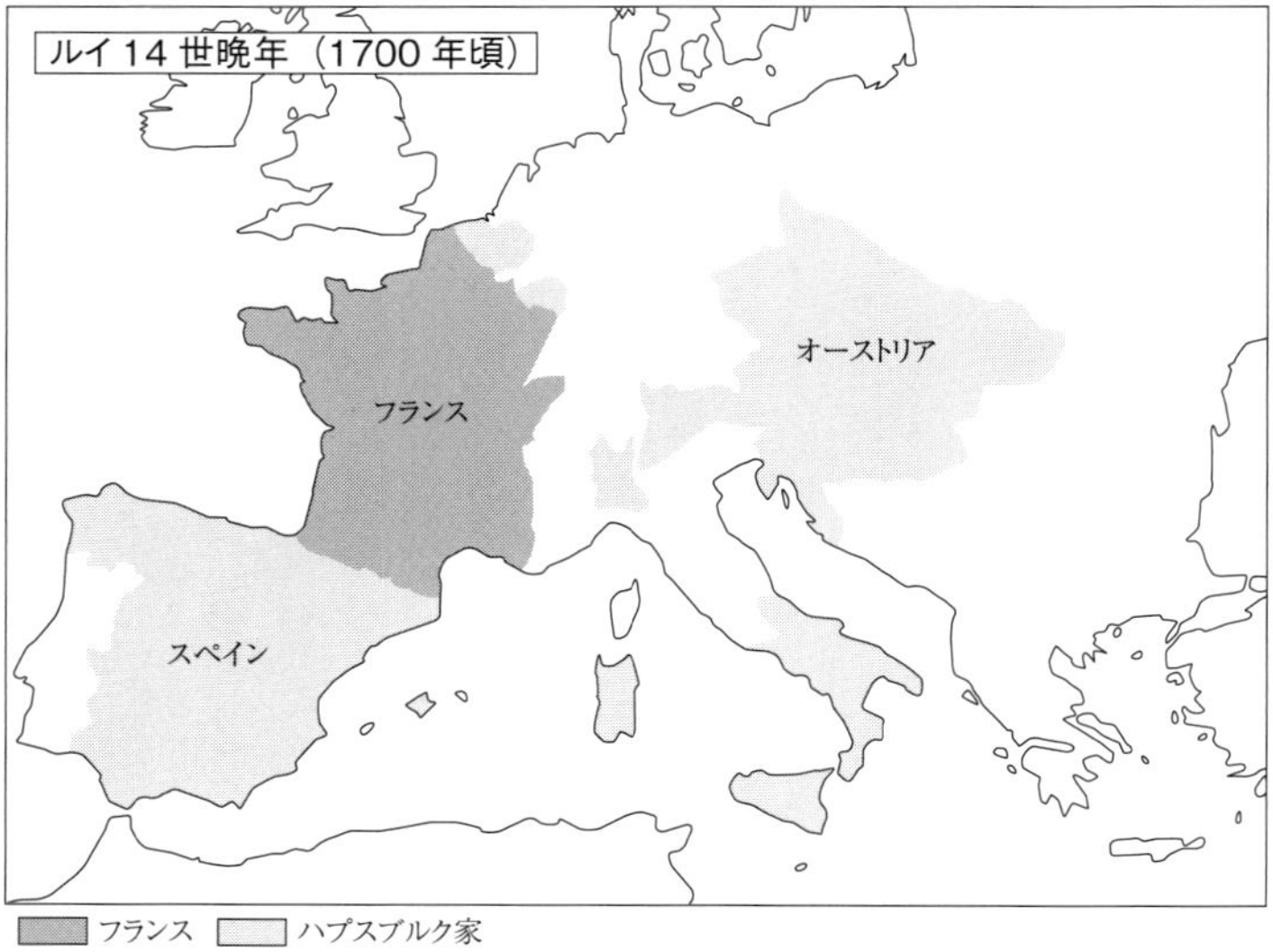

地図 2−3　ルイ 13、14 世時代の二大勢力の版図の変化

イスト・コルベール（一六一九～一六八三年）であった。マザランによって登用されたコルベールは経済力を高めることがフランスの勢力拡大に寄与すると考え、いわゆる「重商主義」[26]政策を推し進めた。つまり、国内産業の振興を図りつつ、輸出を拡大し、さらに関税を重くすることで輸入を減らすという保護主義政策をとり、国内に金銀を貯めようとした。その結果、一六四八年にスペインから正式に独立し、中継貿易で栄えるネーデルラント（オランダ）との摩擦が生じた。

一六六七年、ルイ一四世はスペイン・ハプスブルク家出身である妃の継承権を根拠にネーデルラント継承戦争を勃発させ、東部国境から軍を進めるとともにスペイン領として残っていた南ネーデルラント（スペイン領ネーデルラント）の諸都市の一部を奪取した。危機感を覚えたネーデルラントはイングランドとスウェーデンと結んでフランスの動きを妨害し、フランスがフランシュ＝コンテなど東部国境地域のスペイン領を完全に制圧することを失敗させた。こうしたネーデルラントの動きを口実として、ルイ一四世はイングランドやスウェーデン、そして神聖ローマ帝国内の諸侯らを味方につけつつ、一六七二年から一六七八年にかけてネーデルラント侵略戦争に踏み切り、東部国境からネーデルラントにかけて支配地を拡大していった。その後もフランスは強引に東部国境地域での領土拡大を進めていった。

ルイ一四世の行動は、フランスがヨーロッパ諸国のすべてを手中に収めるという意味での覇権を握ろうとするものでも、勢力均衡を完膚なきまでに破壊しようとするものでもなかった。皇帝の宗主権を完全に葬り去り、両ハプスブルク家のフランス包囲を打破することで、フランスの相対的な優位性を確実なものとしたうえで、フランスのイニシアティブ、あるいは覇権をもってヨーロッパ世界の〝勢力均衡を作り直す〟ものであった。あくまでフランスが〝盟主〟になるということであって、かつてのカール大帝のように自らが世俗的な宗主権者として君臨する帝国を建設するということでは決してなかった。

しかし、フランスの行動はスペインやネーデルラントといった諸国家の警戒をさらに強め、一六八八年には大同盟戦争が勃発した。プファルツ選帝侯[27]の死去による選帝侯位継承問題が戦争の直接的なきっかけであったが、オーストリア・ハプスブルク家がハンガリーおよびトランシルヴァニアをめぐるオスマン帝国との大トルコ戦争[28]（一六八三～一六九九年）に忙殺される中、ルイ一四世はイングランド国王ジェームズ二世（一六三三～一七〇一年）を巻き込む形で、フランスの優位性を確かなものにしようとしたのであった。[29]

さらに、一七〇〇年、スペイン国王カルロス二世（一六六一～一七〇〇年）が死去し、スペイン・ハプスブルク家の血が絶えるや、ルイ一四世は血縁関係を根拠に自らの孫をスペイン王位につけようと画策した。[30]スペイン王位がブルボン家の手に入れば、両ハプスブルク家によるフランス包囲は完全に終わることになる。しかし、周辺諸国家はフランス・ブルボン家の領土がイベリア半島まで拡大される可能性を強く警戒し、一七〇一年、スペイン継承戦争の戦端を開いた。スペイン継承戦争は一七一三年のユトレヒト講和条約と一七一四年のラシュタット講和条約をもって終結した。スペイン王位については孫であるアンジュー公フィリップがフェリペ五世（一六八三～一七四六年）として継承することになり、ルイ一四世は両ハプスブルク家によるフランス包囲を打破することに成功した。その代償として、ネーデルラントやイタリアのスペイン領がオーストリア・ハプスブルク家に譲り渡されることになった。

戦争の経過を見ても、また地図2－3で示したフランスとハプスブルク家の版図の変化からも分かるように、フランスがヨーロッパ諸国のすべてを手中に収めるという意味での覇権を確立することはそもそも不可能であった。ルイ一四世の外交政策は基本的に諸国家分立を想定するものであったわけだが、勢力均衡というあり方が常に矛盾を孕んでいることに変わりはなかった。

諸国家は主権を主張し、国内を一元的に統治する。国力の増大を図り、国家の安全を確保しようとするなら、必ず周辺諸国家の権益を侵し、戦争を引き起こしてしまう。ハプスブルク家やフランスだけでなく、一七世紀に世界に先駆けて産業革命を実現することで政治的かつ経済的に台頭してきたイギリスもまた自らの優位性を確保するために行動するようになるだろう。戦争が相次ぐ中で、「諸国家分立の統合体」を超えるヨーロッパ統合ヴィジョンが構想されていくようになる。

2　コスモポリタニズムとヨーロッパ統合

†オスマン帝国という存在

「普遍的世界観」が解体されつつも、統合されるべき一つの世界が存在すると認識されるようになる強いきっかけとして、宗教戦争とともに忘れてはならないのが新たな異なる「他者」との出会いである。

第一にオスマン帝国である。中世、小アジアに勃興したオスマン帝国は急速にその勢力を拡大していった。「地理学的ヨーロッパ」にも進出し、東ヨーロッパの大部分を手中に収め、一四五三年には東ローマ帝国を滅亡させた。地中海の東側において強大なイスラム教国家が成立し、地中海貿易の障害となる中で、ヨーロッパ諸国は新たな航路を開拓しようと試みた。

イスラム教勢力に支配されたイベリア半島で、一四九二年、カスティーリャ王国およびアラゴン王国からなるキリスト教勢力の同君連合国家、スペインによって国土回復運動（レコンキスタ）が完了するや、イタリア人航海者クリストファー・コロンブス（一四四六?～一五〇六年）は、カスティーリャ女王イザベル一世（一四五一～一五〇四年）の援助を受けて大西洋を横断し、アメリカ大陸に到達した。スペインより一足早くレコンキスタを完成させたポルトガルは、アフリカを南下して東回りでインドに到達することを目標とし、一四九八年、ポルトガル人航海者ヴァスコ・ダ・ガマ（一四六九?～一五二四年）がインドのカリカットに到達することに成功した。いわゆる「大航海時代」の幕開けであった。

大航海時代の幕開けによって、ヨーロッパ人は世界中に進出していく中で、さまざまに異なる人種、民族、そして文明に出会うことになった。そうした異なる他者に出会うことを通して、ヨーロッパ人は自らと他者の比較を始め、「ヨーロッパ人」という意識をさらに強めていくのであった。オスマン帝国という他者・異教徒との衝突をきっかけとして、ヨーロッパ人はそれ以上に異なる他者と向き合うことになったのである。

さらに、東ローマ帝国がオスマン帝国によって滅亡した後、モスクワ大公国が正教会の守護者としての地位を担っていこうとしたことも、[31] ヨーロッパ世界にとって重要な出来事であった。近世から近代にかけて、モスクワ大公国は対外的に帝国を名乗り、ロシア帝国として東方からヨーロッパ世界に関わっていくようになる。ロシアをヨーロッパ世界の一員とみなすのか、それとも異なる他者として排除するのか。ヨーロッパ世界の東方の限界をどこに設定するのかという問題は、今日なお続いている。

オスマン帝国の勃興はヨーロッパ世界に対して一つの転換点をもたらした。すでに触れたように、ヨーロッパ世界にとって、オスマン帝国はそれまでのイスラム教勢力とは少しばかり異なる存在であったといってよい。オスマン帝国がハンガリーやドナウ川流域、アドリア海沿岸など「東ヨーロッパ」に勢力を大規模に拡大し、緩衝材としての東ローマ帝国を滅亡させることにより、「西ヨーロッパ」を直接的に脅かし続けることになったからである。

「ヨーロッパ人」意識が定着し始めていた時代、異教徒たるオスマン帝国が長期にわたって「東ヨーロッパ」という「地理学的ヨーロッパ」の広い部分に覇を唱え続けたことで、「西ヨーロッパ」の諸国家は「ヨーロッパ」という地理学的概念を強く意識しつつ、その政治的統合体や文明のあり方を再考せざるをえなくなった。しかも、オスマン帝国は「地理学的ヨーロッパ」に存在する国家として、「東ヨーロッパ」からヨーロッパ世界の国際関係に積極的に関わっていこうとした。東ローマ帝国の版図に残ることで「西ヨーロッパ」とは異なる境界線地域となった「東ヨーロッパ」

は、オスマン帝国の支配によってその特異さをさらに増していくのであった。

こうしたオスマン帝国に対しては、かつてイスラム帝国の脅威に直面した中世の諸国家と同じような反応が見られた。たとえば、ローマ教皇ピウス二世（アエネアス・シルウィウス・ピッコローミニ）はキリスト教諸国家が十字軍を派遣するよう主張した[32]。とはいえ、かつてのような外部に存在する聖地エルサレムを奪還し、信仰を広げるための十字軍ではない。何よりもまず、キリスト教徒の土地たるヨーロッパから異教徒を追い出すための十字軍となる。

イタリアの詩人で今日的な言い方ではベストセラー作家であったルドヴィーコ・アリオスト[33]（一四七四～一五三三年）、イタリアの詩人でその生涯が後世の多くの作家たちによって題材とされたトルクァート・タッソ[34]（一五四四～一五九五年）、ポルトガル文学史上最大の詩人と称えられるルイス・デ・カモンイス[35]（一五二四？～一五八〇年）など、同時代の高名な知識人たちの多くは、〝トルコ人〟が「ヨーロッパ」を脅かしている状況を書き残している。オスマン帝国の脅威はそれまでのさまざまな異教徒・異民族の脅威よりもはるかに大きなものとなっていた。

ネーデルラントの神学者・哲学者であり、宗教改革の時代においてキリスト教会の諸問題を批判しつつもルターとは一線を画したデジデリウス・エラスムス（一四六六～一五三六年）などは、強い信仰によってピウス二世のように十字軍の結成を説くが、その著書『平和の訴え[36]』（一五一七年）などにおいて、守るべき「ヨーロッパ」を明確な形でキリスト教勢力圏に一体化して扱っている。

このエラスムスと親交があったスペインの神学者・教育者であり、当時の教育観を批判する著作を多く残すことで今日なお名高いファン・ルイス・ヴィヴェス（一四九二～一五四〇年）は、『ヨー

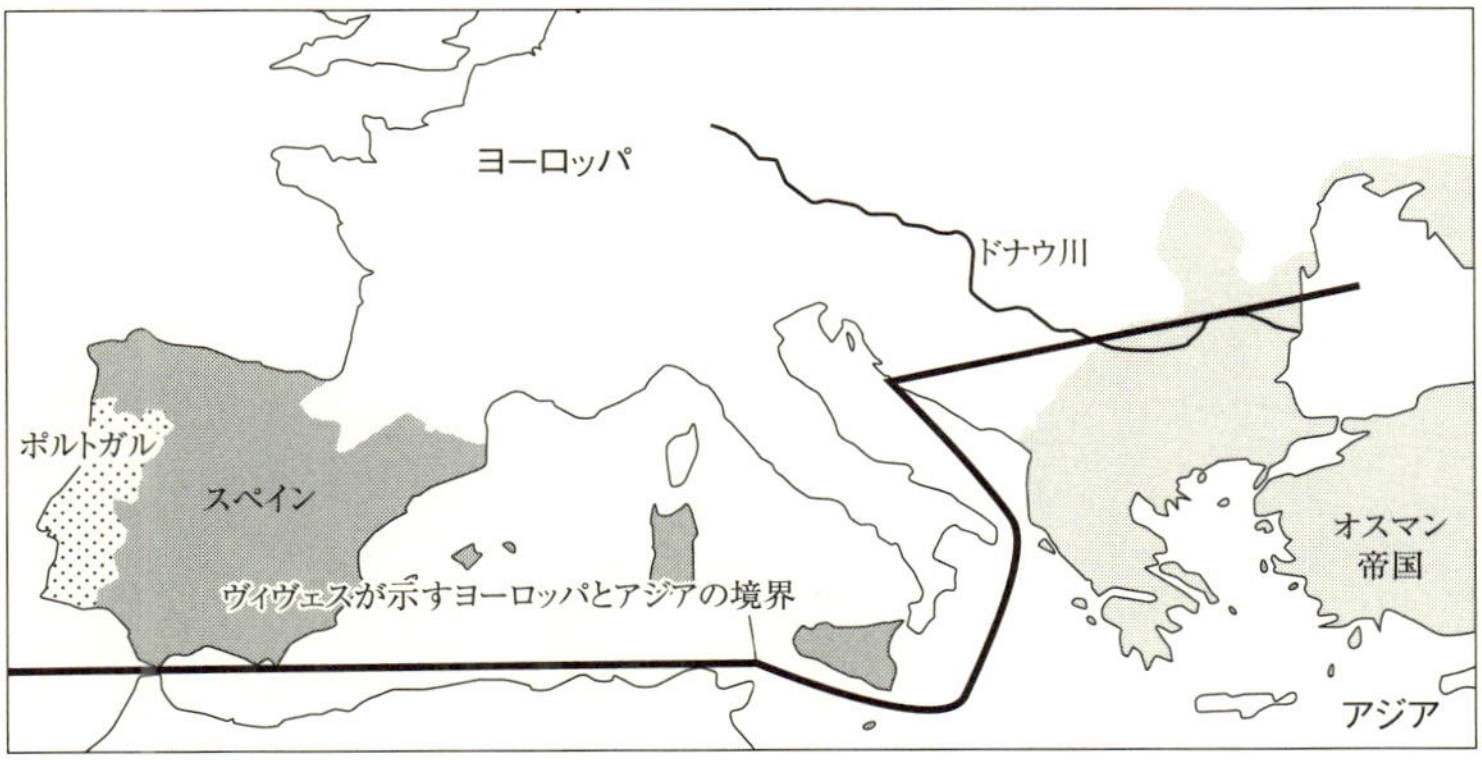

地図 2−4　ヴィヴェスが示すヨーロッパの領域とオスマン帝国の版図（1500 年頃）

ロッパの現状と騒擾について』（一五二二年）のように、「ヨーロッパ」という言葉を前面に出しつつ、オスマン帝国の脅威を指摘する著書を残している。さらに、神聖ローマ皇帝カール五世に献上した『人類における協調と反目について』（一五二九年）において、ヴィヴェスは「ヨーロッパ」の現状を明確に説明する。[37] 曰く、二つの海の間に挟まれたカディス湾からドナウ川に至る地域が非常に勇敢で力強いヨーロッパである。曰く、もしヨーロッパが統合されるなら、トルコに対して対等になるだけでなく、アジア全体に対して優位に立つだろう。曰く、ヨーロッパ諸国民の精髄と勇気や、ヨーロッパ諸国民が実現した数々の偉業がそのことを教えてくれる。カディス湾からドナウ川というように、ヴィヴェスが口にする「ヨーロッパ」が地理学的境界の内側の非常に狭く、限定的な領域であることが分かるだろう（地図2−4）。

「地理学的ヨーロッパ」の内部に勢力を拡大したオスマン帝国という脅威に直面する中で、キリスト教徒たちは自らの守るべきものを、キリスト教勢力圏のような漠然とした観念でとらえるのではなく、「ヨーロッパ」という地理学的領域の一部分に存在する政治的主体、そして文明としてはっきり理解するに至っていた。

こうしたヨーロッパ世界を名目的にでも政治的に指導する立場にあるハプスブルク家では、神聖ローマ皇帝カール五世の長男であるスペイン国王フェリペ二世（一五二七～一五九八年）がオスマン帝国との戦いを遂行し、一五七一年のレパントの海戦において勝利を収めた。皇帝カール五世の甥（フェリペ二世の従弟）である皇帝マクシミリアン二世（一五二七～一五七六年）がオスマン帝国との休戦を選択するなどしていたため、フェリペ二世はキリスト教徒の希望のように褒め称えられた。

ところが、一点、気をつけねばならないことがある。オスマン帝国という異なる他者に対する反応は必ずしも拒絶のみではなかった。実際、オスマン帝国に対する十字軍が結成されることはなかった。しかも、先に指摘したとおり、フランス国王フランソワ一世などはライバルたる神聖ローマ皇帝カール五世と戦うために、オスマン皇帝スレイマン一世（一四九四～一五六六年）との同盟を選択したのである。「地理学的ヨーロッパ」の中に勢力を拡大したことによって、「トルコ」がヨーロッパ国際政治に関与せざるをえなくなった一つの例であった。

意識されていたかどうかは別として、デュボワのヴィジョンなど、中世から近世にかけて主としてフランス人が提示してきた〝ヨーロッパ統合ヴィジョン〟は、皇帝の宗主権を否定し、法的に平等な諸国家が分立する状況を生み出す可能性を孕んでいた。中世を通して、フランス国王は国境の内部においては一元的な政治的支配を確立し、国境の外部においては皇帝の宗主権に対抗してきた。近世に至り、フランスは主権の名のもと、キリスト教勢力圏としての西方世界の一体性や「普遍的世界観」といった考え方に対しはっきりと異議を申し立てたのであった。キリスト教徒たちがキリスト教勢力圏としての西方世界と「ヨーロッパ」という地理学的領域を強く結びつけ、自らの守るべきものを漠然とキリスト教勢力圏としてのみとらえるにとどまらなくなった一方で、主権国家の行動は宗教を超えようとする。三十年戦争に際し、カトリック王家であるはずのフランス・ブルボン家がドイツのプロテスタント勢力を援助したことは、そのよい例である。

「諸国家分立の統合体」は、かつてのようなキリスト教とイスラム教の宗教上の二項対立に基づいて、単純にキリスト教勢力圏としてのみ特徴づけられるものではない。主権国家の行動が宗教を超えようとする以上、そうした主権国家を基礎としたヨーロッパ世界はもっぱら宗教に拠って立つものではなくなっていく。「ヨーロッパ」が宗教と一線を画し、宗教を絶対的なものとしてとらえない時代が始まろうとしていた。「普遍的世界観」に基づいた「キリスト教共和国」が建設されるのではなく、規範やルールなどの文明を形作る諸要素やその時代の国際情勢を前に、現実的な政治的判断によって「ヨーロッパ」の統合体が建設されていく。

このようにして、「トルコ」というアクターの位置づけをめぐって問題が生じる。すでに紹介したクルーセのヨーロッパ統合ヴィジョンなどは決して空想的ではなく、オスマン帝国の特殊な位置づけが踏まえられている点で極めて現実的であった。

とはいえ、現実的な政治的判断とは結局のところ極めて恣意的な行為なのであって、統合されるべきヨーロッパ世界の領域は果てしなく広がってしまうだろう。オスマン帝国だけではなく、その他の周辺諸国家・諸民族との関係なくしてヨーロッパ世界の平和と安定はありえないからである。ヨーロッパ人が積極的に世界に進出していく時代、さまざまな人種、民族、そして文明に出会うことで、ヨーロッパ人の世界に関する認識は広がった。クルーセが今日の国際連合にも似た国際的な枠組みの創設を主張するに至ったのも不思議なことではなかった。もちろん、二一世紀初頭の今日、国際連合によって世界平和が実現しているわけではないことを考えれば、クルーセのヴィジョンが早すぎたことは言うまでもない。

さらに、以下も指摘しておこう。オスマン帝国を脅威と認識する人びとが存在する一方で、「トルコ」について好意的な意見を口にする人びとも存在するのである。たとえば、先に挙げたボッカリーニは、『パルナッソス情報』[38]（一六一二年）などにおいて、オスマン帝国がヨーロッパ諸国と違って平和と安定の実現を成し遂げたと認識している。

今日、トルコのEUへの加盟は解決せねばならない問題として残ったままであるが、ヨーロッパ世界とトルコが歴史的に極めて〝特別な関係〟にあることを理解する必要がある。

†世界進出と「ヨーロッパ人」をめぐる問題

人間というものは出会った他者と自らを比較することで、他者と自らの何が異なるかを理解すると同時に、自らのアイデンティティを強めていくものである。

古代ギリシャ以来、地理学においては、世界をアジア、アフリカ、そしてヨーロッパの三つに区分することが一般的であった。「大航海時代」が始まり、広く世界にヨーロッパ人が進出するようになると、気候の差から「ヨーロッパ」と他の地域の違いが検討され始める[39]。一例を挙げるなら、ボダンは緯度によって世界を南方、中間、北方の三つの気候帯に区分する。北方の気候のもとで暮らす人びとは肉体的な力を持っているのに対し、南方の気候のもとで暮らす人びとは肉体的な力を持っていない代わりに知性に優れ、狐の術策を身につけている。哲学や数学、また宗教的な啓示といったものに向いている。中間地帯の人びとは南方に対し肉体的に勝るので術策に走らず、北方に対し知性で勝るので軍事力に走ることもない。北方では軍事による統治が、南方では術策か神に訴える統治がそれぞれ行われる。思慮に優れていて弁えた人びとが日々の生活を営む中間地帯では理性と法による統治が行われる。つまり、気候の差と気候とともに育まれる人びとの性質の差によって花開く文明のあり方は異なる。そして、文明の中でも、とくに政治制度がヨーロッパとアジアおよびアフリカを差異化することに役立つのである。

フランスの政治思想家・法学者であり、三権分立を説いたことで今日なお民主主義憲法のあり方に影響を与えているシャルル・ド・モンテスキュー（一六八九～一七五五年）は、『法の精神』[40]（一七四八年）や『ペルシャ人の手紙』[41]（一七二一年）の中で、法や自由が支配するヨーロッパと専制や隷属が支配するアジアを対比する。こうしたヨーロッパ観はフランスの作家・哲学者であり、封建制や専制政治と闘い続けたヴォルテール（一六九四～一七七八年）の『ルイ一四世の世紀』[42]（一七五一年）の中にも見られる。

ヴォルテールはヨーロッパの基盤としてキリスト教という共通の宗教があったことを重視する。

そうした基盤の上で、ヨーロッパ諸国は世界の他の諸地域とは違って同じ法的・政治的な原理を保持しており、一つの社会になっているとみなすことができる[43]。フランスの作家・哲学者であり、社会契約や一般意思といった論理によって民主主義理論に大きな影響を与え続けているジャン＝ジャック・ルソー（一七一二〜一七七八年）によれば、アジアやアフリカは地域名以外の共通性を持たず、人びとが集まっている地域に過ぎないが、ヨーロッパは一つの現実的な社会を築きあげているという[44]。

単に自分たちと異なる他者だけでなく、自分たちと似ている他者を発見しようとする動きも見られた。イタリアの歴史哲学者であり、人間社会の進歩のあり方を説いたジャンバッティスタ・ヴィーコ（一六六八〜一七四四年）は、日本などの世界のさまざまな地域を比較する中で、中華の穏やかで文明化されている点について述べる[45]。こうした中華への評価はヴィーコに限ったものではない。同時代のヨーロッパ人にとって、中華人は「高貴な野蛮人」である。ヨーロッパ人に似た資質を持っているがゆえに、キリスト教に改宗することが可能である。キリスト教に改宗すれば、中華人は「高貴な野蛮人」ではなくなり、ヨーロッパ世界と同様の文明を築くことができるわけである。中華という似た世界を発見することにより、ヨーロッパ人は自らの文明の優位性をさらに確認しようとする。

「大航海時代」とは、ヨーロッパ人が世界に進出するだけでなく、自らの文明を広げていく時代でもあった。一八世紀に至り、北アメリカにはアメリカ合衆国が誕生した。そしてスコットランドの経済学者であり、古典派経済学の始祖として名高いアダム・スミス（一七二三〜一七九〇年）など、アメリカが繁栄していくことを予想した人びとがいた。
もちろん、ヨーロッパにとって、アメリカは中華のような「高貴な野蛮人」の国家ではなかった。キリスト教を、ヨーロッパ文明を、そしてヨーロッパ世界の政治制度を受け継ぐ新たな国家が出現することによって、ヨーロッパ世界のみが優位性を有するといった神話がやがて揺らいでいくだろう。

ヨーロッパ世界が歴史の中で創りあげてきた文明という基準によって「文明のヨーロッパ」を見出そうとするなら、その領域は大西洋を超えてアメリカへ広がってしまう。それでもなお、ヨーロッパ世界を一つの文明によって形成された世界だと認識しつつも、統合されるべき政治体をアメリカから差異化することで「政治的ヨーロッパ」を創り出すためには、何らかの基準に基づいた人間の政治的・恣意的判断が必要となる。周知のとおり、大西洋の向こうに成立したアメリカは、この後、ヨーロッパ世界に深く関与していく。同様に、ヨーロッパ文明を受け入れつつ東方に台頭したロシアがヨーロッパ世界を脅かし始める。

ピョートル大帝

†ロシアという存在

アンリ四世が「大計画」の中で示したように、ロシアはオスマン帝国同様、ヨーロッパ世界から排除される存在であった。『戦争と平和の法』（一六二五年）を著しつつ、ヨーロッパ世界を観察したグロティウスは、ヨーロッパの地理学的領域について、オスマン帝国やポーランドを排除して考えた。すなわち、ポーランドよりも東側にあるロシアはヨーロッパ世界に含まれていなかった。[46] モンテスキューもまた『法の精神』において、ロシアがヨーロッパ世界で認識されていなかったことを指摘した。[47] 一八世紀に至るまで、ヨーロッパ世界にとって、ロシアとはさらに東方に控えるタタール人同様に蛮族に過ぎず、文明を共有しうる存在ではなかった。

こうしたロシアをヨーロッパ諸国に倣って改革し、その地位を改善しようとしたのは、ピョートル一世（大帝）（一六七二～一七二五年）である。

一六九五年より、ピョートル一世は不凍港という海への出口を求めて南下政策を実行し、オスマン帝国との戦いを開始した。当時のロシアは国土北方の白海に面したアルハンゲリスク以外に海への出口を持っていなかったが、アルハンゲリスクは真冬には氷結して閉ざされる港であった。一年を通して氷結しない不凍港を得るためには、オスマン帝国より黒海沿岸を、スウェーデンよりバルト海沿岸をそれぞれ奪い取る必要があった。この時、オスマン帝国はオーストリア・ハプスブルク家との間でハンガリーおよびトランシルヴァニアをめぐって大トルコ戦争を遂行していたため、ロシアはオーストリア・ハプスブルク家側に立って参戦する形となった。戦争の結果、ロシアはアゾフ海沿岸を獲得することに成功したものの、黒海の制海権を握り、自国船を安定して運用するためには、軍事力を強化したうえで再びオスマン帝国と戦わねばならなかった。対するオスマン帝国は敗戦によってその勢力を減退させ、ヨーロッパ諸国に対し一転して防戦する立場となっていく。いずれにせよ、オスマン帝国と戦い、海軍力を中心に軍事力を強化することでドン川河畔からアゾフ海、そして黒海へ「地理学的ヨーロッパ」の限界を超えていこうとする中で、ピョートル一世にヨーロッパ世界への目が開かれていく。一六九七年から一六九八年にかけて、一五カ月の長きにわたり、ピョートル一世は使節団をともないヨーロッパ諸国を旅した。自らも偽名を使いオランダの造船所で船大工として働いたといわれている。

ロシアへ帰国した後、軍事力の強化を図ったピョートル一世は、一七〇〇年、デンマークやポーランドと結び、バルト海沿岸をめぐってスウェーデンとの間で大北方戦争を開始する。一七〇三年にはスウェーデンから奪ったバルト海沿岸という海への出口で新首都サンクト・ペテルブルクの建設に着手し、一七一四年にはハンゲの海戦でスウェーデンに勝利することによってバルト海の制海権を確保する。一七二一年、大北方戦争が終結すると、ピョートル一世は戦争によって疲弊したポーランド[48]への影響を強めていく。

ピョートル一世にとっては、ヨーロッパ世界に対するロシアの政治的プレゼンスが強まることによって、その〝ヨーロッパ入り〟が既成事実化していくはずであった。しかし、ロシアの急速な勢力拡大は、むしろヨーロッパ諸国の警戒感を強めていった。ロシアのヨーロッパ化、西洋化、あるいは近代化と呼ばれるものが、基本的に軍事力強化を軸としていたからである。軍事力、そしてその背景にある産業力という文明の一側面に過ぎぬもののみを取り入れるのではなく、さまざまなルールや規範を受け入れることなくして、ロシアがヨーロッパ世界の一員としてみなされることはないであろう。

エカテリーナ二世（一七二九〜一七九六年）は、ヴォルテールの他、フランス革命の思想的準備に大きな役割を果たすことになる『百科全書』（一七五一～一七七二年）を編集したジャン・ル・ロン・ダランベール（一七一七～一七八三年）とドゥニ・ディドロ（一七一三～一七八四年）など、フランスの啓蒙哲学者たちと交流を持った。こうして、フランスで発禁処分を受けた『百科全書』がロシアにおいては出版を許可されるということもあった。

では、エカテリーナ二世によるロシアの文明の受容を通したヨーロッパ化を目の前にして、ヨーロッパ世界の知識人たちはロシアに対し好意的な感情を持つようになったのであろうか。エカテリーナ二世と交流を持ち、ときにはその援助を受けた知識人たちはロシアに好意的であっただろう。ヴォルテールは『ピョートル大帝下のロシア帝国の歴史』(49)（一七五九、一七六三年）の中で、ロシアについて、その置かれた諸条件を振り返りつつ、ヨーロッパから完全に排除してしまうことなく論じている。

しかし、全くの同時代を生きたルソーはロシアに対し実に批判的であった。というよりも、軽蔑の眼差しを向けた。ルソーは『社会契約論』（一七六二年）の中で、ロシアが決して文明化されないだろうと言い、ロシアの現状や未来を悲観的に綴る。ルソーはロシアを決してヨーロッパだとは見ていなかった(50)。

エカテリーナ二世もまたピョートル一世の外交政策を引き継いで、ロシアの勢力拡大を企図した。一七六八年から一七七四年にかけて行われたオスマン帝国との露土戦争に勝利することによって、ロシアはクリミア半島など黒海沿岸地域を完全に手中に収め、現在のルーマニアの一部であるワラキアおよびモルダビアを影響下に置き、黒海での艦隊建造権やボスポラス海峡およびダーダネルス

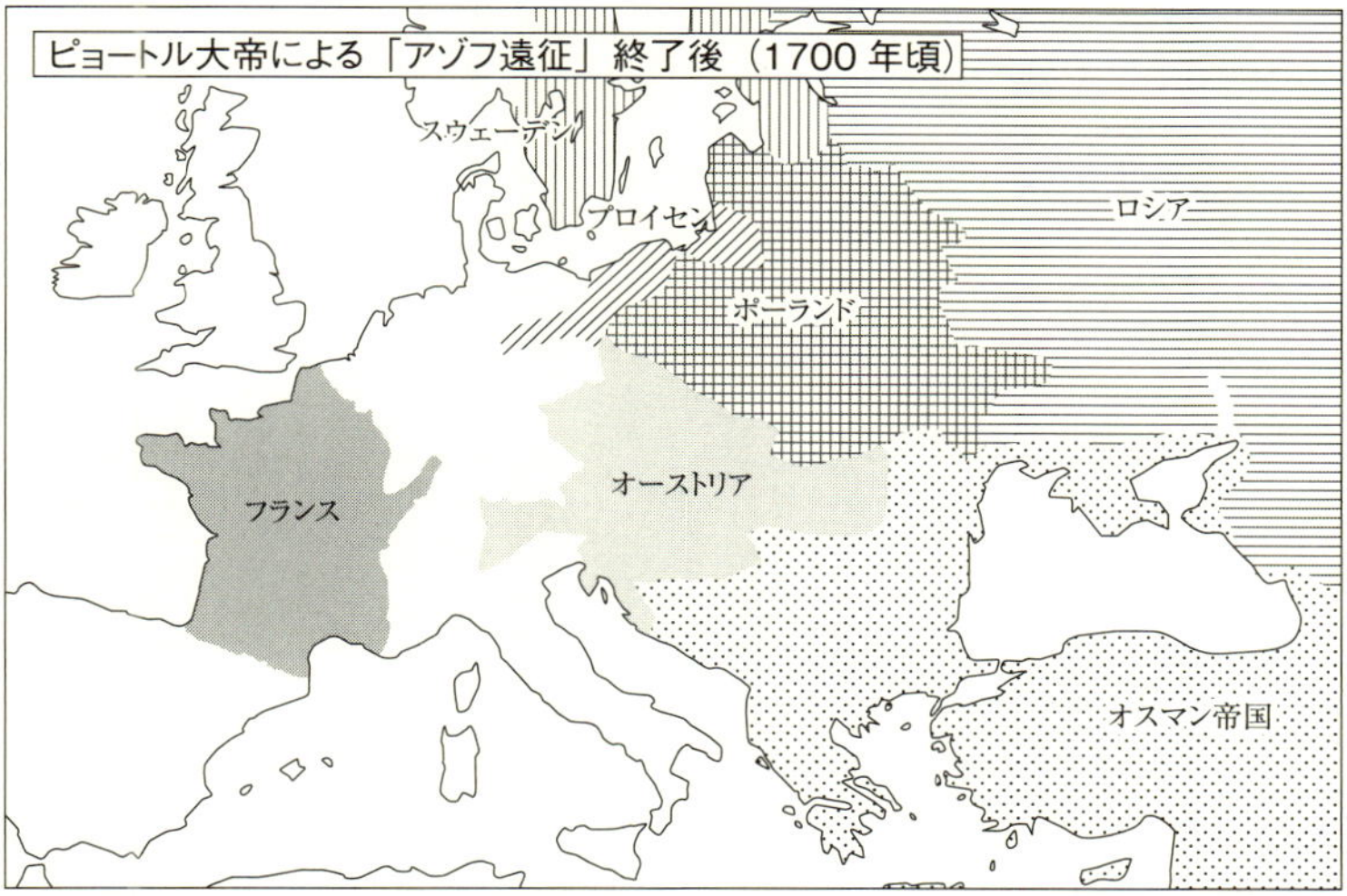

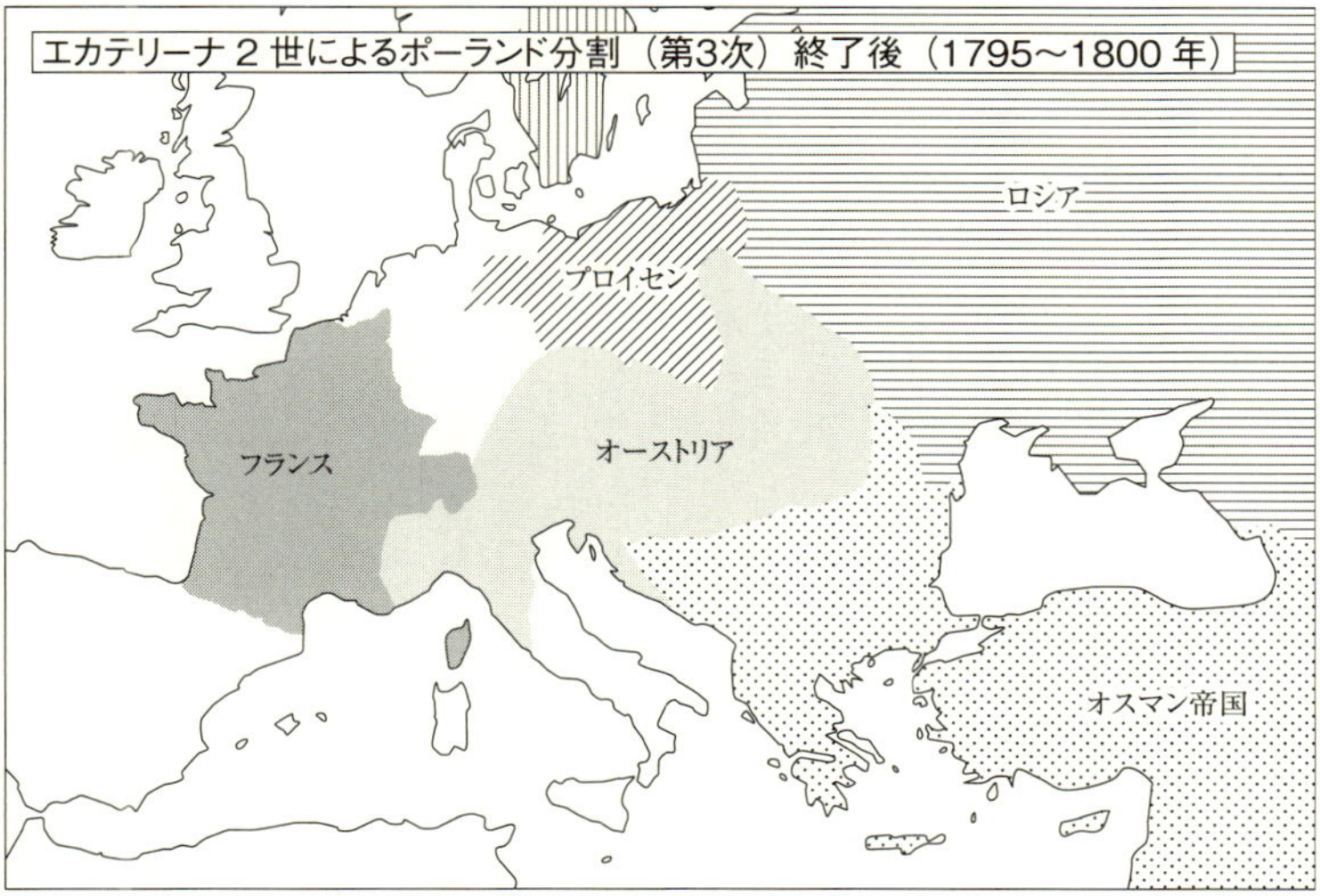

地図２−５　ピョートル大帝からエカテリーナ２世時代に至るロシアの勢力図の変遷

海峡の自由航行権を獲得した。そして、クリミア半島にセヴァストポリ軍港を建設し、黒海艦隊を編成した。一七八七年から一七九一年にかけて、ロシアは再び露土戦争を戦い、オスマン帝国に対する優位を確定させるとともに、この後バルカン半島や東地中海への進出を加速していく基礎を築いた。「東ヨーロッパ」に覇を唱えたオスマン帝国は一気に衰退し、やがてヨーロッパ諸列強の〝草刈り場〟のようになってしまう。また、ロシアはオーストリア・ハプスブルク家やドイツ諸「領邦」国家の中で台頭著しいホーエンツォレルン家のプロイセン[51]を誘い、三度にわたってポーランドを分割することで、これを消滅させた（「ポーランド分割」）。とはいえ、ロシアのバルカン半島に対する積極的な勢力拡大はイギリスやフランスの危惧を高めるとともに、同じ地域への勢力拡大を企図するオーストリアとの摩擦を生み出していくことになる（地図2-5）。

　エカテリーナ二世によって、ロシアのヨーロッパ世界に対するプレゼンスは政治的に見ても文明という点から見てもさらに高められた。そうして、一九世紀に入ると、ロシアはそれまで以上にヨーロッパ国際政治に関与するようになる。ロシアの外交政策を異質な外部からの介入と見るのか、はたまたヨーロッパ世界の一員としての行動と見るのか。

　何らかの基準によって統合を進めようとするとき、必ずその基準に当てはまらない存在を排除することになる。統合には必ず排除の側面がある。では、基準とは何なのか。宗教か、人種か、文明か、あるいは何らかの価値や規範か。オスマン帝国、アメリカ、そしてロシアといった周辺の諸国家を巻き込んで、ヨーロッパ統合ヴィジョンはますます複雑化していくのである。

†コスモポリタニズムか祖国か

主権国家が神聖不可侵の存在のようになり、もっぱら自らの利益を追求することによって戦争を繰り返していく。そうした中で、知識人においては、単なる勢力均衡でもなく、国際法による戦争の抑止でもなく、一つのヨーロッパ世界を建設、あるいは再建していくための新たな思潮が登場する。

その一つがコスモポリタニズムの思潮である。知識人たちは主権国家内部で芽生えてきた「祖国」という考え方を基本的に野蛮なものとみなした。このような知識人たちによって形作られたコスモポリタニズムであった。

キリスト教勢力圏の一体性が標榜された時代、宗教上の統一言語としてラテン語が存在した。その後、そうした宗教的・政治的一体性があるとする考え方が形骸化した近世に至り、知識人たちにはフランス語が共通言語となっていた。ダランベールが『百科全書序論』(一七五一年)に書き記したように、フランス語がラテン語に取って代わったのである。[52] そしてフランス語はスペイン継承戦争の講和条約、ラシュタット講和条約が起草されることにより、諸国家間で外交上用いられるべき共通言語となった。[53] 諸国家においては国内の統一が企てられる中で、独自の言語を中心として特殊な文化が醸成されていった。特殊なものを超える普遍的なフランス語を手にし、祖国の枠組みを超えて活躍をする知識人たちが、コスモポリタニズムを掲げるのは自然な流れであった。

たとえば、ヴォルテールは『哲学辞典』(一七六四年)の中で、良き愛国者であることによって結果的に他の人びとの敵になることを指摘する[54]。祖国の偉大さを望むことは隣人たちの不幸を願うことでもある。だからこそ人びとはヨーロッパ的でなければならない。かつて古代ギリシャの都市国家同士が戦争を繰り返しつつも、共通するさまざまなしきたりを守ったように、キリスト教を信仰するヨーロッパ諸国民もまたそうなのである[55]。

つまり、コスモポリタニズムとはいっても、対象となるのはヨーロッパ世界である。ヨーロッパ人が世界進出を通して出会ったまったく異なるさまざまな他者との間に抱えた差異に比べれば、ヨーロッパ諸国間の差異は小さい。知識人たちにとって、ヨーロッパ諸国は優位性を有するヨーロッパ文明を基礎にして一つなのである。

もちろん、コスモポリタニズムの思潮に批判的な立場をとった知識人たちもいる。たとえば、ルソーである。『ポーランド統治論』（一七七一年）で、ルソーはポーランドがその市民的、そして国内的な習慣を守ることを望んでいる。そして、ヨーロッパが一つの現実的な社会を築きあげていることは確かでも、あらゆる国民が融合し、ヨーロッパ人のみが存在するというような状態を批判的な調子で綴る[56]。この後、こうしたもっぱら普遍性を志向するかのようなコスモポリタニズムを批判的にとらえる思潮を背景として、ヨーロッパ統合ヴィジョンが新たな展開を見せることを指摘しておこう。

一八世紀の多くの知識人たちは、人間であろうとするとき、祖国に属するよりもヨーロッパに属することを優先した。しかし、徐々に大きなものになりつつあった祖国や国民という意識はヨーロッパ人としての意識とぶつかり合ってしまう。祖国よりヨーロッパを重視する思潮が広がる中でも、知識人たちにおいては、現実的にヨーロッパと諸国家の間で折り合いをつけることができるヨーロッパ統合ヴィジョンが紡ぎ出されていく。

まずは、二人のクエーカー教徒によるヨーロッパ統合ヴィジョンを見ていこう。ウィリアム・ペン（一六四四〜一七一八年）は、イギリスの新大陸植民地において、すべてのキリスト教徒同士の博愛という理想に基づいてフィラデルフィアの建設に携わり、その三権分立や信教の自由といった考え方によってアメリカ合衆国憲法に影響を与えたが、フランス国王アンリ四世の「大計画」[57]の影響を受けて、『ヨーロッパの現在と未来の平和のための試論』[58]（一六九三年）と題したヨーロッパ統合ヴィジョンを発表した。主権者諸侯による議会を創設し、ヨーロッパ国家を打ち立てることを主張したのである。

一年に一度開催される議会が決定するルールに主権者君主たちは従わねばならない。議会は諸国家間の紛争を調停する。そうした調停を拒否する諸侯には他の諸侯により制裁が科されることになる。国家ごとに選出される議員数について、アンリ四世の「大計画」ではどの国も平等な人数となっていたが、ペンは「ドイツ帝国」[59]に一二、フランスおよびスペインに一〇、イタリアに八、イギリスに六、スウェーデン、ポーランド、そしてネーデルラント連邦共和国に四、ポルトガル、デンマーク、そしてヴェネツィアに三、スイスに二、ホルシュタイン公国およびクールラント・ゼムガレン公国に一をそれぞれ割り当てる。さらに、もしモスクワ大公国やオスマン帝国が参加することになるのならば、それぞれに一〇議席が与えられる。なおローマ教皇領については考慮されていない。こうした議会の共通言語はフランス語とラテン語である。議案は三分の二の議員の賛成により可決される。
「ドイツ帝国」、つまり神聖ローマ帝国が他の諸国家と同等に扱われ、その伝統的な宗主権が否定されていることについては、諸国家分立という現実が踏まえられているように見える。しかし、規模の大小に応じて国ごとの議員数が異なっている点で、ヨーロッパ国家は平等な諸国家の単なる連合体ではなく、連邦国家的である。もちろん、すべての国家を融合した単一国家ではない。

オスマン帝国の議席数が想定されているとはいえ、基本的にヨーロッパ諸国の連合体はキリスト教という共通の宗教を基盤とし、イスラム教国家たるオスマン帝国の脅威に対し結束することになる。その意味で、ペンのヴィジョンはかつてのデュボワのヴィジョンと類似していよう。しかし、「地理学的ヨーロッパ」の一部を領土とするオスマン帝国や台頭し始めていたロシアがヨーロッパ国際政治に欠かせないアクターになっている現実を引き受けているという意味で、ペンのヴィジョンがデュボワのヴィジョンと一線を画していると指摘することができる。デュボワ、アンリ四世、クルーセ、そしてペンと、「統合」の具体的なあり方をめぐる思潮が中世的なものから近世・近代的なものへ着実に変容していることが分かる。

このペンの友人である経済学者ジョン・ベラーズ（一六五四〜一七二五年）は、『ヨーロッパの列強に提案する一つのヨーロッパ国家のためのいくらかの理由』（一七一〇年）をイギリス議会に提示した[60]。ベラーズによれば、ヨーロッパは既存の諸国家の連合体であり、諸国家の代表者によりヨーロッパ議会は創設されるという。しかし、ベラーズはヨーロッパを等しい大きさの一〇〇の地域に分割することもまた主張する。それぞれの地域は一〇〇〇人の兵士、軍艦、資金を拠出する。べラーズのヴィジョンは、主権国家自体を解体していく可能性がある点で、それまでのさまざまなヨーロッパ統合ヴィジョンよりもラディカルであった。

†サン＝ピエール神父の恒久平和論

こうした二人のクエーカー教徒のヴィジョンと比較して、今日に至るまで大きな反響を呼ぶことになったのが、フランスの聖職者・著述家・外交官であるサン＝ピエール神父（一六五八～一七四三年）による『ヨーロッパ恒久平和覚書』および『恒久平和草案』である（ケルンで『ヨーロッパ恒久平和覚書』[61]（一七一二年）を発表した後、ユトレヒトにて『ヨーロッパ恒久平和草案』[62]（最初の二巻）（一七一三年）と『キリスト教徒主権者間の恒久平和条約草案』[63]（最後の一巻）（一七一七年）をそれぞれ発表した）。

サン＝ピエール

サン＝ピエールが『ヨーロッパ恒久平和覚書』および『恒久平和草案』を発表したのは、ルイ一四世によって引き起こされたスペイン継承戦争の和平交渉が始まった時期であった。サン＝ピエールがユトレヒト講和会議にフランス代表団の一員として参加したからである。ヨーロッパ諸国が大規模にぶつかり合い、アメリカ大陸の植民地や先住民も巻き込んだ「世界大戦」を目の前にして、サン＝ピエールはアンリ四世の「大計画」の影響を受けつつ、ヨーロッパ統合による恒久平和の実現を構想した。

サン＝ピエールは、各国の主権者たる諸侯が共通議会を有する一つの「ヨーロッパ社会」を作り出すことによって恒久平和を実現することを訴える。ハプスブルク家とフランスの二大勢力の対立関係を軸にした勢力均衡では、結局のところ平和が維持できないのである。主権者君主たちは代表団をヨーロッパ議会に送る。そして、ヨーロッパ社会は戦争といったあらゆる暴力行為を抑止する。違反する主権者に対しては、ヨーロッパ社会は調査するとともに、軍隊を派遣し制裁を加えることができる。戦争を抑止するのであるから、主権者君主たちは領土や国境に関して〝現状〟を維持することになる。すなわち、国境線の引き直しは行われない。また、議会の四分の三の同意なくして諸国家間で条約が調印されることもない。

巨大な領域を支配する主権者が出現することを防ぐため、神聖ローマ皇帝家・ハプスブルク家を除いて、主権者君主たちは一つ以上の国家を手にしない。サン＝ピエールは二四カ国の参加を見込むが、まずは一四人の主権者君主たちの参加によってヨーロッパ社会が設立されると考える。ヨーロッパ社会が設立されるや、参加を拒否した主権者君主はヨーロッパ社会の敵とみなされる。敵となった主権者君主はヨーロッパ社会による軍事制裁を受け、国家を失うことになる。もちろん、こうした軍事制裁以外の戦争は禁止されねばならない。

議会の所在地はユトレヒトである。この議会の構成に関して、サン＝ピエールは二四カ国がそれぞれ一人の代表者を持つことを提案する。つまり、一君主一票制である。反対に、ヨーロッパ社会への拠出金はそれぞれの国家の財政規模に比例した形となる。ヨーロッパ社会の憲法典のうち、「基本条項」の改正は全会一致が原則である。重要条項や技術条項は四分の三の賛成で改正されうる。

ヨーロッパ社会は諸国家に一人の大使を、さらに諸国家内の各地域に公使をそれぞれ派遣する。ヨーロッパ社会は戦争の原因になりうる植民地獲得競争についても調査する。諸国家間で通商上の対立が起きることもあるが、そうした対立は諸都市に設立される「通商維持会議」によって整序される。

サン＝ピエールのヴィジョンは具体的である。そして、ヨーロッパ諸国の上に一つの社会を創り出そうとする点で「超国家性」を帯びる。以後の時代に、「超国家の統合体」が主張されていくことの萌芽の一つであったといってよい。諸国家の主権者である君主の意志に頼る点では非現実的である。そもそも、現状の国境線を維持し、恒久平和を実現しようといっても、主権者君主がその領土的野心を簡単に捨て去るなどとは考えられない。サン＝ピエールは、ヨーロッパ統合を進めることが主権者君主にもたらす利益について語るものの、統合が進むも進まぬも結局は主権者君主の決断という意志次第なのである。

もちろん、君主が主権を握る時代、諸国家の主権に基づく行為である戦争とは、結局のところ君主の意志によるものなのであって、サン＝ピエールが君主の意志に頼ったことを安易に批判するのは控えるべきだろう。ただし、サン＝ピエールより二〇〇年も前の時代、エラスムスは『平和の訴え』の中で、主権者たる君主が戦争の決定権を握っていることの問題をすでに指摘していた(64)。エラスムスは、戦争の開始に君主ではなく国民の総意が必要になることによって、戦争が抑止されると考えた。

ここに〝君主が主権を有する「諸国家のヨーロッパ」〟が抱える本質的な問題を見て取ることができる。君主が主権を握っている以上、君主の野心や恣意的判断によって戦争は繰り返されてしまう。それならば戦争によって災難を受けることになる国民が主権を握ればよいのではないか。君主が主権を握る主権国家から国民が主権を握る民主的主権国家へ。コスモポリタニズムと「祖国」の折り合いをつけようとする思潮が継承されると同時に、諸国家分立という現状が徐々に引き受けられる中で、「諸国家のヨーロッパ」は「諸国民のヨーロッパ」という形で改良されていく。

なお、諸国家の上に一つの社会を創り出すことで恒久平和を実現しようとするサン＝ピエールのヴィジョンは、第一次世界大戦後に創設された「国際連盟」に影響を与えたとしばしば指摘されている。ヨーロッパ社会が諸国家によって創設された諸国家連合体として、何らかの違反をした国家を制裁し、軍縮を進めていくからである。加えて、通商上の会議を創設するとの考え方については第二次世界大戦後の「国際連合」の「経済社会理事会」につながっている。秘密条約の締結を禁止する点では、「国際連盟」よりもはるかに先に進んでいる。

ところで、ルソーはサン＝ピエールのヨーロッパ統合ヴィジョンを検討し、一七六一年に『サン＝ピエール師の恒久平和草案抜粋』(65)が、さらに死後の一七八二年には『恒久平和論批判』(66)がそれぞれ発表された。ルソーによれば、戦争とは主権者君主が決定するものであるからこそ、諸君主の連合体を構築することで戦争を抑止することができる。なお、ルソーはロシアやローマ教皇領を含む一九カ国の参加を見込んでいる。

ルソーもサン＝ピエール同様、何らかの違反をした主権者君主に対する制裁措置を考える。しかし、サン＝ピエールが結局は君主の意志を頼りにするのに対し、ルソーはあくまで君主の利益の問題をとらえる。つまり、諸君主が主権国家の独立を掲げるよりも、ヨーロッパ統合を進めるほうが利益があると判断するのならば、ヨーロッパ統合が実現するだろう。とはいえ、ルソーは「人民主権論」を掲げた哲学者である。君主ではなく国民が主権を有する諸国家というあり方をより良いヴィジョンとして考えていることは言うまでもない。結局、主権者君主など信用するに足りないわけである。

人間は自然状態を抜け出すために社会契約によって社会を創り出したわけだが、戦争が繰り返されるのは諸国家が自然状態にあるからである。平和の実現には国民が主権を有する民主的主権国家同士が一つの社会を創りあげる必要がある。ただし、ルソーは直接民主制を志向しており、直接民主制を実践するためには国家は小規模でなければならない。

「諸君主のヨーロッパ」という意味での「諸国家分立の統合体」から「諸国民のヨーロッパ」という意味での「諸国家分立の統合体」へ、時代はちょうど近代市民革命たるフランス革命が勃発する直前であった。

君主ではなく国民の意志を頼りにする同時代のヴィジョンとしては、イギリスの思想家であり、「最大多数の最大幸福」を原理とする功利主義の代表者として知られるジェレミー・ベンサム（一七四八～一八三二年）の『万国恒久平和のための計画』（一七八六～一七八九年）を挙げておかねばならない。ベンサムは軍縮などとともに「共通裁判所」の設立を構想するが、これを支えるのは自由な報道と世論である。[67] それまでも国民の意志を君主の意志とは違って平和を望むものととらえる知識人たちがいたわけだが、必ずしもそうではないことが一九世紀半ば以降、徐々に明らかになっていく。

さらに、主として祖国を批判的にとらえる旧来のコスモポリタニズムとは一線を画する新たなコスモポリタニズムを掲げることで、「近世的ヨーロッパ統合ヴィジョン」を「近代的ヨーロッパ統合ヴィジョン」へ変容させようとしたのは、ドイツの哲学者であり、ドイツ古典主義哲学の祖として後世の哲学者たちに多大なる影響を与え続けているイマニュエル・カント（一七二四〜一八〇四年）の『永遠平和論』[68]（一七九五年）であろう。サン＝ピエールがスペイン継承戦争やユトレヒト講和会議を目の前にしてヨーロッパ統合ヴィジョンを構想したように、カントはフランス革命に対しヨーロッパ諸国（第一次対仏大同盟[69]）が介入することで発生したフランス革命戦争や、フランス優位の中で締結されたフランスとプロイセンの間の講和条約であるバーゼル条約（一七九五年）を観察した。

カントのコスモポリタニズムは諸国家・諸国民の存在を前提としたものである。すなわち、カントは諸国家・諸国民の連合体を想定する。そして、それぞれの国家は君主制ではなく共和制でなければならない。また、カントは共和制と民主制を厳密に区分して議論する。フランス革命の展開について考えてみよう。一七九二年、フランス国王ルイ一六世（一七五四〜一七九三年）の王権が停止され、男子普通選挙を通して立法機関たる「国民公会」が成立した後、国民公会は王政の廃止と共和政への移行を宣言し、「フランス共和国」を誕生せしめた（第一共和政）。しかし、フランス革命戦争による非常事態の中で、立法権を有する国民公会は傘下の公安委員会によって行政権をも担うという超法規的体制を打ち立てて独裁化した。急進的な共和主義思想を持つマクシミリアン・ロベスピエール（一七五八～一七九四年）らのジャコバン派は、公安委員会を基盤にして反対派に徹底的な弾圧を加えるなど「恐怖政治」を行った。つまり、民主主義の名のもとに独裁が始まる危険性がある。したがって、執行権と立法権が分立する共和制でなくてはならない。

†コスモポリタニズムから諸国民のヨーロッパへ

一七八九年、フランス革命が勃発した。フランス革命に反対する、あるいは革命の伝播を抑止することを試みるイギリスなどのヨーロッパ諸国とフランスの間に勃発したフランス革命戦争は、革命を守ろうとするフランス国民の国民意識を強化していった。そして、ナポレオン・ボナパルト、つまりフランス皇帝ナポレオン一世によって遂行されたナポレオン戦争は、ヨーロッパ諸国民に自由や民主主義の思想を伝播するとともに、フランスの「侵略」に対して自らの自由と独立を守ろうとすることを通して国民意識を芽生えさせた。

諸国民はそれぞれの独自の言語を用い、そうした言語に支えられて特殊な文化を育んでいく。諸国民が近世の知識人たちのようにもっぱら普遍性を志向するようなコスモポリタンになることは難しい。国民が主権を有する民主的主権国家、すなわち「国民国家」の時代、諸国民によってどのようにヨーロッパ統合を遂行することができるだろうか。国民それぞれの意識は千差万別である。一人の君主が万事を決定するのではない。千差万別である国民の意識をヨーロッパ統合を進めていく方向で一つにするにはどうすればよいであろうか。他の国家・国民、とくにフランスへの敵対心のような諸国民の意識は、ヨーロッパ統合や恒久平和の実現の名において解消されていくであろうか。

イギリスは大陸に広がるスペインやフランスなどの強大な勢力といった敵に向かい合う中で、固有の自由や政治システムを守り通そうと国民意識を強化した。フランスもまたヨーロッパ諸国という敵との革命戦争を通して、自らの自由と独立を守ろうとする中で一つの国民を形成していった。こうした諸国家では、一つの国民として自由と独立を守ろうとする人民の意志によって国民が形成されていった。後の時代の表現を用いるなら、「人民自決権[70]」に基づく国民形成であった。

イギリスやフランスといった周辺諸国家とは異なり、ドイツ世界においては国民形成が遅れ続けた。フランス革命やナポレオン戦争の影響を受けつつ、ようやく一九世紀に入り「ドイツ国民」が大々的に標榜されたとき、その基盤にあるとされたのは特殊な言語や文化といった〝ドイツ民族性〟であった。

国民形成を人民の意志に基づくものとみなすか、はたまた民族性に基づくものとみなすかといった違いから、国民をめぐる二つの思想、フランス的「ナシオン」とドイツ的「フォルク」が存在することがしばしば指摘されている。

さて、「諸君主のヨーロッパ」という意味での「諸国家分立」から「諸国民のヨーロッパ」という意味での「諸国家分立」へ、〝諸国民分立〟という現実を踏まえつつ、そうした諸国民を統合に向かわせることができるヴィジョンが必要となったのである。

3　諸国民の権利をめぐって

†自由の理想かフランスのエゴイズムか

フランス革命戦争によってフランスの国民意識が強化され、ナポレオン戦争によって周辺諸国家で国民意識が芽生えていく。フランスは周辺諸国家による革命への介入を拒絶することで、自らの自由と独立を守ろうとしたが、さらにそれらを強固なものにしていくためには、周辺諸国民を専制的支配のもとから解放せねばならない。

自由な国民として独立したいとの意志を有する人民によって国民が形成され、そうした国民が主権を有する民主的主権国家、すなわち国民国家が並存していることが近代ヨーロッパ世界の特徴であるのなら、近代的ヨーロッパ統合ヴィジョンは、中世の神を頂点とした「普遍的世界観」に基づくキリスト教勢力圏の一体性を再建しようとするものでもなければ、近世の「諸君主のヨーロッパ」という意味での「諸国家分立」を維持しようとするものでもない。さらに、祖国という考え方を批判的にとらえる旧来のコスモポリタニズムの思潮を基礎にするものでもない。近代においては、自由や「人民自決」といった価値を基盤として民主的主権国家の分立を実現したうえで、諸国民は平等な形で連帯を築きあげることができるのではないか。フランスではこのような価値が掲げられ

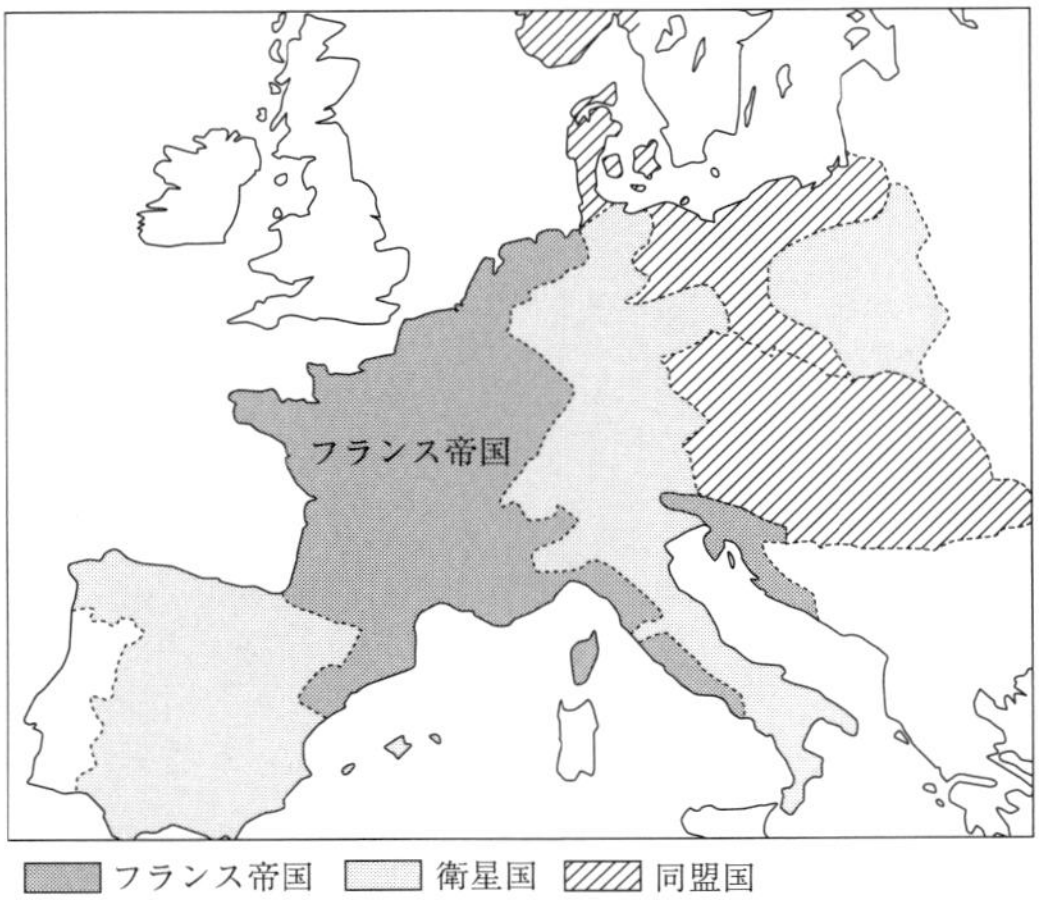

地図 2−6　フランス帝国の勢力図

た。

しかし、フランスに対抗できる大国に成長したイギリスでは異なる価値が支持された。国民国家の時代であろうとそうでなかろうと、諸国家同士で勢力均衡を図りつつ、対立が発生した場合にのみ国際会議を開催するなどして、平和を維持していくほうがよいのではないか。

ところで、世界に自由や民主主義をもたらそうとするフランスの態度は、過度になればなるほど、利己主義的と判断されてしまう。そこで、かのナポレオンについて論じねばならない。ナポレオンはフランス革命戦争中のイタリア遠征などでの度重なる勝利によって英雄となっていたが、フランス本国では一七九四年にジャコバン派の独裁が「テルミドールのクーデター」により打倒された後、五人の総裁からなる総裁政府が対外戦争に失敗し続け、内政においても経済の混乱を抑えることができないことで、政治的・社会的混乱が続いていた。そこで、一七九九年、ナポレオンは総裁の一人であるエマニュエル＝ジョゼフ・シエイエス（一七四八〜一八三六年）とともに「ブリュメールのクーデター」を起こし、統領政府を打ち立て、民衆の支持を受けつつ権力を掌握した。さらに、一八〇四年にはフランス皇帝に戴冠した（第一帝政）。そして、ヨーロッパ大陸に広がる巨大なフランス帝国を築きあげた（地図2－6）。

ここに「覇権による統合体」というヨーロッパ統合の一つのあり方が存在することは確かであろう。ナポレオンは、一八〇二年のアミアン和約によりイギリスとフランスの和平を実現したものの、フランスがイギリスに代わり大陸市場を支配することを目的として、一八〇六年の「ベルリン勅令」により大陸諸国に対しイギリスとの通商を禁じた。そして、「大陸封鎖」を行うことでイギリスを大陸の秩序から排除した。さらに、自分の一族を占領した諸国家の君主の座につけるとともに、戦争で打ち破ったオーストリアやプロイセンと同盟を結ぶことで、大陸側に巨大な勢力圏を作りあげることに成功した。

名目上は生き続けていた中世以来の神聖ローマ皇帝の宗主権は、一八〇五年にナポレオンがアウステルリッツの戦い（三帝会戦）にて神聖ローマ皇帝フランツ二世（一七六八～一八三五年）とロシア皇帝アレクサンドル一世（一七七七～一八二五年）を敗走せしめ、翌年の一八〇六年にフランツ二世が皇帝位を放棄することによって完全に消滅することになった[71]。

さらに、一八一二年、ナポレオンはロシア遠征を決行した。イギリスとの通商を求めて大陸封鎖を破ろうとする大陸諸国は多く、ナポレオンは各方面への出兵を余儀なくされていたが、その一つがロシア遠征であった。このロシア遠征は失敗に終わったものの、近代初頭において、ロシアという国家がヨーロッパ世界に欠かすことはできない政治的アクターとなっていたことを証明してくれる。

ヨーロッパ大陸にナポレオンを頂点とする「普遍帝国」が出現し、革命を経験したフランスの諸価値や諸制度が大陸全土に伝播した。ナポレオンに側近く仕えた歴史家であるエマニュエル・ド・ラス・カーズ（一七六六～一八四二年）が、ナポレオンの回想録たる『セントヘレナ覚書』（一八二二～一八二三年）の中に書き記しているように、ナポレオンは度量衡や通貨、あるいは法といった共通の諸制度を影響下にある諸国家に導入することで、一つの家族たるヨーロッパを実現しようとしたのだという[72]。

実態は、ナポレオンという一人の人物の覇権によるヨーロッパ世界の支配、すなわち「覇権による統合体」が目指されただけであって、自由で平等な独立した〝諸国民分立の統合体〟が創り出されたわけではなかった。しかし、フランス革命の諸価値が伝播することによって、周辺諸国家の中では、自由で平等な独立した、そして主権を有する民主的な諸国民を形成しようとする動きが燃えさかっていくのである。

こうしたナポレオンのフランスに対し、大陸から排除されたイギリスはナポレオンに反発する諸国家を巻き込みつつ、諸国家の勢力均衡を再現していこうとする。一八〇六年に神聖ローマ帝国が完全に消滅した後、名実ともにイギリスこそがフランスに対抗しうる国家である。イギリスは、一国、あるいは一君主の覇権によってラディカルに一体化されるヨーロッパ世界ではなく、ルールや規範、あるいは国際法を基礎に諸国家が分立し、諸国家の運命は諸国家自身が決定していくという、より緩やかに一体化されたヨーロッパ世界を想定する。勢力均衡を重んじるイギリスにとって、フランスが伝統的な王政を復活させ、周辺諸国家とほぼ同等の国力を持つ国家に戻るのならば、フランスを消滅に追い込む必要はない。

いずれにせよ、〝ナポレオンのヨーロッパ〟、つまり「覇権による統合体」は、ヨーロッパ世界をめぐる二つの動きを生み出す。一つは「ロマン主義」の勃興、そしてもう一つは「ウィーン体制」の成立である。

†フランスに反発する形で現れた中世賛美、あるいはロマン主義

〝ナポレオンのヨーロッパ〟にせよ、イギリス的な勢力均衡策にせよ、そこには一つのヨーロッパ世界が存在するという意識がある。国民国家であろうと、君主制の主権国家であろうと、「諸国家分立」はヨーロッパ諸国、あるいは諸国民の共通認識となっている。これまで以上に「諸国家分立」という現実を引き受けたうえで、知識人たちはヨーロッパ統合ヴィジョンを考えるのである。

そうした近代初頭のヨーロッパで沸き起こるのが中世の再評価、そして賛美である。近代直前の啓蒙思想の時代、古代ギリシャ・ローマ文明が賛美される一方で、中世は暗黒の時代として否定的な評価を受けてきた。しかし、ナポレオン戦争によって諸国家の中で国民意識が芽生えていく中で、知識人たちは自分たちの国民の原点たる中世を再度検討し、肯定的に評価しようとした。フランスもイギリスもその他の諸国家も、決して古代ギリシャ・ローマ時代に生まれたわけではなく、古代ローマ帝国崩壊後の中世に生まれたからである。

同時に諸国家間の戦争が相次ぐ近世や近代初頭とは異なり、〝中世に存在したヨーロッパ世界の一体性〟が〝再発見〟された。中世ヨーロッパ世界の〝平和〟がノスタルジーとともに賛美されるようになった。先に論じたように、中世においてキリスト教勢力圏としての西方世界と「ヨーロッ

パ」は必ずしも強く結びついていたわけではなかった。キリスト教徒にとって〝ヨーロッパ人〟としての意識は二次的なものに過ぎなかった。実に長い中世という時代が常に平和で安定していたわけではなかった。

しかし、フランスの作家・自由主義思想家として生涯にわたってナポレオンと対立することになるアンヌ・ルイーズ・ジェルメーヌ・ド・スタール、すなわちスタール夫人（一七六六～一八一七年）が、『社会制度とその関係で見た文学』（一八〇〇年）に書き記したように、南北ヨーロッパの人びとの間に差こそあれ、かつての中世においてはキリスト教が「紐帯」としてヨーロッパ人を結びつけていたというような認識が知識人たちの間に広がっていくのである。[73]「ロマン主義」の一つの流れである。

ナポレオンのフランス帝国の直接的な影響を受けたドイツでは、国民形成の動きとロマン主義的思潮を基礎としたヨーロッパ意識が一体化した。中世ヨーロッパ世界はキリスト教世界として一体性を有していたと考えられた。神が天上に君臨し、皇帝が世俗世界を支配し、ローマ教皇が教会組織を通して信仰を司るという「普遍的世界観」が基礎となっていた。神聖ローマ皇帝の世俗世界に対する宗主権とは、ドイツ王の宗主権であり、神聖ローマ帝国によるヨーロッパ世界の平和とは、ドイツによる平和、つまり「パックス・ゲルマニカ」であった。

ドイツの代表的なロマン主義の詩人であるノヴァーリス（一七七二～一八〇一年）は、評論『キリスト教世界、あるいはヨーロッパ』（一七九九年）の中で、キリスト教が力を失ったことがヨーロッパ世界が諸国家に分裂することになった要因であるとの認識を示している。[74]諸国家の分立と戦争は、宗教改革やプロテスタンティズム、あるいは啓蒙主義といったものが原因なのである。ゆえに、ヨーロッパ世界を再建するには宗教、すなわち一つのキリスト教が必要となる。そうしたヨーロッパ世界の中心にある国家こそがドイツである。だからこそ、ヨーロッパ世界を再建するためには、ドイツが再統一されねばならない。ヨーロッパ世界の一体性を再建する、あるいは諸国家間の戦争を抑止し、恒久平和を実現するというヨーロッパ統合の構想とドイツ統一の企図が結びついたのである。

こうしたドイツの思想的状況を受けて、スタール夫人は『ドイツ論』（一八一〇年）の中で、ドイツこそが「ヨーロッパ愛国心《パトリオティズム》」といった中世ヨーロッパ世界の特徴を保持し続けたのであり、ドイツの統一こそが大陸に巨大な協同体を再構築する最初の一歩になると論じた(75)。しかし、中世におけるドイツの栄光に対する賛美が過度になればなるほど、〝ドイツ民族〟の他国民・他民族に対する優越性を誇る〝ナショナリズム〟が頭をもたげ始める。その他の諸国民と同じようにドイツ国民の原点たる中世が再評価されるとき、ドイツにおいては国民を形成する要素として、中世以来作りあげられてきた特殊な言語や文化、習俗といった〝ドイツ民族性〟が発見される。

統一されるべきドイツの領域とは〝ドイツ民族性〟が広がる地域であり、ドイツによる周辺国家への領土要求が生み出されていく。そして、この後、統一されたドイツが周辺諸国家に対して強圧的な態度をとるや、周辺諸国家ではドイツに反発する形で排外主義が醸成される。さらに、しばしばフランスの覇権を握ろうとする動きが見られたように、ドイツの覇権によるヨーロッパ統合ヴィジョン、すなわち「パン・ゲルマン主義」と呼びうるものもまた主張されるようになる。〝中世ヨーロッパ世界の一体性の再建〟というヨーロッパ統合を構想することにつながるロマン主義的思潮が、むしろヨーロッパの一体性を破壊してしまうかのようであった。

もちろん、ロマン主義誕生の時代、知識人たち自身は何よりもまず国民の原点を探究しようとしたのであって、〝諸国民分立〟の状況を肯定的に受け入れている。自由で独立した、主権を有する民主的な諸国民が平等な形で集う一つのヨーロッパ世界を思考するのである。中世ヨーロッパ世界に確実に一体性が存在したとの前提のもと、一つの大国の覇権による〝再統合〟でもなく、共通のルールや規範、国際法に則った諸国家の単なる勢力均衡でもなく、諸国民の権利と平等を保障するための超国家的な組織を創設することが目指される。「超国家の統合体」が構想されるようになるのである。

†ウィーン体制の成立

一八一二年、ナポレオンはロシア遠征に失敗した。さらにナポレオンは、フランスより離反したプロイセンなどの諸国家によって結成された第六次対仏大同盟との戦いに敗北し、地中海のエルバ島に配流された。一度は復位を遂げたものの、一八一五年、ワーテルローの戦いに敗北し、南大西洋のセントヘレナ島に再度配流された。こうしてナポレオンの「普遍帝国」は完全に消滅した。

一八一四年より一八一五年にかけて、ナポレオン以後の国際体制を決定するための国際会議、ウィーン会議がオーストリア宰相メッテルニヒ公爵クレメンス・ヴェンツェル・ロタール（一七七三〜一八五九年）の主導のもとで開催された。ウィーン会議は二つの大きな原則、「正統主義」と「勢

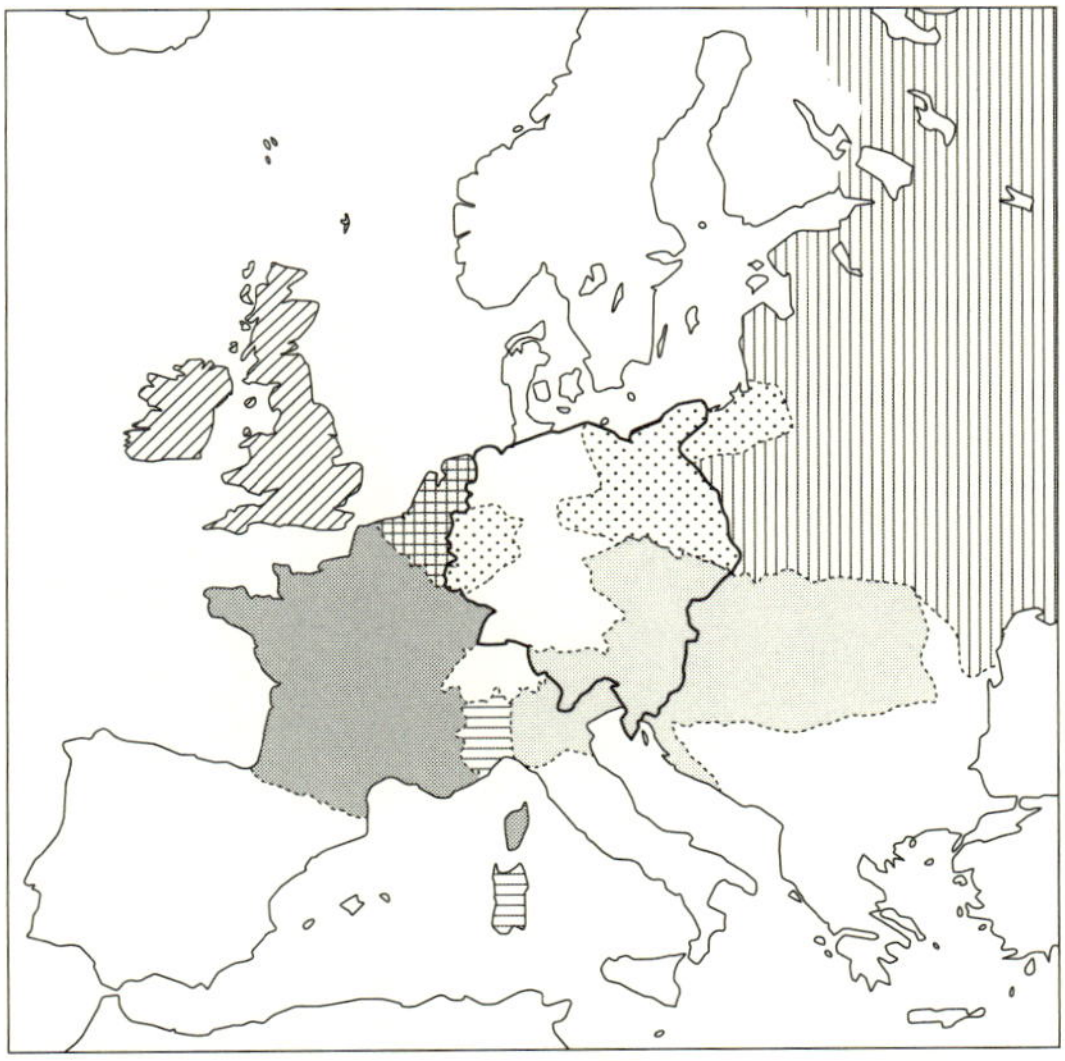

地図 2−7　ウィーン体制の諸国家勢力図（1815 年）

力均衡」を決定した。そして、イギリス、ロシア、プロイセン、オーストリアの四大国が軍事同盟（四国同盟）を結成するとともに（後にフランスも加わる（五国同盟））、イギリス国王、ローマ教皇、そしてオスマン皇帝を除く諸君主は盟約、つまり「神聖同盟」を締結した（地図２－７）。

フランスをはじめとする諸国家では、「正統主義」に基づき、フランス革命からナポレオン戦争以前の王家が復位した。たとえば、フランスではブルボン家のルイ一八世（一七五五～一八二四年）が国王に即位した。また、諸国家の領土がナポレオン戦争以前の状態に基づいて再編されることで、諸国家間の「勢力均衡」が図られた。

さらに、ドイツ世界では、オーストリアを議長とした連邦議会を有する諸「領邦」の連合体、「ドイツ連邦」が結成された。ナポレオン戦争によって神聖ローマ帝国が消滅した後、神聖ローマ皇帝・ドイツ王が司ってきたドイツ世界に関する問題をフランクフルトに置かれた連邦議会が担うことになった。とはいえ、諸「領邦」それぞれは主権を有する国家であり、ドイツ連邦は主権国家連合であった。ドイツは主権を有する一つの連邦国家として「再統一」されたわけではなかった[76]。この後、ドイツの「再統一」をめぐって、皇帝位を継承してきたハプスブルク家のオーストリアと台頭著しいプロイセンが対立していくことになる。

「ウィーン体制」が成立した。ナポレオンのフランス帝国のような「覇権による統合体」を抑え込むために、主権者君主たちが共通のルールや規範、あるいは国際法を遵守すると同時に、同盟体制を堅持することで、「諸国家分立の統合体」がそれまで以上に強化された。ナポレオン戦争というショックがヨーロッパ世界の一体化を促進することに寄与したといえる。ウィーン体制は、この後、約一〇〇年にわたって、ヨーロッパ世界に比較的安定した状況を生み出すことになる。

コモンウェルス・オブ・ヨーロッパ[77]――。ウィーン会議にイギリス代表として参加した外務大臣、カスルリー子爵ロバート・ステュアート（一七六九～一八二二年）は、列強間の勢力均衡と同盟体制、そして一つの連帯を基盤にしてヨーロッパ世界を安定させるとする考え方をこのように表現した。アンリ四世の「大計画」もサン＝ピエールの恒久平和論も決して参考にされたわけではないであろう。しかし、彼らが想定したような諸君主間の盟約によって、以前よりも増してヨーロッパ統合と呼びうる状況が出現したのである。

とはいえ、「正統主義」の原則からも分かるように、ウィーン体制は「諸君主のヨーロッパ」という意味での「諸国家分立の統合体」であって、民主的主権国家を形成しようとする動きに逆行した。また、「ウィーン議定書」と呼ばれる国際条約が採択されたとはいえ、常設の国際的政治組織が創設されたわけではなかった。あくまで「五国同盟」に参加するイギリス、フランス、ロシア、プロイセン、オーストリアの五大列強が協調する、すなわち「ヨーロッパ協調」を実現することで、ヨーロッパ世界はようやく安定する。五大列強は何らかの問題が発生した際に国際会議を開催することになるが、そこで協調できるか否かは会議の展開次第である。五大列強が協調に失敗すれば、ヨーロッパ世界はフランス革命以前のように戦争が相次ぐ状態に戻ってしまう。

そもそも、同盟体制構築時点において、協調を失敗させるような内部対立がすでに現れていた。たとえば、カスルリーをはじめとしたイギリス政府首脳は、フランス革命の破壊的な急進性に反対してきたのであって、ウィーン体制があまりに反動的な性格を帯びていることにも批判的であった。イギリスがすでに二度にわたって市民革命を経験していたからである。一つ目は「清教徒革命」である。一六四二年、ステュアート朝のチャールズ一世（一六〇〇～一六四九年）が続けた専制政治に議会が反抗する中、オリバー・クロムウェル（一五九九～一六五八年）が率いる清教徒（ピューリタン（カルヴァン派プロテスタント））を中心にして革命が勃発した。一六四九年にはチャールズ一世が処刑され、共和政が実現した。そして、二つ目は「名誉革命」である。一六五九年に共和政が終焉し、チャールズ一世の息子ジェームズ二世の即位によってステュアート朝が復活したものの、一六八八年にはその専断に反発した議会がジェームズ二世を追放するとともに、王女メアリ（一六六二～一六九四年）とその夫でオランダ総督ウィレム三世（一六五〇～一七〇二年）を王位につけたことになった。（メアリ二世とウィリアム三世）。「権利章典」が制定され、イギリス立憲政治の基礎が確立されることになった。つまり、イギリスは二度の市民革命を経験することで、ヨーロッパ諸国に先駆けて不十分ながらも、しかし漸進的な形で民主主義を実現していたのである。

列強間の同盟による協調とは、反動的な体制を基盤とする諸国家間の相互保障体制でもある。反動的な国家において自由主義革命が発生した場合、列強は弾圧を目的に革命に介入することになるが、イギリスにとっては、革命の過激化をこそ懸念するとはいえ、自由主義勢力を徹底的に弾圧するのは好まざることである。こうしてカスルリーはイギリスの神聖同盟への参加を拒絶した。また、カスルリーは同盟の内容や範囲の拡大によって大陸の政局に全面的に介入せざるをえなくなることに否定的であった。イギリスにとっての最重要の関心事とはフランスの再度の強大化を阻止することであった。一八二二年、カスルリーが自殺し、このカスルリーと対立関係にあったジョージ・カニング（一七七〇～一八二七年）が外務大臣に就任すると、大陸諸列強の動きとは一線を画そうとする外交政策がますます強化されていった。

結局のところ、ウィーン体制とは、一つのヨーロッパ世界をそれまで以上に確かなものにしたとはいえ、五大列強の意志が小国に押しつけられることで成り立つ国際秩序であった。五大列強の間では対立がしばしば発生するとともに、フランス革命によって生み出された民主的主権国家を形成しようとする動きが止まることはなかった。知識人においては、ロマン主義的思潮を基礎にして

「諸国民のヨーロッパ」が目指されるとともに、ウィーン体制へのアンチテーゼとして、民主的諸国民の平等を実現するヨーロッパ統合ヴィジョンが思考されていく。

†ヨーロッパ合衆国論、あるいはサン＝シモンのヨーロッパ

エラスムスやルソーが言ったように戦争は君主の行為である。君主が開戦を決定するとはいえ、実際に戦場で血を流すのは徴募された民衆である。自らが傷つくことのない君主は戦争を行うことにためらいがない。ゆえに戦争が繰り返される。諸国家が民主化されるのならば、戦争は抑止され、恒久平和が実現されるのではないか。そうした民主的主権国家間でヨーロッパ統合を推し進めればよいのではないか。

ヨーロッパ合衆国――。大西洋の向こうにアメリカ合衆国という民主主義国家が出現していた一九世紀初頭、アメリカへの憧憬が相俟って、民主的主権国家同士によるヨーロッパ統合ヴィジョンが主張されるようになる。

サン＝シモン

この近代初頭のさまざまな「ヨーロッパ主義者」の中でも、最も重要なのはクロード＝アンリ・ド・サン＝シモン（一七六〇～一八二五年）であろう。今日、カール・マルクス（一八一八～一八八三年）とともに共産主義を体系化したフリードリヒ・エンゲルス（一八二〇～一八九五年）の批判を根拠

として、サン＝シモンはイギリスの社会思想家であるロバート・オーウェン（一七七一～一八五八年）やフランスの社会思想家であるシャルル・フーリエ（一七七二～一八三七年）らとともに、「空想的社会主義者」と紹介されるのみである

さて、サン＝シモンのヨーロッパ統合ヴィジョンは、それまでのさまざまなヨーロッパ統合ヴィジョンを受け継ぐと同時に、後世のヨーロッパ統合のあり方に多大な影響を与えているという点で、ヨーロッパ統合ヴィジョンの一種の「交差点」のようである。サン＝シモンは、ナポレオンがロシア遠征に失敗し、対仏大同盟諸国家の連合軍がフランスに迫る中、一八一三年に『万有引力の法則に関する研究』(78)を、一八一四年に『ヨーロッパ社会再組織論』(79)をそれぞれ執筆することで、ヨーロッパ統合と恒久平和の実現を主張した。その他のさまざまな著作にも「ヨーロッパ」という問題が通底しているといってよい。では、サン＝シモンのヨーロッパ統合ヴィジョンについて、その著作、その思想全体を振り返りつつ具体的に見ていこう。

『万有引力の法則に関する研究』というタイトルは、政治に関する論文としては極めて珍妙である。サン＝シモンは『万有引力の法則に関する研究』の中で、ナポレオンに対しフランス軍を占領地から撤退させることを提案する。フランス軍が占領地を手放し、元の国境の内側に戻るのならば、制海権を握るイギリスが公海自由の原則を守らざるをえなくなるというのである。国際法上、公海はすべての国による自由な使用のために開放されているが、イギリスはナポレオンの大陸封鎖に対抗するために公海自由の原則を侵す形でフランスに海上封鎖を実施していた。しかも、その結果、イギリスはフランスとの通商を望む中立国・アメリカとの間で摩擦が生じ、一八一二年には米英戦争の戦端が開かれた(80)。

英仏両国は妥協を成立させることによりヨーロッパ世界に安定をもたらしたうえで、ヨーロッパ諸国を統合するための原理や理念を発見せねばならない。かのアイザック・ニュートン（一六四二〜一七二七年）が発見した「万有引力の法則」が自然という一つの世界を作り出すように、英仏両国によって発見される原理や理念こそが「紐帯」として、英仏両国を、そしてヨーロッパ諸国を一体化させるのである。近代初頭、英仏こそがヨーロッパ諸国の中で最も科学が発展していた国家であった。だからこそ、英仏間の協力が必要となる。

『ヨーロッパ社会再組織論』は、対仏大同盟の連合軍がついにフランス国境を越え、パリに迫る中で執筆された論文である。サン＝シモンは、開催が予定されていたウィーン会議の有効性について、ヨーロッパ世界に平和を再建するとの目的を達することはできないと否定的見解を示す。

サン＝シモンによれば、ヨーロッパ世界が経験してきた諸戦争による混乱は、イギリスとヨーロッパ大陸の反目を原因としている。しかも、混乱するヨーロッパ大陸の有り様こそが、イギリスの利益となっている。そもそも、イギリスと大陸が反目し合うようになった原因とは、中世ヨーロッパ社会の「紐帯」であったキリスト教（ローマ＝カトリック）が、ルターの宗教改革などを通して力を失ったことにある。カール大帝によって作りあげられ、ローマ教皇と各国に広がる教会組織が一種の統一政府のような役割を果たしていた中世ヨーロッパ社会が崩壊し、ウェストファリア講和条約やユトレヒト講和条約などによって勢力均衡が構築されることで、諸国家間の戦争が相次ぐようになった。中世ヨーロッパ世界にキリスト教を基盤とした一体性があったとし、そうした中世を評価する考え方は、ノヴァーリスやスタール夫人といった同時代のロマン主義的思潮を反映している。

ゆえに、大陸から離れ強大化したイギリスが大陸に復帰しなければ、ヨーロッパ世界の一体性は再建されえない。イギリスと大陸が結びつきを得るためにも、「万有引力の法則」になぞらえることができる「紐帯」が必要である。イギリスを大陸に復帰させることができる国家は、ライバルであり、対抗できる力を持つフランス以外にない。しかも、イギリスもフランスも市民革命を経験し、他のヨーロッパ諸国とは異なり議会制民主主義を実現している。両国とも君主の恣意性によってではなく、恒久平和を実現するために両国が協力し合うことの重要性を理解できる国民によって統治されている。サン＝シモンは「英仏連合」こそがヨーロッパ統合を牽引するという「英仏連合論」を主張する。

また、サン＝シモンによれば、イギリスは大国としての繁栄を享受しているように見えて、実はナポレオン戦争など度重なる戦争によって多額の債務を抱えている。負担を押しつけられ、不満を抱えた国民は、いずれ革命へ動き出す可能性がある。サン＝シモンはイギリスにとって平和を選択することが必要不可欠であることを強調する。実は、このサン＝シモンの読みは正しく、この後のイギリスでは度重なる労働運動と政情不安が相次ぐことになる。また、イギリスは膨れ上がった多額の債務を一九世紀半ば頃からの第二次産業革命による経済発展を通して解消していく[81]。フランスにとってもイギリスとの提携は必要である。フランスでは、度重なる敗北によって自尊心を傷つけられた国民の不満が高まっている。フランスはイギリスと提携することによりヨーロッパ国際秩序の中心で何らかの役割を果たすならば、国民の不満を抑えることができるだろう。こうして構築される「英仏連合」という民主的主権国家連合は、ヨーロッパ諸国の民主化を支援せねばならない。

封建制の中にとどまっているヨーロッパ諸国は英仏両国の繁栄を目にするならば、必然的に民主化への道を選んでいくだろう(82)。

ところで、サン＝シモンによれば、キリスト教という宗教が中世ヨーロッパ社会の「紐帯」になりえたのは、封建国家やその時代の知的レベルに見合っていたからであった。民主主義が花開くべき近代ヨーロッパ社会においては、そうした時代の知的レベルに見合った新たな「紐帯」が必要となる。

そこで、サン＝シモンは「産業」の重要性を指摘した歴史観を披瀝する。中世以来、ヨーロッパ世界では封建制のもとで農業社会が発展することによって、商工業といった産業の勃興と繁栄が見られるようになり、そうして将来的に市民革命の担い手となる都市市民層の解放が進んでいくことになった。産業がもたらす富が人びとに力を与え、自由をもたらしたからである。軍事を生業とする封建諸侯に比べて、平和な産業活動に生きる市民というものは平和を志向するものである。「封建体制」から「産業体制」への体制の移行こそが文明のありうるべき流れである。

サン＝シモンによれば、産業の発展の中で、人びとは利益の問題を通して他者に対する「博愛」という道徳を得ることができるようになったという。自らが得られる特殊な利益は労働における他者の協力があってこそであり、ある国民の特殊な利益もまた他国民の存在あってこそだからである。近代は「一般的な理論」と「特殊的な諸現象」を相互に観察するのを繰り返すことで研究の実証性を担保していく実証科学が花開いた時代だが、そうした近代実証科学のおかげで、近代人は自らの特殊的な利益だけではなく、他者を含めた社会の一般的な利益も論理的かつ実証的に考えることができるようになると同時に、やがて利益の問題を超えて、他者に対する「博愛」を持つことができるようになるのである。

こうした「博愛」は「汝、兄弟のように愛し合え」といったイエス・キリストの原初的な教えを純粋に実現するものである。しかし、産業活動という世俗社会の行いの中で醸成される点で、決して宗教的な道徳ではない。一般的利益と特殊的利益という二つの利益の問題を通して論理性・実証性を帯びた脱宗教的な「博愛」こそが、宗教的な博愛に代わり、近代社会の「紐帯」となっていく。

封建制の解体と民主化により諸国家を「再組織」するとともに、経済発展と経済的利益をテコにして民主的諸国民間の政治統合を進め、恒久平和を実現することにより、ヨーロッパ社会を中世から近代へ「再組織」する。これがサン＝シモンのヨーロッパ統合ヴィジョンの核であった。経済的利益を「手段」とする統合という発想は、かつての通商を重視したクルーセのヴィジョンにも見られたわけだが、経済統合から始まった今日のヨーロッパ統合にまっすぐつながっている。

サン＝シモンはアンリ四世やサン＝ピエール神父のヨーロッパ統合ヴィジョンを批判的に検討する。つまり、サン＝シモンはルソーのサン＝ピエール批判を継承しており、諸君主が主権を持ち続ける以上、「諸君主のヨーロッパ」という意味での「諸国家分立の統合体」という体制においていかなる条約が締結されようとも、恒久平和が実現されることはないと考える。だからこそ、諸国家の民主化という「再組織」を図らねばならない。

では、民主的諸国家間において、具体的にはいかなる「可能な最良の政治体制」を構築すればよいのであろうか。まず、ヨーロッパの世襲制の一人の王を決定する。そのうえで、ヨーロッパの四つの職業（商人、学者、法律家、行政官）の枠組みで選挙された任期一〇年の二四〇人からなる代議院と勅任議員からなる元老院を設置する。どちらの議員とも一定の財産を有することが被選挙資格を得るための条件として課される。つまり、時代の現実に見合った制限選挙制である。もちろん、教育水準が高まった将来においては、普通選挙制が導入されることになるだろう。王はヨーロッパの「一般的権力」を代表し、代議院は諸個人の「特殊的権力」を代表する。元老院は二つの権力の中間にある調整的権力である。このようなシステムは、当時において最も民主主義が進んでいたイギリスのシステムを模倣している。イギリスでは、国王がイギリス国家の「一般的権力」を代表するのに対し、さまざまな特殊な職業を有する議員から構成される庶民院（下院）が「特殊的権力」を代表するのである。こうしたシステムの中で社会の公益が議論される。

中世ヨーロッパ社会において、「一般的権力」としてローマ教皇と教会組織が存在し、さらに教皇領という独自の領土を有したように、ヨーロッパ政府もまた独自の領土を有することで必要な資金をまかなうことができる。人びとはヨーロッパという一般的な観点から諸問題を検討すると同時に、各国家・各職業・各個人という特殊的な観点から諸問題を検討する中で、それぞれの祖国に対する愛国心とともに、それを超える「ヨーロッパ愛国心」も有するようになる。

産業活動を通して諸国民が接近、和解、そして共生を進め、自らの国家に対する愛国心という名の「国民的エゴイズム」だけでなく、ヨーロッパに対する「ヨーロッパ愛国心」を、そして他国民に対する「博愛」を持つようになれば、恒久平和が実現するだろう。まずは「英仏連合」を実現したうえで、「諸君主のヨーロッパ」という意味での「諸国家分立の統合体」ではなく、民主的「諸国民のヨーロッパ」という意味での「諸国家分立の統合体」を創りあげねばならない。

ヨーロッパはすべての諸国家を解体するような存在ではない。一般的なヨーロッパと特殊的な諸国家の間で役割分担が行われるというような〝合衆国型統合〟が目指される。諸国家を基礎にした「超国家の統合体」を実現していくのである。

†「博愛」の射程

ところで、産業活動を通して旧来の宗教を超える形で醸成される「博愛」が近代ヨーロッパ社会の「紐帯」であるのなら、そのような「紐帯」は非キリスト教徒へも広がるのではないだろうか。つまり、ヨーロッパ世界の外部に存在する異教徒という異なる「他者」の存在、そして統合されるべきヨーロッパの「領域的限界」が問題となる。

サン＝シモンによれば、政治統合を進める以上、公法、あるいは法典が策定されるが、そうした法というものは、必ず過去から受け継がれてきた歴史的慣習を反映する形で成文化されることになる。したがって、一口に議会制民主主義と言っても、諸国家間には具体的な制度面でのさまざまな違いが生じ、また法の条文もさまざまに異なるのである。

歴史的慣習を作りあげつつ、法を権威づけるものは、旧来の宗教である。中世以来、キリスト教勢力圏にあった諸国家とイスラム教勢力圏にあった諸国家の間では、歴史的慣習が大きく異なる。ゆえに、簡見よれば、すでにヨーロッパ国際政治の重要なアクターとなった正教会国家であるロシアを含むキリスト教勢力圏の中でのみ政治統合を遂行し、法典を策定することが可能ではあるものの、イスラム教勢力たるオスマン帝国がヨーロッパ統合に参加することはできないということになろう。サン＝シモンは神聖同盟に参加する君主たちに呼びかける形で自らの思想を開陳しており、そうした意味でもロシアをヨーロッパ世界に含めていると考えられる。しかし、もしトルコ人をはじめとする異教徒の民がヨーロッパ人になりたいと移民してきた場合はどうなるであろうか。

産業活動の中で醸成される「博愛」はすべての宗教を超える。だとすれば、ヨーロッパ人は異教徒であっても、彼らを兄弟として受け入れねばならないのではないか。そもそも、ヨーロッパ世界の産業発展と産業活動を支えてきた実証科学は、ハールーン・アッラシード治世下のアッバース朝イスラム帝国で大きく発展した。ヨーロッパ世界は十字軍遠征などを通してイスラム教世界から実証科学を学んだのである。したがって、イスラム教徒という異教徒とて、近代的な「博愛」のあり方を論理的かつ実証的に理解できるであろう。サン＝シモン思想からは、「ヨーロッパ（ヨーロッパ社会）」という政治的統合体と「ヨーロッパ人」の〝分節化〟を読み取ることができるように思われる。[83]ヨーロッパ社会の領域的限界は「地理学的ヨーロッパ」のうちキリスト教が広がってきた地域に限定される。もちろん、サン＝シモンは、キリスト教が広がるアメリカであっても歴史の展開の違いを踏まえたうえでヨーロッパ社会とは区別して考えている。

いずれにせよ、サン＝シモンのヴィジョンの先見性は、その歴史観に基づいて、民主的「諸国民のヨーロッパ」というあり方と産業活動というヨーロッパ統合の原動力を指摘したことにあろう。一八三〇年の七月革命の後、フランスはオルレアン王朝のもとで産業革命を経験する。イギリスを皮切りに、多くのヨーロッパ諸国で産業革命が発生したように、産業の時代が始まるのである。同時に、各地で国民形成や民主化が進んでいく。

平和な産業活動が展開し、産業発展によって諸国民の中で民主化が実現されれば、ヨーロッパ統合は必然的に進んでいく。国民が主権を有する民主的主権国家たる国民国家の出現という特殊化の動きとヨーロッパ統合という一般化の動きとは連動する。言い換えれば、国民国家の出現という論理の中にヨーロッパ統合という論理が内包されているのである。「祖国」と「ヨーロッパ」が対立するのではなく、両立すると考えられている。

サン＝シモンは単なる経済的利益を得るために地域統合を進めようなどと主張することはない。産業発展によって得られる経済的利益は、諸国家の中に数多く存在する貧困層の境遇を改善し、そうした貧困層の政治的自由を確実なものとしていく。いかなる人間も日々の貧困、つまり経済的困難が改善されて初めて、政治的な諸問題に真っ当に向き合えるものであろう。だからこそ、産業活動が一部の資本家層による富の独占につながってはならず、資本家層とて大多数の労働者あってこその経済的利益であることを認識する中で、「博愛」を得ねばならない。諸個人間の関係のように、諸国民間の関係も「博愛」を基礎とするなら、ヨーロッパ世界に恒久平和が実現されるだろう。

地域統合は民主化を実現し、さらに活性化すると同時に、そうした民主的諸国民間の接近を図っていくために行われるものである。究極の目標は経済的利益の増大などではなく、恒久平和の実現である。サン＝シモンの「産業主義」は近代の「ヨーロッパ主義者」たちに広く受け入れられていく。その意味でも、サン＝シモンのヨーロッパ統合ヴィジョンはもっとずっと注目されてよい。

さて、反動的体制としてのウィーン体制が構築されたとはいえ、一度始まったヨーロッパ諸国における民主化の流れが止まることはなかった。それでもなお、封建制の残滓と呼びうるものが完全に取り払われることもなかった。他国に対する排外的感情を煽ることで、国民の不満を外に向けさせ、治世の安定を図ろうとする為政者なども出現した。「産業」、そして「国民」の時代としての近代、サン＝シモンやそのヴィジョンを継承する知識人たちの思想・ヴィジョンをオプティミズムであると嘲笑うかのように、諸国家間の戦争がさらに過激化していく。

第3章

［近代～現代］ヨーロッパ統合の実践へ

1 「一つのヨーロッパ」をめぐって

✝諸国民、そして文明の「使命」としてのヨーロッパ統合

近代初頭、諸国家においてはウィーン体制に反発する形で不完全ながらも民主化が進む一方で、ロマン主義的思潮を背景にして、国民形成と諸国民によるヨーロッパ統合を目指す動きが活発化していった。そして、国民国家を形成するということとヨーロッパ統合を実現するということをヨーロッパ諸国民の、あるいは「文明のヨーロッパ」の「使命」と考える知的運動が生まれた。諸国民が和合する姿が理想としてとらえられた。国民国家形成とヨーロッパ統合が決して矛盾せず、むしろ同じベクトルで動いていくと考えられたのである。

いち早く国民国家の形成に向かったフランスには、王政復古期の反動的な空気の中で自由主義者として活躍した哲学者テオドール・ジュフロワ[1]（一七九六〜一八四二年）のように、フランスこそが国民国家の「前衛」であり、ヨーロッパ統合と恒久平和の実現をフランス国民の「使命」として実現せねばならないと考える知識人たちがいた。一九世紀フランスを代表する歴史家であり、今日の文明史観に多大な影響を与えているジュール・ミシュレ（一七九八〜一八七四年）などは、『世界史入門』（一八三一年）の中で、「ヨーロッパ的なものは、我が祖国であり、フランスである[2]」と高

らかに謳いあげた。

国民国家の形成に乗り遅れたまま、さまざまな地域に分裂したままのドイツやイタリアでも、一つのヨーロッパを構想する、ヨーロッパを統合する、そしてヨーロッパの中で重要な役割を果たすことの「使命」が主張された。それらの「使命」があることによってこそ、一つの国民国家を作りあげていくことが正当化されるようであった。ドイツ観念論の代表的哲学者であり、後世においてヘーゲル学派を形成せしめたフリードリヒ・ヘーゲル（一七七〇～一八三一年）は、『歴史哲学講義』（一八三〇～一八三一年）の中で、ヨーロッパを東方のアジアに始まった歴史の終着点とみなしたうえで、そうした歴史というものが自由へ向けての精神の進化であることを示した。[3] ヘーゲルにとって、精神の進化たる歴史の精髄になるものがドイツという国家であった。

人間が真に人間なるものを実現しようと国民を形成するのならば、そうした国民はヨーロッパ統合に進むことができる。つまり、専制政治から民主政治へ、不平等から平等へ、抑圧から自由へ、といった人間が実現する文明の歴史的進化の先に国民の形成があり、アメリカ合衆国を除き、世界の中で唯一、文明の進化を達成しているヨーロッパ諸国民は統合を選択することで連帯と恒久平和を実現できるのである。

ヨーロッパは単なる地理学的領域としてだけでなく、ヨーロッパ諸国民が創造することを目指すべき政治的、文明的、そして歴史的存在として認識されている。まさに、こうして生み出される「歴史的創造体のヨーロッパ」は、過去からの歴史の進化を踏まえたうえで、世界に対し未来の歴史のあるべき姿を示す。国民国家形成の論理の中にヨーロッパ統合という論理が内包されている。

したがって、国民国家が形成されていく時代、同時並行的にヨーロッパ統合が積極的に主張されるようになるわけである(4)。

こうした近代初頭以降の思潮の中で、「サン＝シモン派／主義者」と呼ばれる一大派閥を形成した知識人たちがヨーロッパ統合の運動を牽引していく。本国フランスにおけるサン＝シモン主義者の一人、経済学者ミシェル・シュヴァリエ（一八〇六〜一八七九年）は「産業」の中でも、一八二五年に初めて商用化された鉄道に注目し、人びとを互いにつなぐ鉄道網を整備することこそが、諸国民の接近に資すると主張した。さらにシュヴァリエは、究極の目的は世界人類が共に進歩へ向かい、結合を果たすことだと考えた。こうしたシュヴァリエが現実の政治に深く関わり、やがてそのヴィジョンがヨーロッパ統合を不完全ながらも実現させることについては後述する。

また、サン＝シモン主義からは最終的に離れたものの、雑誌『ヨーロッパ人』を主宰し、ヨーロッパ統合を力強く主張したフィリップ・ビュシェ（一七九六〜一八六五年）によれば、国民という統合体とは目的のための統合体に他ならないという(5)。目的とは自由と平等を法的にも事実においても実現することである。革命を経験したフランスはその最先端にいる。そして自由と平等を社会基礎とする諸国民の間では連邦を形成することができる。

君主主権ではなく国民主権の民主政治を実現し、産業発展と貧困層の境遇改善を推し進めることによって、ヨーロッパ諸国民間に連帯を築くことができる。そうした自由と平等の実現がヨーロッパ諸国民の共通の目的である(6)。

ヨーロッパ統合をめぐるサン＝シモンおよびサン＝シモン主義者の思想系譜はフランス国外にも

広がっていく。その影響を受けた重要な「ヨーロッパ主義者」としては、イタリアのジュゼッペ・マッツィーニ（一八〇五～一八七二年）がいる。[7] さまざまな小国に分裂したイタリアを（再）統一することを目指す運動、「リソルジメント」に生涯を捧げたマッツィーニは、統一のための多くの軍事行動を率いたジュゼッペ・ガリバルディ（一八〇七～一八八二年）およびサヴォイア家を戴きイタリア北部で台頭著しいサルディニア王国[8]の首相として統一運動を指揮したカヴール伯爵カミッロ・ベンソ（一八一〇～一八六一年）とともに「イタリア統一の三傑」として称揚されている。このマッツィーニにとっても、イタリア国民という新しい国民を形成していこうとする動きとヨーロッパ諸国民を統合していこうとする動きは決して矛盾することはない。

マッツィーニの思想においても、国民こそが真に人間的なものであって、人間の進歩の結果となる。形成されたイタリア国民は新しく生まれる一つのヨーロッパ世界の中で役割を果たさねばならない。ヨーロッパ世界の中で人間の進歩のための役割を果たすことこそが、イタリア国民をはじめとするヨーロッパ諸国民の「使命」である。もちろん、諸個人も諸国民もそれぞれ特殊な使命を有するものであるが、進歩を実現することこそが人類一般の普遍な使命である。進歩を実現したヨーロッパ諸国民は互いに「博愛」に基づく関係を築いていかねばならない。

一八三四年、マッツィーニは「青年ヨーロッパ」を結成し、さらに下部組織として青年イタリアや青年ドイツなどを置いた。この「青年ヨーロッパ」の結成と並行して、マッツィーニは『スイスの愛国者への呼びかけ』（一八三四年）を著し、ヨーロッパ諸国民によるヨーロッパ連邦の創設を提案した。[9] マッツィーニは人びとの間の普遍的道徳たる「博愛」をヨーロッパ諸国民の「紐帯」とする理念を掲げ続けた。

イタリアと同じく国民形成に進みつつあったドイツに目を転じてみよう。政治的混乱期に鋭い批評精神をもって多くの詩を残した詩人ハインリヒ・ハイネ（一七九七〜一八五六年）もまたサン＝シモン派に影響を受けたが、強力なドイツ人意識を示しつつも（自身はユダヤ人である）、キリスト教の原初的な「博愛」がヨーロッパ諸国民だけでなく異教徒の国民にまでも広がることを望んだ[10]。

ウィーン体制と正統主義によりフランス革命前の旧体制のヨーロッパが再建されたことに反発する形で、サン＝シモン派知識人たちからは国民国家の形成と諸国民同士の「博愛」を「紐帯」とするヨーロッパ統合が主張された。とはいえ、どのようにヨーロッパ統合を進めていくかといった具体的な点については明確さを欠いた。ヨーロッパ統合は観念的な目標であった。

また、サン＝シモンが考える「博愛」は、近代の産業活動という世俗世界の中で醸成されるがゆえに、異教徒も含みうる脱宗教の道徳と解釈することができるが、サン＝シモン主義者やサン＝シモンの影響を受けた知識人たちが口にする「博愛」の射程はどこにあるのだろうか。相変わらず「博愛」を宗教的なものと定義しつつ、ヨーロッパ世界をキリスト教勢力圏としてみなすのか。あるいはキリスト教勢力圏ではない形でヨーロッパ世界を定義するのか。ヨーロッパ世界をキリスト教勢力圏とは定義しない場合、どのような基準をもってヨーロッパ世界の「領域的限界」を決定するのか。はたまた宗教の差異を超えて人類全体の連帯を志向するのか。人類全体の連帯を志向する場合、そうした〝一つの人類〟の統合体を実現することは果たして可能なのであろうか。

観念的に、空想的に、あるいは夢想的にヨーロッパ統合を主張したり、ヨーロッパをはるかに超えた人類一般の連帯を訴えたりするだけでなく、ヨーロッパ統合を実現するためのより具体的なヴィジョンを提示する、そしてそうしたヴィジョンを実行に移すための力を持った政治指導者が必要なのであった。

†ウィーン体制から新たな秩序に向かって

前述のようなヨーロッパ統合をめぐる思潮が展開した背景として、ヨーロッパ世界の政治的変動について振り返ってみよう。反動的なウィーン体制に抗する形で、諸国家・諸地域で人民自決と国民形成が進んでいく。「諸国家分立の統合体」としてのウィーン体制が揺らぐことで、ヨーロッパ統合の歴史は新たな局面を迎えることになる。

一八二〇年、スペインにおいて革命（スペイン立憲革命）が発生した。一八〇八年にフランス帝国の支配下に入ったスペインでは、ブルボン家のフェルナンド七世（一七八四～一八三三年）に代わって即位したフランス皇帝ナポレオン一世の兄であるホセ一世（一七六八～一八四四年）のもとで、近代化政策と表現しうる政治改革が遂行された。フランスの支配に抵抗する議会（コルテス）もまた、国民主権などを規定した自由主義的な「一八一二年憲法」を制定した。ところが、ナポレオン一世の敗北とウィーン体制の成立によってブルボン家のフェルナンド七世が国王に復帰すると、ホセ一世の近代化政策がことごとく覆された。「一八一二年憲法」も廃止された。こうして軍部の一部が憲法の復活を叫び武装蜂起を行ったことをきっかけにして、革命が勃発したのであった。スペイン立憲革命は同じブルボン家を戴くフランスが介入することで終結したものの、この革命の影響は自由で独立した国民の形成、そして国家統一のための模索が始まっていたイタリアに波及した。一八〇六年頃より、イタリア統一のための秘密結社としてイタリア・ナポリで誕生した「カルボナリ」が、自由と平等の実現、専制政治の打破、そして憲法の制定などを掲げてイタリア各地で武装闘争を続けてきた。一八二一年、スペイン立憲革命の影響を受けてカルボナリが蜂起することによって、ブルボン家を戴くイタリア南部の両シチリア王国ではナポリ革命が、サヴォイア家を戴くサルディニア王国ではピエモンテ革命がそれぞれ発生した。北イタリアに領土を有するオーストリア・ハプスブルク家は革命が自家領内に波及することを恐れ、五国同盟諸国の承認を受けて出兵し、二つの革命を抑え込んだ。自由で独立したイタリア国民の建設、そしてイタリア統一を実現するためには、いずれオーストリアに打ち勝たねばならない。

スペインおよびイタリアの革命が頓挫することで、ウィーン体制の基礎をなす原則、すなわち正統主義と勢力均衡は守られたように見えたものの、ギリシャにおいて弱体化したオスマン帝国からの独立を求める民衆の蜂起が起きると、ウィーン体制は徐々に揺らいでいく。諸列強は当初、ギリシャの独立に対して非協力的であった。オスマン帝国の領土縮小とさらなる弱体化が勢力均衡を揺るがすと同時に、自由を求めるギリシャの独立という構図が正統主義への挑戦となりうるからである。しかし、「文明のヨーロッパ」の基礎たるギリシャにおいて起きた抑圧への抵抗、そして異教徒の支配への抵抗といった構図を前にして、イギリスの詩人ジョージ・ゴードン・バイロン（一七八八～一八二四年）などの多くのヨーロッパの知識人たちがギリシャに対する同情の念を抱くとともにこれを支援しようとしたため、諸列強は何らかの対応をとることが迫られるようになる。

すでに触れたとおり、一八二二年、ウィーン会議におけるイギリス代表であった外相カスルリーが自殺し、カスルリーと対立関係にあったカニングがその地位を引き継ぐと、イギリスは大陸諸列強とは一線を画そうとする外交政策をますます強化していった。そして、すでに不完全ながらも民主主義を実現していたイギリスは、大陸に吹き荒れる革命や人民自決の動きへ理解を示した。イギリスの対応はウィーン体制、そしてそれを支えるオーストリア宰相メッテルニヒの方針と真っ向から対立した。

しかも、ギリシャ独立問題をチャンスとばかりに、バルカン半島への南下を目指すロシアがオスマン帝国に対して単独行動をとろうとした。ギリシャ独立戦争の中で、オスマン帝国はギリシャ正教会のコンスタンティノープル総主教を処刑し、多くの教会を破壊したが、正教会の守護者を自認するロシアはこうしたオスマン帝国の行為を単独行動の口実とした。イギリス、フランス、オーストリアなどの諸列強は、ロシアがバルカン半島や黒海、さらに東地中海へ進出することを懸念し、これを阻止しようと動き出したものの、足並みを揃えることができたわけではなかった。一八二六年、イギリスとロシアが同意し、フランスが賛同したうえで、ペテルブルク議定書の締結によってギリシャはオスマン帝国を宗主国とした形で自治国になることが決定されたのに対し、ウィーン体制の盟主たるオーストリアは不同意を貫いた。とはいえ、ギリシャが弱体化するオスマン帝国内の自治国である場合、ロシアがオスマン帝国への介入を通してギリシャへの影響力を強める恐れがあった。このため、一八三〇年、イギリスとフランスの主張によりロンドン議定書が締結され、ギリシャは完全独立を達成することとなった。この後、南下を目指すロシアは、すでに東地中海に権益を得ていたイギリスやバルカン半島へ影響力を広げたいオーストリアとの対立を繰り返していく。

さらに、一八三〇年、フランスで「七月革命」が起き、ブルボン復古王朝が崩壊した。そして、自由主義的なオルレアン家のルイ・フィリップ（一七七三〜一八五〇年）を「フランス人の王」として戴く「七月王政」が誕生した。列強の一角、フランスにおいて正統主義が崩れ去った。七月王政は立憲君主制ではあったものの、制限選挙制によって選挙権保持者は資本家といったごく一部の富裕層に限定され、七月革命において実際に行動を起こした労働者層は政治から排除されることになった。一八三〇年代のフランス産業革命の中で、富裕層とそれ以外の間の貧富の格差は拡大し、階級意識に目覚めた労働者は資本家優位の体制を打ち破ろうとしていく。こうした政治体制への不満が、次なる革命、すなわちフランス二月革命を準備していった。

とはいえ、七月革命の影響はヨーロッパ各地に波及した。まず、一八三〇年、ロシアの属国となっていたポーランドで、士官学校の学生たちを中心にロシアに対する武装蜂起が発生した（一一月蜂起）。ナポレオン戦争以来、ポーランドでは国家再建の機運が醸成されていた。次に、一八三一年、ウィーン体制成立により北部のオランダの支配下に入っていた南ネーデルラントでベルギーが独立を果たした（ベルギー独立革命）。諸列強はオランダに南ネーデルラントを支配させることにより、比較的大きな規模の国を生み出し、この地域へ領土的野心を持ってきたフランスの動きを妨害していこうと企ててきた。しかし、カルヴァン派プロテスタントが優勢の北部とカトリックが優勢の南部には宗教上の対立があり、北部の南部に対する政治的・経済的支配が強まる中で、南部は独立を求め続けてきた。そして、一八三一年から一八三二年にかけて、イタリアでもカルボナリによって再び革命の火の手があがった。こうした中、サルディニア国王に即位したカルロ・アルベルト（一七九八～一八四九年）は、正統主義を重んじつつ、急進的な国政改革に反対する姿勢をとり、マッツィーニの青年イタリアを弾圧するなど反動的な君主のように振る舞ったものの、緩やかながら近代化政策を推し進め、結果的にイタリア統一の機運を醸成することになった。イタリア統一をめぐってサルディニアは中心的な役割を果たしていく。

また、一八三三年にオーストリアを除くドイツ諸「領邦」によって「ドイツ関税同盟」が設立されたことも触れておこう。ウィーン会議の結果、プロイセンはドイツ世界西部のラインラント地方およびヴェストファーレン（ウェストファリア）地方を手に入れ、領土を拡大させることに成功したものの、プロイセン本土と両地方が接していないため、国内物流に滞りが生じていた。そこで、プロイセンはヘッセン大公国と北ドイツ関税同盟（プロセイン・ヘッセン関税同盟）を結成することで、プロイセン本土とラインラント地方およびヴェストファーレン地方の間の物流をスムーズなものにしようとした。しかし、台頭著しいプロイセンの動きに対抗しようと、他の諸「領邦」もまた中部ドイツ関税同盟および南ドイツ関税同盟を結成するに至った。複数の関税同盟が存在することはドイツ世界全体の物流の障害でしかないため、プロイセンは諸「領邦」との間で交渉を行い、一八三三年にドイツ関税同盟条約の締結を実現した。関税同盟は域内関税を撤廃するとともに、外部に対しては共通関税を設定するものである。経済領域において、プロイセンを中心にしたドイツ「再統一」へ向けての一つの基盤が生まれたのであった。

さて、民主的諸国民の形成とヨーロッパ統合ヴィジョンが主張され続ける中、一八四八年、ヨーロッパ諸国は「諸国民の春」を迎える。

†ヨーロッパ統合の実現か?——ナポレオン三世のヨーロッパ

一八四八年二月、フランスで二月革命が勃発した。オルレアン朝が崩壊し、共和政（第二共和政）が成立すると、革命の余波はヨーロッパ諸国全体に広がった。三月にはオーストリアやプロイセンで三月革命が発生した。オーストリアでは反動的なウィーン体制を支えてきた宰相メッテルニヒが失脚し、オーストリア支配下のボヘミアやハンガリーでもドイツ人支配の打破を求める動きが強まった。そして、とくにドイツ人支配への抵抗が根強いハンガリーでは憲法制定と自治が一時的に実現された。プロイセンでは国王フリードリヒ・ヴィルヘルム四世（一七九五〜一八六一年）が憲法制定を約束するに至った。ナポレオン一世率いるフランス帝国に敗北して以来、国政改革の必要性を感じるプロイセンの政治指導者たちは自由主義的改革を推し進めてきたものの、反動的な国王によってその多くが覆された。プロイセン国内では国政改革を求める動きが続いてきた。

五月に入ると、フランクフルトにてドイツ国民議会が開催され、諸「領邦」に分裂したドイツ世界を自由主義憲法の制定によって統一することが議論され始めた。ただし、非ドイツ世界にも領土を広げるオーストリアのドイツ人地域を含む形でのドイツ統一（「大ドイツ主義」）か、オーストリアを排除したうえでのドイツ統一（「小ドイツ主義」）か、という統一の方向性をめぐって合意が形成されるまでに多くの時間を要した。議論の末、ドイツ国民議会は大ドイツ主義によるドイツ統一、そしてプロイセン国王の「ドイツ皇帝」就任を決定した。しかし、プロイセン国王フリードリヒ・

ヴィルヘルム四世は皇帝就任を拒否し、さらにオーストリア出身の議員らが脱落したことによって他の議員らの離反も相次ぎ、ドイツ国民議会は崩壊に追い込まれていった。大ドイツ主義による統一、つまりオーストリアのドイツ人地域を含めた統一は、ドイツ世界外部にも領土を広げる多民族国家オーストリア帝国の分断を意味しうるものであった。とはいえ、そもそもドイツ国民議会は国際的な承認を受けることができていたわけではなく、そこでの決定が政治的に有効であるか否かは不確かであった。

また、ウィーン三月革命の混乱に乗じて、オーストリアが統治する北イタリアでも民衆が蜂起し、ミラノではオーストリア軍が撤退を余儀なくされるとともに、臨時政府の成立が宣言された（「ミラノの五日間」）。ヴェネツィアでもヴェネト共和国の樹立が宣言された。国民世論の高まりを前にして、サルディニアは北イタリア諸国・諸地域の動きに呼応し、オーストリアに宣戦布告した。第一次イタリア独立戦争である。しかし、サルディニアにはミラノを中心としたロンバルディア地方の併合という思惑があり、ミラノには君主制ではなく共和制によるイタリア統一を望むマッツィーニらの勢力が存在した。統一の方法をめぐっても、武装蜂起による強力な統一か、連邦制による緩やかな統一か、といった考え方の違いが横たわっていた。こうして、統一後の政治体制のあり方などをめぐってイタリア諸国・諸地域の足並みは揃わず、オーストリアの勝利によって第一次イタリア独立戦争は終結した。権威が失墜したサルディニア国王カルロ・アルベルトは退位のうえ、亡命した。後を継いだ息子のヴィットーリオ・エマヌエーレ二世（一八二〇〜一八七八年）は、首相に任命したカヴールとともに、国内においては政治改革を遂行し、国外においては隣国たるフランスを中心に諸列強との間で友好を醸成しつつ十分に根回しを行い[11]、一八五九年に始まる再度の独立戦争、すなわち第二次イタリア独立戦争を準備していく。

さて、ヨーロッパ世界全体で「諸国民の春」と呼ばれる政治的変革が発生すると、並行する形でヨーロッパ統合をめぐる運動も活性化し、多くの論文や書籍が発表された[12]。そして、ヨーロッパ統合のための国際会議が開かれるに至った。一八四八年九月、世界平和や奴隷制度反対といった活動で知られていたアメリカ人外交官エリフ・ブリット（一八一〇～一八七九年）が主導して、ブリュッセルにて国際平和会議が開催されたのである。この会議は、一八四九年にパリ、一八五〇年にフランクフルト、一八五一年にロンドンと毎年開催されることになった。とくに一八四九年のパリ会議では、『レ・ミゼラブル』（一八六二年）などでよく知られる文豪ヴィクトル・ユゴー（一八〇二～一八八五年）が中心的に活躍した。

だからといって、アメリカに並ぶ「ヨーロッパ合衆国」を建設するために、何らかの具体的な決定・試みが行われたわけではなかった。ヨーロッパ統合を具体的な方向に進めていくには、やはり明確なヨーロッパ統合ヴィジョンとともに、強大な力を持った政治指導者とそうした政治指導者の決断が必要であった。民主化や恒久平和の実現という理念は重要であるが、かつてルソーが指摘したような〝君主たちにとっての統合することによる利益〟が、民主化が進む時代においてなお旧体制を引きずっている諸国家の政治指導者たちに影響を与える必要があったのである。

そこで現れたのがルイ・ナポレオン、すなわちフランス皇帝ナポレオン三世（一八〇八～一八七三年）である。ナポレオン一世の甥であり[13]、フランス二月革命の後、男子普通選挙制による大統領

ナポレオン三世

選挙の結果を受けてフランス共和国大統領に就任した。しかし、革命によって七月王政が倒れたとはいえ、第二共和政の議会では王党派やこれを支援するカトリック勢力、そして王党派を頼りにするブルジョワ穏健共和派が多数を占めることに成功したため、ルイ・ナポレオンは自らの意志を貫く形で政策を遂行できたわけではなかった[14]。王党派がルイ・ナポレオンを拘束したうえで、王政復古と制限選挙制の導入を目指すという噂も流れていた。そこで、国民の直接的かつ広範囲な支持を権力基盤とするルイ・ナポレオンは、一八五一年にクーデターを起こし、自らの権力を大幅に強化した後、一八五二年には国民投票の結果を受けて皇帝の座につき、「フランス帝国」を復活させた。第二帝政の始まりである。

実は、ナポレオン三世は「ヨーロッパ主義者」であった。一八三九年に発表した伯父ナポレオン一世に関する論文『ナポレオン的理念』は、一種のヨーロッパ協同体を建設することをテーマとしていた[15]。ナポレオン三世によれば、諸国民は自らの自由意志によって国民形成を実現した後、他国民とともに一つのヨーロッパを建設することができるという。

そもそも、人はバラバラに存在している自然状態から、共通の利益を有する人びとの間で社会状態を生み出し、さらに社会は部族、都市、地方、国家、国民に発展していくものである。ヨーロッパ諸国民は「自然国境」によってそれぞれ分け隔てられているが、独立、自由、そして平和を享受しつつ、自然状態から社会状態に移行するように友情や利益によって協同体を建設することができるのである。ただし、協同体の建設を実際に推進していくためには、法ではなく皇帝の力が必要となる。

ところで、ナポレオン三世が「自然国境」と記述していることには注意せねばならない。そこには明らかにフランスの領土拡張の意図が存在している。諸国民がまず第一に自らの自由意志によって国民形成を実現することが必要であるというなら、フランスは自然国境の内にある人びとの意志を根拠に自らの領土を拡張していくことができる。実際にナポレオン三世は、ヨーロッパ諸国民の独立と自由の獲得を援助しつつ、フランスの領土拡張を実現していった。たとえば、サルディニアとの友好関係やイタリア国民の建設に対する好意的な心情からイタリア統一を助けつつも、その代償として、第二次イタリア独立戦争終結間近の一八六〇年にサルディニアからニースやサヴォワを獲得することになる。なお、サヴォワ（サヴォイア）はサルディニア王家たるサヴォイア家の本貫であり、一八六一年に成立する統一イタリア国家によって回収されるべき領土、つまり「未回収のイタリア」としてみなされていく。

では、ナポレオン三世は、どのようなヨーロッパ統合を意図していたのであろうか[16]。それは、ロシアを除くすべてのヨーロッパ諸国民による「自由貿易圏」であった。ピョートル一世やエカテリーナ二世以来、オスマン帝国への干渉を繰り返しつつ、黒海やバルカン半島から東地中海方面への影響力拡大を目論むロシアの動きを牽制するために、一八五三年、ナポレオン三世のフランスはイギリスとともにクリミア半島のセヴァストポリ要塞を攻撃した。クリミア戦争である。クリミア戦争にはイタリア統一に対するフランスの支持を取りつけたいサルディニアも英仏側に立って参戦した。英仏およびサルディニアの勝利の結果、一八五六年のパリ条約の中に黒海の非武装化が規定されたため、ロシアは黒海やバルカン半島から東地中海方面へ向かう南下政策に行き詰まることになった。そこで、英仏に比べてはるかに立ち遅れた国内を改革するとともにユーラシア大陸を超えて東アジアへの進出を積極的に推し進めていくようになる。ナポレオン三世にとってロシアはヨーロッパ世界から排除すべき相手であった。

さて、一八世紀のアダム・スミス以来、ヨーロッパ諸国には通商自由の考え方が大きく広がっていたものの、世界に先がけて産業革命を実現し、世界最大の産業国家に成長していたイギリスでさえ長らく保護主義的な政策をとってきた。一つは一三八一年から一六九六年にかけて複数回にわたって制定された航海法である。たとえば、一六五一年の航海法は、イングランド産業を守るために中継貿易で栄えるネーデルラントの貿易船を排除することが主たる目的であった。イングランドおよびその植民地に外国船が入港するのを禁止すること、乗組員の過半数がイングランド人であることなどが定められた。もう一つは一八一五年の穀物法である。地主出身議員が多数を占める議会において、穀物価格を維持することを目的に制定された。ところが、一八四六年にロバート・ピール(一七八八〜一八五〇年)政権下において穀物法が廃止されることで、イギリスは保護主義から自由貿易主義へ政策転換を果たしたのである。[17]そこで、ナポレオン三世は、世界最大の産業国家イギリスを手本に自由貿易主義を導入し、フランスを中心にヨーロッパ世界に自由貿易圏を設立することを構想したのであった。

当時のフランスでは、基本的に保護主義を志向する政治家や知識人が溢れかえっていた。ところが、シュヴァリエをはじめとしたサン＝シモン派知識人が自由貿易主義に転換し始めていた。そもそも、サン＝シモン派の思想は自由貿易主義と親和性を持つものである。諸国家間の産業上の関係が拡大することによって、互いに交流を深めた諸国民の間に「博愛」が醸成されると同時に恒久平和が実現し、さらに産業発展によって多くの貧困層の境遇を改善することができると考えるからである。もっぱら一部の受益者のために経済的利益を求めるような自由貿易主義ではないことに注意せねばならない。恒久平和や最大多数の最貧層の境遇改善といった強力な理念を実現するための「手段」として自由貿易主義は存在する。

シュヴァリエ

こうしてシュヴァリエとナポレオン三世は接近していった。ナポレオン三世の帝政は、国民投票という民主主義的手続きの中から誕生したわけだが、当初は専制的な側面を持っていた。専制的な政治体制はサン＝シモン思想に反するが、シュヴァリエは自由貿易圏の実現のために、ナポレオン三世の強大な政治権力を利用しようとした。自由貿易圏の実現は、自らが信奉する理想を実現するための第一歩なのである。

ナポレオン三世もまたシュヴァリエらサン゠シモン派知識人のヴィジョンを取り入れた。ナポレオン三世は、世界最大の産業国家イギリスとの結びつきがフランスの経済的繁栄に必ず資するものになり、イギリスとの友好関係がなければフランスに安定がもたらされることはありえないと考えていた。ナポレオン三世の権力によって、かつてサン゠シモンが掲げた「英仏連合論」が実現するかのようであった。また、ナポレオン三世の帝政は、一八五〇年代の専制的な「権威帝政期」から一八六〇年代の「自由帝政期」へ、自由貿易圏の創出を中心として自由主義的な改革を志向するようになる[18]。

とはいえ、フランス国内にはナポレオン三世やサン゠シモン派知識人たちの自由貿易主義に対し多くの抵抗があった。ナポレオン三世は、シュヴァリエの助言を受けつつ反自由貿易派を抑え込み、フランス経済を保護主義から自由貿易主義に転換することを図った。一八六〇年、フランスはイギリスとの間で関税引き下げ条約を締結した。イギリス側交渉者は穀物法廃止運動を展開した庶民院議員リチャード・コブデン（一八〇四～一八六五年）であり、フランス側交渉者はシュヴァリエであった。ゆえに英仏条約は「コブデン゠シュヴァリエ条約」とも呼ばれている[19]。フランスは同様の関税条約を、ベルギー（一八六一年）、オスマン帝国（一八六一年）、ドイツ関税同盟（一八六二年）、イタリア（一八六二年）、スウェーデン（一八六五年）、オランダ（一八六五年）、オーストリア（一八六六年）との間で締結した。これらの諸国家もまたそれぞれの間で関税条約を締結していった。フランスが諸国家の〝かなめ石〟になったわけである。諸国家が一元的に関税条約を締結し、外部に対して共通関税を設定すれば、関税同盟が出現するところであった。

さらに、一八六五年、フランスはベルギー、スイス、イタリアとの間で「ラテン通貨同盟」を結成した。一八六八年にはギリシャが通貨同盟に参加した。フランスを中心とした五カ国が共通の基準を設けて金貨と銀貨を鋳造し、互いに流通させるという通貨同盟であった。この貨幣鋳造の基準については、一八〇三年にナポレオンの統領政府が「革命暦一一年ジェルミナル一七日法」によって定めたものが用いられた[20]。さて、中世以来、ヨーロッパ諸国では金と銀のどちらかの地金を安定的に確保することが困難であったため、基本的には金貨と銀貨の両方を本位貨幣とする金銀複本位制が採用されてきた。一八六五年時点で金貨を本位貨幣とする金本位制を導入していたのは世界最大の経済大国イギリスのみであった。金貨と銀貨の価値はその純度に応じて決定されるわけだが、それぞれの純度といった鋳造基準と互いの交換比率は法律で規定される必要がある。したがって、各国が異なる基準ではなく共通の基準を用いて貨幣を鋳造し、共通の交換比率を用いれば、国際的な貿易取引がよりスムーズに行われることになる。一九世紀は産業革命などを通して国際的な経済活動が活発化した時代であり、自由貿易が称揚される中で、通貨同盟は望まれるべくして生まれたのであった。また、鉱脈の発見や戦争などによって地金の供給量や価格の変動が起きると、法定上の交換比率と市場での交換比率のバランスが崩れてしまうため、各国政府はそのたびに改鋳を行ってバランスを取り戻さねばならない。しかし、経済力の弱い中小国が単独で対応し続けるのは困難である。経済大国と中小国が通貨同盟を組むならば、中小国の貨幣価値が下落し、国際的な経済活動が滞るのを防ぐことができる。つまり、ラテン通貨同盟とは、イギリスに次ぐ経済大国であったフランスが「フランス・フラン」を事実上の共通通貨とした〝通貨統合〟を実現することで、自らの経済力・政治力を背景に中小国の経済を安定させるとともに、国際的な経済活動をより活性化しようとするものといえた。

ラテン通貨同盟が発足すると、解散（一九二七年）までの間にオーストリア＝ハンガリー[21]、スウェーデン、フィンランド、ルーマニア、スペイン、ローマ教皇領、サンマリノ、リヒテンシュタイン、モナコ、クレタ島、ロシア（一八八六年に参加）がラテン通貨同盟と合意のうえでその共通基準を採用する準加盟国になり、セルビア、ブルガリア、ベネズエラ、ペルー、ドミニカ共和国、ハイチ、アルゼンチン、ブラジル、チリ、ルクセンブルク、デンマーク領西インド諸島が一方的に共通基準を採用することになった。なお、フランスとの間で関税条約を締結したドイツ関税同盟であるが、ラテン通貨同盟については参加を見合わせた。フランスとの関税条約締結後、ドイツ関税同盟の中心たるプロイセンの宰相に任命されたオットー・フォン・ビスマルク（一八一五〜一八九八年）が、経済的利益を求める国内資本家の圧力を跳ね返す形で独自の道を歩むことを選択したからである。とはいえ、一八六七年にナポレオン三世がパリで開催した国際通貨会議にはプロセインも代表団を送っており、ビスマルクは慎重に行動した。なお、この会議にはロシアも招かれた。しかも、前述のように、ロシアはやがて通貨同盟の準加盟国になるのである。

ロシアがナポレオン三世の構想に関わり始めた。関税諸条約と通貨同盟によって不完全ながらもヨーロッパ世界（＋その植民地・旧植民地などの勢力圏）にフランスを中心とした一つの自由貿易圏が出現していった（地図3－1）。

ただし、この自由貿易圏は「単一市場」と呼べるほどのものではなかった。諸国家間で関税が引

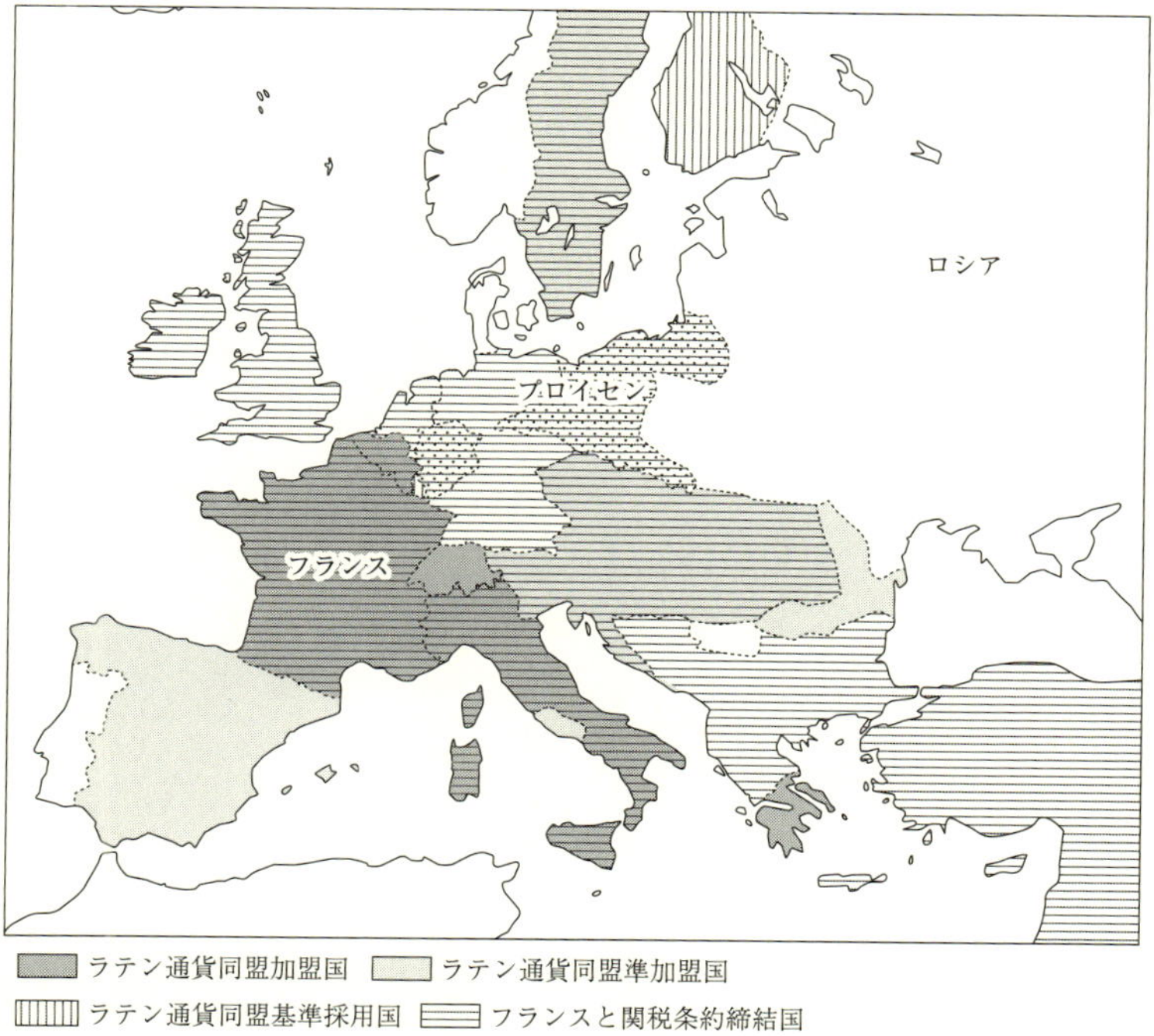

地図 3−1　フランスを中心とした自由貿易圏（1870 年頃）

き下げられ、事実上の共通通貨が流通しているとはいえ、単一市場を運営するための管理機関たる国際的政治組織の創設も共通の法制度の整備も行われなかった。ましてや、共通政府や共通議会などは夢のまた夢に過ぎなかった。単なる自由貿易圏以上のものは生まれなかったのである。

　サン＝シモンにとっては政治統合こそが目的であり、諸国民間の産業的関係の深化といった経済統合は政治統合を実現するための「手段」であった。ブレーンの思想がどうであれ、ナポレオン三世が遂行したこととは、関税引き下げとフランス・フランの事実上の共通通貨化によって、何よりもまず経済大国フランスがヨーロッパ大陸の中小国を市場化し、自国の利益と繁栄を求めていくことを意味していた。フランスを頂点とした政治的・経済的ヒエラルキーが出現したのであった。

一八七一年、プロイセンとの普仏戦争に敗北したナポレオン三世が退位することによって、フランスの外交的・経済的試みがどのような帰結を生み出すのかが明確になる前に、第二帝政は崩壊した。新たに誕生した第三共和政政府は保護主義的政策を採用した。また、普仏戦争に勝利したプロイセンがドイツ統一を成し遂げた後、新生ドイツ国家がフランスから得た多額の賠償金を元手に金本位制の導入に踏み切るとともに大量の銀を市場に放出すると、銀の市場価格が大幅に下落し、ラテン通貨同盟の基礎である金銀複本位制の維持が困難に陥った。敗戦によってフランスが政治的にも経済的にも力を失い、各国が金本位制への転換を模索する中、ラテン通貨同盟はその存在意義を失った。フランスを中心にして関税諸条約と通貨同盟によって建設された自由貿易圏は崩壊に追い込まれていった。ナポレオン三世とサン゠シモン派知識人によるヨーロッパ統合の〝実験〟は終焉した。

この後、フランスに対し独自の道を歩むことを選択したビスマルクのドイツが主導する形で、産業的関係の深化と産業発展を進めることによる諸国民の協調や恒久平和の実現ではなく、旧来の勢力均衡を基礎にした「諸国家分立の統合体」を再建することによる平和と安定が図られていくのであった。

フランスの栄光、あるいは覇権といった野望を隠しているとはいえ、ナポレオン三世の諸政策は一時的にでも経済統合の一つのあり方を実現することに成功した。これとは対照的なビスマルクの諸政策を中心にして、一九世紀後半以降の「諸国家分立の統合体」のあり方を見ていこう。

†ビスマルクとヨーロッパ

ビスマルク

フランスを中心にして形成された関税諸条約および通貨同盟を基礎にした自由貿易圏によって、ビスマルクのプロイセンがヨーロッパ大陸の真ん中で孤立しかねない状況が生まれた。

諸「領邦」に分裂したまま、一つの国民国家を形成することに出遅れたドイツ世界の中で、一八六二年、プロイセン国王ヴィルヘルム一世（一七九七～一八八八年）より宰相に任命されたビスマルクは、プロイセンを中心としてオーストリアを除く形で、すなわち「小ドイツ主義」によってドイツを統一することを企図した。何よりもまずドイツ統一を目指すビスマルクにとって、ヨーロッパ世界とは「ドイツ国家」を含めた諸国家が分立し、互いの勢力が均衡しているという〝歴史的秩序〟を基礎とするものであった[22]。もし諸国家間に何らかの協調が生まれ、共通のルールや規範が構想されるとすれば、それは博愛のような道徳や正義によるものではなく、力関係の結果として結ばれる諸条約によるものであった。

こうしたビスマルクの思考の背景には、ドイツ歴史学派の先駆者であり、「ドイツ国民」の形成という視点から経済理論を打ち立てたフリードリヒ・リスト（一七八九～一八四六年）の思想の影響がある。つまり、国民の源泉を探究するロマン主義的思潮を背景にして、各国の独自性の基礎となっている歴史を重視し、経済的事象をそうした歴史から説明しようとする思想である。リストの『政治経済学の国民体系』（一八四一年）は、政治経済をめぐるコスモポリタニズム的な思潮、そしてサン＝シモン的な思想、すなわち産業活動と自由貿易の中で諸国民が一つの統合体の中に結集し、そうして戦争が抑止されるといったような思想に対し一線を画する。(23)

リストによれば、政治経済というものは所与である国民が他の諸国民に対抗しながら、自らの状況をどのように改善していくかという方法である。したがって、新興の産業国家は先進国家に対し保護主義的政策をとるべきである。実のところ、リストは同時代のアメリカの経済政策を参考にしながら思考している。イギリスが穀物法の廃止（一八四六年）などを実行するまで保護主義的政策をとり、アメリカもまた保護主義的であったように、現代世界でことさらに自由貿易を主張する国家はかつては必ずしもそうではなかった。

さて、ビルマルクの思考の中で何よりもまず守るべきは「ドイツ国家」であった。たとえ国王であっても、個人的な好悪によってドイツ国家の利益を侵す権利を有してはいない。ビスマルクは、歴史的に認識されてきた〝ドイツ国境〟の範囲に存在するドイツ国家を守ることで、その中に居住する〝ドイツ国民〟も守るのであって、〝ドイツ国境〟の外側に居住する〝ドイツ民族〟までも守ろうとは考えない。ビスマルクの思考はことさらに〝ドイツ民族性〟を掲げるようなロマン主義的思潮とは一線を画する。また、ビスマルクは「小ドイツ主義」を選択し、〝ドイツ国境〟の外部に広大な領土を維持するオーストリアを排除することで、プロイセンを中心にした「ドイツ国家」の利益を守っていこうとする。

さらに、ビスマルクはヨーロッパをドライに地理学的領域としてとらえた。そうした地理学的領域の中で諸国家の勢力均衡をいかに図るかを考えた。「地理学的ヨーロッパ」における「ドイツ国家」の生存のために力を行使し、事実上の盟主という形で指導力を発揮することはあっても、覇権を握ることによって周辺諸国家の生存と自由を脅かすつもりはなかった。

では、このようなヨーロッパ観を持つビスマルクが描き出したプロイセンの外交政策を中心にして、ドイツ統一をめぐるヨーロッパ諸国間の関係、そして「諸国家分立の統合体」の揺れ動きを確認していこう。

ドイツ統一への過程　ビスマルクが目指した「小ドイツ主義」によるドイツ統一・ドイツ新国家建設は、ウィーン会議以降、ヨーロッパ国際政治の基礎となっていた勢力均衡のあり方を揺るがすと同時に、オーストリアを中心とした神聖同盟を完全に解体するものである。ウィーン体制という「諸国家分立の統合体」の一つのあり方が完全に終焉し、ヨーロッパ世界の安定性は毀損されることになる。したがって、何らかの新しい秩序が必要となる。

ドイツ世界の小さな諸「領邦」は、オーストリアを中心とした諸列強の勢力均衡の中でこそその生存を保障されてきたわけであり、勢力均衡が崩壊したならば、まずはドイツの二大勢力たるオーストリアとプロイセンの間で新たな保護を求めることになるであろう。プロイセンがドイツ統一の主導権を握り、諸「領邦」を自陣営に取り込んでいくためには、まず第一に戦争などを通してドイツ諸「領邦」の盟主格たるオーストリアに勝利を収める必要がある。そこで重要になるのが西の大国フランスの動きである。

フランスはオーストリアからの独立、そしてイタリア統一を目指すサルディニアを支援したことによって、オーストリアと敵対関係にある。さらに、ウィーン体制がナポレオン一世の敗北によって成立したように、その甥であるナポレオン三世を戴く「フランス帝国」はウィーン体制の正統主義に反する存在である。プロイセンを中心としたドイツ統一、そしてオーストリアとの決別を目指すビスマルクにとって、ナポレオン三世のフランスは提携すべき相手になりうる。

オーストリアと対立し、ロシアをヨーロッパ世界の一員とはみなしてこなかったナポレオン三世にとっても、相手がプロイセンであれば外交において提携することは十分可能である。ナポレオン三世は、その著書『ナポレオン的理念』の中で「自然国境」について記したように、フランス国境を超えてドイツ世界西部のライン川流域に至る一帯に対して領土的野心を持っている。フランスでは伝統的に「自然国境」論に基づきライン川を独仏国境ととらえる考え方が存在してきた。イタリア統一の支援によってある程度の利益を得たならば、ナポレオン三世はドイツ世界西部の諸「領邦」に手を出すことになるだろう。

こうしたナポレオン三世にとって、ドイツ世界西部へ干渉していくには、プロイセンとオーストリアの二大勢力が対立し、険悪であることが必要であった。オーストリアと対立してきたナポレオン三世は、プロイセンを自陣営につなぎとめることで、プロイセンとオーストリアが妥協して結びつく可能性を排除することができる。したがって、いずれプロイセンがドイツ世界の主導権を握るようになったならば、ドイツ世界に干渉しようとするナポレオン三世は、ドイツ統一の実現と「ドイツ国家」の利益を求めるプロイセンと対立することになるだろう。

さて、ドイツ世界をめぐるプロイセンとオーストリアの緊張関係は「シュレースヴィヒ＝ホルシュタイン問題」の処理をめぐって一気に激化した。クリミア戦争の敗北でロシアの政治社会が揺ぎ始めると、一八六三年、ロシア支配下のポーランドでロシアに対する武装蜂起（一月蜂起）が再び発生し、その影響を受けて、北ドイツにあるデンマーク統治下のドイツ系三公国（シュレースヴィヒ公国、ホルシュタイン公国、ザクセン＝ラウエンブルク公国）ではデンマークからの分離独立を求める動きが強まった。中世以来、ユトランド半島のつけ根にあるこれらの地域をめぐって、デンマークとドイツ諸侯は対立を繰り返してきた。そして、「諸国民の春」真っ只中の一八四八年、ホルシュタイン公国がデンマークからの独立を求めると、独立を支援するプロイセンはオーストリアを除くドイツ連邦諸国とともにデンマークとの間で開戦した。第一次シュレースヴィヒ＝ホルシュタイン戦争である。この第一次シュレースヴィヒ＝ホルシュタイン戦争はデンマークの勝利で終結したものの、プロイセンなどドイツ世界ではドイツ「再統一」への機運が高まり続けており、デンマークでは「ノルマン人」によるスカンジナヴィア諸国の連帯と栄光を掲げるパン・スカンジナヴィア主義が広がっていたため、両勢力の再度の衝突は避けられないものとなっていた。一八六四年、ドイツ系三公国の動きに呼応して、プロイセンはオーストリアとともにデンマークとの間で第二次シュレースヴィヒ＝ホルシュタイン戦争の戦端を開いた。普墺両国は戦争に勝利したものの、三公国の取り扱いをめぐって対立に陥った。プロイセンがすべての合併を企図したのに対し、「大ドイツ主義」のもとでドイツ人の保護者を自認するオーストリアが反発したからである。

一八六五年一〇月、ビスマルクはナポレオン三世に対しフランスの中立化を要請した。ナポレオン三世はプロイセンとの提携に外交上の利益を見出していたわけだが、イタリア統一運動など諸国民の自由と独立を支援してきた立場から見れば、ビスマルクの行動が沸き起こる人民自決の流れをプロイセンのために利用し、蹂躙するものであるように思えた。ビスマルクがナポレオン三世の懸念を払拭しようとしたことは確かであろう。さらに、一八六六年四月、プロイセンとイタリアの間でも協定が締結された。一八五九年に始まる第二次イタリア独立戦争においてオーストリアに勝利したサルディニアは、一八六一年、イタリア統一を実現した。イタリア王国の成立である。しかし、ヴェネツィアを中心としたヴェネト地方がオーストリアに支配されたままであるといった「未回収のイタリア」と呼ばれる問題が残っていた[24]。そこで、ビスマルクはヴェネト地方の領有を容認するという条件を提示することで、イタリアを味方に引き入れることに成功した。

一八六六年六月、プロイセンとオーストリアは開戦した。普墺戦争である。イタリアもまたオーストリアとの間で第三次イタリア独立戦争の戦端を開いた。長らくドイツ世界の盟主であったオーストリアには多くの諸「領邦」が味方についたものの、プロイセンは圧倒的優位で戦争を展開することに成功した。したがって、ナポレオン三世が、プロイセンの圧倒的優位という展開を目の当たりにしつつ、その力が過度に強大化していくことを恐れて、戦争に介入してくる可能性が懸念された。開戦より約一カ月半後、普墺両国はナポレオン三世の調停によって休戦した。ビスマルクはドイツ世界におけるオーストリアの覇権を除くことを戦争の主たる目的としており、フランスとの関係を悪化させてまで戦争を継続する気はなかった。ドイツ世界から排除されることになったオーストリアは、バルカン半島方面への進出をさらに強めていくと同時に、一八六七年、敗戦による国内の動揺を抑えるため、ドイツ人支配に根強く抵抗してきたハンガリー人と妥協し、オーストリア皇帝がハンガリー国王を兼ねる同君連合国家、「オーストリア＝ハンガリー帝国」へ統治形態を再編成した。この「妥協（アウスグライヒ）」によって、ハプスブルク家が一元的に支配してきた帝国領はオーストリア帝冠領とハンガリー帝冠領に分けられ、それぞれに独自の政府が設置された。外交・軍事・財政については、オーストリア＝ハンガリー帝国レベルで一元化されていた。オーストリアが非ドイツ人地域への傾斜を強めることで、プロイセンはドイツ「再統一」の主導権を完全に手にしたのである。

ビスマルクはオーストリアに対して賠償金も領土も要求せず、ドイツ統一への不干渉、そしてプロイセンによる北ドイツ諸「領邦」の併合および「北ドイツ連邦」の結成を受け入れることのみを迫った。ビスマルクが北ドイツ諸「領邦」に対する覇権を要求するにとどまり、バイエルンといった南ドイツ諸「領邦」への領土的野心を見せなかったことは、ナポレオン三世を安堵させた。

ドイツ統一を進めるにあたって、最初の障害たるオーストリアを降した後、プロイセンがフランスとの対立に至るのは避けられない。プロイセンとしては、普仏間で戦争が勃発した際にオーストリアに中立を保ってもらうためにも、過度な要求によってその機嫌を損ねるわけにはいかなかったのである。しかし、フランスとオーストリアは関税条約やラテン通貨同盟を通して経済面での関係を徐々に深めつつあった。

プロイセンも経済的な関係を利用しようとした。つまり、プロイセンは、北ドイツ連邦と南ドイツ諸「領邦」の間にすでに存在していたドイツ関税同盟の中に議会といった政治機関を設置することで、南北ドイツの統一を進めていこうと計画した。ビスマルクは〝一つのドイツ〟の名のもとに、関税同盟という経済統合から議会の設置という政治統合へ、ドイツ世界の統合体のあり方を深化させようとしたわけである。ところが、この計画は、南ドイツ諸「領邦」で行われた選挙において小ドイツ主義反対を掲げる勢力が議席を伸ばしたことで困難に陥った。ビスマルクは「外圧」を利用することで強引に南北ドイツの統一を進めていこうと考えるようになるが、「外圧」はすぐに訪れた。スペインの王位継承をめぐってフランスとプロイセンが対立に陥ったのである。

一八六八年九月、スペインでクーデターが発生し、ブルボン家のイザベル二世（一八三〇～一九〇四年）がパリに亡命すると、スペイン政府は新国王をプロイセン王家たるホーエンツォレルン家の一族より迎えることを決定した。〝ドイツの王家〟がスペイン王位を手に入れるのは、神聖ローマ皇帝カール五世のハプスブルク家以来のこととなる。かつてフランス国王ルイ一四世がフランスを東西から挟み込む〝ドイツ〟とスペインの両ハプスブルク家の勢力を削減しようと軍事行動を始めたように、ナポレオン三世としてもフランスが東西から両ホーエンツォレルン家によって挟み込まれることはぜひとも避けねばならなかった。

フランス外相は議会にてホーエンツォレルン家がスペイン王位を継承することに反対する旨を好

戦的な文言を用いて演説した。さらに、ナポレオン三世は温泉地バート・エムスにて保養中のプロイセン国王ヴィルヘルム一世に対しベルリン駐在大使を向かわせたうえで、将来においてもホーエンツォレルン家からスペイン国王を出さないことの確約を求めた。ヴィルヘルム一世はこうしたフランスの要求を許容を超えるものとして拒絶した。

ヴィルヘルム一世はビスマルクにエムスでの一件について電報を送った。ビスマルクはフランスからの要求をドイツ統一のための「外圧」として利用できると考え、国王からの電報を一部改ざんして新聞に公表した。いわゆる「エムス電報事件」である。フランスの高圧的な姿勢に対して、プロイセンのみならず南北ドイツ諸「領邦」においても反フランスの機運が高まった。ロマン主義的思潮の中で高らかに称揚されてきた〝ドイツ民族性〟が、エムス電報事件によって巧みにくすぐられたわけである。

フランスにおいても、プロイセンの態度に対してしかるべき対処が必要であるという国民の声が強まっていき、ナポレオン三世はプロイセンとの開戦を決断せねばならない状況に追い込まれた。ナポレオン三世にとっても、プロイセンとの戦争はフランス国民の支持を回復する手段となりえた。ナポレオン三世がメキシコ問題の失敗で国民の支持を大きく失っていたからである。

一八五七年以来、メキシコではカトリック教会と結ぶ保守派と自由主義勢力の間で内戦が続いていた。ナポレオン三世は保守派を支援しつつ、一八六四年にオーストリア皇帝の弟を「メキシコ皇帝」として戴く傀儡政権を打ち立てたものの、最終的にはこれに失敗した。メキシコ皇帝は自由主義勢力によって銃殺された。フランス国民から直接的かつ広範囲な支持を集めていることこそがナポレオン三世の権力基盤なのである。

一八七〇年七月、フランスはプロイセンに宣戦布告した。普仏戦争の開戦である。ビスマルクの思惑通り、南ドイツ諸「領邦」はプロイセン側に立って参戦した。普仏間の開戦を想定していたプロイセンの動きは迅速であり、戦争は終始プロイセン優位で展開していった。開戦より二カ月も経たぬうちに、プロイセンはセダンの戦いの勝利によってナポレオン三世を捕虜にした。プロイセン側では両国国境地帯に存在するフランス領アルザス・ロレーヌ地方の併合を望む声が強く、ビスマルクもまた将来において想定されるフランスとの再戦に備えてアルザス・ロレーヌ地方の併合を決定した。さらに、プロイセンは、占拠したヴェルサイユ宮殿に置いた大本営において、南ドイツ諸「領邦」との間でドイツ統一に関する協議を開始した。

プロイセンの迅速な動きに対しては諸列強の介入が予想された。ところが、フランスの弱体化を前に、ロシアがかつてのクリミア戦争の講和条約たるパリ条約の一部を破棄しようとすると、イギリスがこれに強く反発したため、英露間の協力関係が構築されることはなかった。ロシアはパリ条約のうち、黒海の非武装化という名のロシア封じ込めシステムを打破しようと試みたのである。英露対立の中で、プロイセンはアルザス・ロレーヌ地方の併合などの要求をフランスに突きつけることに成功した。

一八七一年一月、ヴェルサイユ宮殿にてヴィルヘルム一世のドイツ皇帝への戴冠式が挙行された。そして、一八七一年四月、ドイツ帝国憲法が発布され、「ドイツ帝国」が誕生した。長らく諸「領邦」に分裂し、統合の方式をめぐって「大ドイツ主義」と「小ドイツ主義」の間で揺れ続けてきた

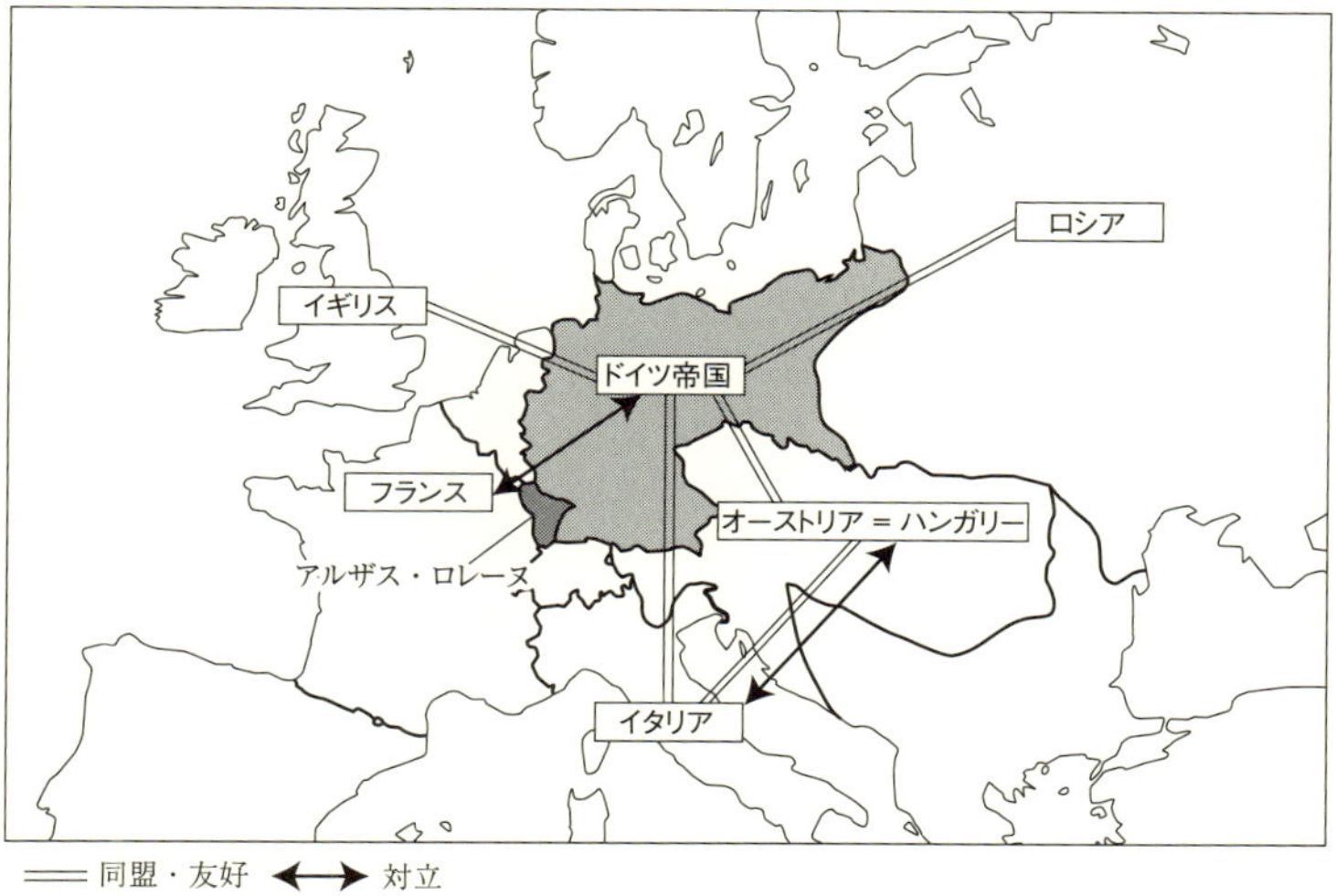

地図 3−2　ドイツ新帝国を中心とした諸国家勢力図とアルザス・ロレーヌ

ドイツ世界は、プロイセンを中心として、オーストリアを排除する形で一つの国家として（再）統一されたのである。

では、ドイツ統一以後のヨーロッパ史の展開を追いつつ、ビスマルク外交を中心にしてウィーン体制に代わる秩序がどのように構築されていったのか、つまり「諸国家分立の統合体」がどのように再建されていったのかについて確認していこう。

ドイツ統一以後　普仏戦争の後、ビスマルクにとって懸念すべきはフランスの復活と対独復讐の動きであった。ビスマルクは、「地理学的ヨーロッパ」におけるドイツの外交的・軍事的優位性を確立することによって、フランスの勢力拡大や領土拡張を阻止することを目指すとともに、フランスがナポレオン三世治世下のように一つのヨーロッパ世界の名のもとにドイツを孤立させ、ドイツ政治・外交に介入してくることを妨害せねばならなかった。そうした意味で政治的で文明的な一つのヨーロッパ世界という理念はビスマルクにとって危険でしかなかった。ナポレオン三世は〝一つのヨーロッパ〟という思想を基礎にして、フランスの利益のために諸政策を遂行したが、ビスマルクは〝一つのドイツ〟の生存と利益のために、ヨーロッパを地理学的レベルに抑え込みつつ諸政策を遂行した（地図3－2）。

フランスが「地理学的ヨーロッパ」以外の地域、すなわちアジアやアフリカで権益を拡大させようとすることは問題ではなかった。むしろ「地理学的ヨーロッパ」内部での勢力拡大を断念することの代償として、フランスが海外に目を向け、広大な植民地を保持するイギリスとの争いに熱中することが、ドイツにとっては好都合であった。ハプスブルク家の目を海外に向けさせようとしたフランス国王アンリ四世の「大計画」と同様の発想が見られる。

もしフランスがロシアと結ぶことになれば、ドイツにとっては憂慮すべき事態が起きてしまう。ナポレオン三世の一連の外交・経済政策によって、結果としてドイツが東西から挟まれかけたように、フランスとロシアの結びつきはドイツの生存を脅かすものである。

しかし、ロシアは本当にヨーロッパ世界の一員なのであろうか。長らくヨーロッパ世界から排除されてきたロシアが、ピョートル一世以来、ヨーロッパ化を推し進め、ウィーン体制によってヨーロッパ国際秩序の欠かせない政治的アクターになったことは確認してきたとおりである。ところが、ナポレオン三世などはロシアを除いたヨーロッパ世界を想定していた。マッツィーニやシュヴァリエなど、一九世紀の多くの「ヨーロッパ主義者」がロシアの危険性を口にした。イタリア統一とヨーロッパ統合を掲げ、イタリア統一運動に多大な影響を与えた哲学者カルロ・カッターネオ（一八〇一～一八六九年）はロシアを巨大で未開とみなしたうえで、「（ロシアに蹂躙された）専制支配のヨーロッパか、ヨーロッパ合衆国か」と表現した。カッターネオは将来的に東のロシア、西のアメリカ合衆国との間でヨーロッパ世界の運命が変転することを予見していた[25]。

フランスがロシアをヨーロッパ国際秩序におけるパートナーとして選ぶことになれば、ロシアのヨーロッパ入りという既成事実が再び積み上がることになる。実際、対独復讐という動機によってフランスがロシアとの全面的な関係構築に動く可能性があるからこそ、ビスマルクはさまざまな同盟や条約、あるいは友好関係によって巧みに勢力均衡を図りつつ、フランスとロシアの関係に楔を打ち込むことで、ドイツの安全を確保しようと試みていく。そうして、ウィーン体制に代わる一つの秩序がドイツを中心に出現する。

まず、一八七三年、ドイツはロシアおよびオーストリア゠ハンガリーに接近し、三帝国の君主間の緩やかな盟約、「三帝同盟」を締結した。ただし、バルカン半島での権益をめぐって対立するオーストリア゠ハンガリーとロシアの間で足並みが揃わず、同盟の有効性には疑問が持たれた。ドイツ統一から排除されたオーストリア゠ハンガリーにとって、バルカン半島は失うわけにはいかない地域であった。やがて、一八八七年に「三帝同盟」は消滅することになるだろう。さらに、南下政策を進めるロシアと対立を繰り返してきたイギリスが「三帝同盟」に反発した。

こうしたイギリスもまたロシアとフランスが接近することを恐れていた。イギリスは、ロシアとはバルカン半島や東地中海からイランなどの中東方面において対立関係にあり、フランスとは植民地獲得競争のライバルだったからである。普仏戦争以後、ビスマルクはフランスによる対独復讐を警戒したものの、そもそもフランスにとっては植民地獲得をめぐって長らく対立してきたイギリスこそがドイツ以上の脅威であった。ビスマルクがフランスに対し植民地獲得を促し、フランス自身も普仏戦争後の国力の疲弊によって対独復讐に踏み切るわけにはいかず、植民地獲得に勤しむしかないという状況下ではなおさらであった。

ドイツとしては、露仏間の結びつきを妨害するためにもロシアとの友好関係に傷をつけるわけにはいかないが、ロシアと対立するイギリスとの関係も平穏に保つ必要があった。英独関係が平穏であり続ければ、イギリスは露仏間の接近に歯止めをかけ、ロシアを孤立化させることを望もうとも、あえてフランスの孤立化を望むドイツとの関係を悪化させてまでフランスを支援する方向に外交政策を転換させることはないだろう。独露関係が友好であれば、ロシアはドイツと対立するフランスと結ぼうとすることはなく、またことさらにイギリスとの対立を激化させることもないだろう。

さらに、一八八二年、ドイツは安全確保のためにオーストリア＝ハンガリーおよびイタリアとの間で「三国同盟」を締結した。独立と統一をめぐって対立してきたイタリアとオーストリア＝ハンガリーを結びつけ、フランス・イタリア、もしくはフランス・オーストリア＝ハンガリーの結びつきを妨害するものであった。

一八八七年には、ロシアとの間で「独露再保障条約」を締結した。「三帝同盟」が有効でなくなる中、ドイツはロシアとの同盟関係を維持することで、ロシア・フランスの結びつきを妨害し、東西の大国から挟み込まれる状況が生まれることを阻止せねばならなかった。

ビスマルクは、極めて冷静に、そして合理的にヨーロッパ諸国の動きを観察しつつ外交政策を立案したわけだが、歴史的なドイツ国家の外側に居住するドイツ民族を守ろうとは考えなかったように、〝ドイツ民族性〟のような一種の感情論を否定的にとらえた。しかし、人間というものは感情の生きものである。そして、国家とは感情を抱えたさまざまな人びとが日々の生活を営む人的共同体なのである。

フランス人の場合、対独復讐という感情を忘れることはあるまい。ドイツがフランスからアルザス・ロレーヌ地方を奪い取った、あるいは回復したことにより、フランス人の心の中にはアルザス・ロレーヌ地方回復の野望が植えつけられた。植民地獲得が代償となることで解消されるものではなかった。フランスはその国力を回復させたとき、対独復讐に踏み切るだろう。

普仏戦争の結果とビスマルク外交によって、ヨーロッパ世界では新たな戦争の火種がばらまかれ、くすぶり続けた。ビスマルクはフランスとロシアの結びつきを妨害するために、産業化のための資金を必要とするロシアに対し多大な援助や投資を行うことを奨励したが、ドイツ国内でこうした対ロシア外交に対する不満が消えることはなかった。ドイツには東ヨーロッパを自らが支配するべき勢力圏としてみなす考え方（「東方への衝動」）が存在してきたとされる。一二世紀から一四世紀にかけて、ドイツ系の騎士団や修道会によって、キリスト教布教などを理由とした東ヨーロッパに対するドイツ人の大規模な入植事業（「東方植民」）が行われた。そして、後のプロイセンにつながる大規模な領土が獲得された。東ヨーロッパに対する領土的野心を抱える人びとにとって、ポーランドなど東ヨーロッパを手中に収めたロシアは排除せねばならない敵である。

また、ドイツ統一事業が成就したことによって、バルカン半島からトルコ方面へ進出することに関心を持つ政治勢力が徐々に台頭してきた。バルカン半島方面への勢力拡大を企図するなら、ドイツは自ずからロシアと衝突することになる。さらに、広大な農地を経営し、プロイセンを支えてきたユンカーと呼ばれる地主貴族層は、ロシアから安価な穀物が流入することを警戒した。ユンカーは農奴を使役した大規模な農業によって利益を得ると同時に軍人や官僚を輩出し、プロイセンの政治に大きな影響力を発揮してきた。ユンカー層にとって、ロシアがドイツの資金を用いて工業のみならず、農業までも発展させ、ドイツ産業全体を脅かしているのは矛盾でしかなかった。以上のような政治状況の中で、ロシアからの資本の引き揚げを要求する声が強まっていった。あらゆるドイツ人がビスマルクの外交ヴィジョンを合理的であると判断するわけではないのである。

オーストリア＝ハンガリーとイタリアの間の感情のもつれは解消し難いものがあった。神聖ローマ帝国以来、ハプスブルク家はイタリアを支配してきたのであり、サルディニアを中心とするイタリアは独立と統一のためにハプスブルク家と戦争した。イタリアはオーストリア＝ハンガリーから回復するべき領土、「未回収のイタリア」が存在することを主張していた。「三国同盟」は歪みを抱えていた。

イギリス政府はヨーロッパ大陸におけるドイツの勢力拡大に対し不満を抱え始めていた。あくまでビスマルクはイギリスとの協調を図ったものの、イギリスにとってドイツの存在そのものが脅威に映るようになったとき、ドイツに対する不信感は払拭されないものとなってしまうだろう。

力に訴える以上、軍拡競争が発生してしまう。感情のもつれは戦争の危険性を高めていく。さらに、海外における植民地獲得競争が過度になればなるほど、「地理学的ヨーロッパ」の上での勢力均衡に影響がもたらされてしまう。

一八八八年、ヴィルヘルム一世が死去し、その後を継いだフリードリヒ三世（一八三一～一八八八年）もまた病により短期の在位で死去した後、新しくドイツ皇帝に即位したヴィルヘルム二世（一八五九～一九四一年）はビスマルクと衝突した。一八八九年にルール工業地帯の鉱山で労働者のストライキが発生したことに対し、労働者保護に熱心であったヴィルヘルム二世が労働者保護立法の準備を指示したにもかかわらず、ビスマルクが期限切れの迫っていた社会主義者鎮圧法（一八七八年制定）の無期限延長問題を優先するべきと皇帝の考えに反対したことがきっかけであった。ビスマルクもまた労働者保護に取り組んできたものの、ストライキなど〝社会主義的〟と形容しうる労働者の行動には弾圧を加えてきた。このように、両者の対立は社会政策をめぐるものであったが、その影響は即座に外交に波及した。一八九〇年、ビスマルクが宰相を辞職するや、翌年の一八九一年、フランスとロシアの間に「露仏同盟」が出現した（一八九一年に政治協定、一八九二～一八九四年に軍事同盟へ発展）。ヴィルヘルム二世が一八九〇年に満期を迎えた独露再保障条約の更新を拒否したからである。ロシアとフランスが結びつくことによって、ビスマルクが進めてきたフランス孤立政策は崩れ始めた。

ヴィルヘルム二世が採用した新たな諸政策は「新航路」政策と呼ばれる。そして、海外植民地の建設にさほど熱心とはいえなかったビスマルクと異なり[26]、積極的に海外に進出するという帝国主義的な膨張政策、すなわち「世界政策」が進められた。

ヴィルヘルム二世の「世界政策」はヨーロッパ諸国に植民地の再分割を要求した。イギリスやフランスといった既得権益者に対するドイツの挑戦であった。ヴィルヘルム二世が即位した頃、フランスにとってはフランス孤立政策をとってきたドイツよりも、相変わらず植民地獲得の主たる競争相手であるイギリスのほうが脅威であった。しかし、ドイツの膨張政策を前にして英仏二大国は和解と結合を選択し、ビスマルクが主導してきたフランス孤立政策は完全に破綻することになる。

露仏間の結びつきに加えて、一九〇四年に「英仏協商」、一九〇七年に「英露協商」がそれぞれ締結されることで、英仏露「三国協商」が出現するだろう。そして、独墺伊「三国同盟」と英仏露「三国協商」の対立関係を軸にして、ヨーロッパ世界は第一次世界大戦という破滅に向かって突き進んでいくことになるだろう。

2 ヨーロッパの破滅、そして統合への模索

†植民地分割と複雑化するヨーロッパ諸国間関係

日本において、ビスマルクという人物はドイツ統一を成し遂げた名宰相、力という冷徹な現実を計算して国際社会を主導した現実主義者といった形で理解されることが多いように思われる。一人

の政治家として、ビスマルクが掲げるべきヴィジョンを明確にし、実行に移したこと自体は評価されるべき事実ではあろう。しかし、国民国家の形成が進む時代、ビスマルクが遂行した政策が時代の現実に合わなかったことは否めない。もちろん、一八九〇年以降のヨーロッパ世界の混乱をビスマルク一人のせいにすることはできない。一五世紀末以来続くヨーロッパ人の世界進出の中で、国際情勢が大きく変化し続けたことが背景にはある。

フランス国王アンリ四世の「大計画」では、〝ドイツ〟やスペインのハプスブルク家が領土を大幅に失うことの代償として、世界各地へ植民地を広げることが提案された。ビスマルクもまた、ヨーロッパ諸国の勢力均衡を維持するために、代償としてフランスが世界に進出することを認めた。しかし、進出される側のアジア、アフリカ、あるいはアメリカ大陸にヨーロッパ諸国に対抗することができる国家が生まれたならばどうなるであろうか。そして、分割するべき領土が無くなってしまったらどうなるであろうか。

ヨーロッパ世界の一員であるか否かが議論されてきたロシア帝国はユーラシア大陸を横断する巨大な領土を築きあげることに成功し、北アメリカではアメリカ合衆国が南アメリカや太平洋に進出し、東アジアでは大日本帝国が西洋化を図りつつ周辺諸国家への勢力拡大を企てていた。さらに、オスマン帝国が弱体化したことが、ヨーロッパ諸国を混乱させ続けた。外部の異なる「他者」とされてきた国家・国民が単なる他者ではなく、ヨーロッパ世界に対し恒常的に深く関与する政治的アクターになることによって、「地理学的ヨーロッパ」の勢力均衡をヨーロッパ世界を形作る「諸国家分立の統合体」という枠組みのみによって解決することが困難になってしまった。

そもそも、ヨーロッパ世界外部での植民地獲得をめぐるヨーロッパ諸国の対立関係が、ヨーロッパ世界内部に影響を与えないわけはない。植民地獲得競争が激化すればするほど、「地理学的ヨーロッパ」の上で戦争が勃発する可能性がある。そして、勃発した戦争に外部の「他者」たるアクターたちが積極的に関与してくるのである。ヨーロッパ世界外部において発生している植民地獲得をめぐる問題とヨーロッパ世界内部の諸国家間関係を切り離すことはできない。

こうした戦争が勃発することを抑止しつつ、フランス孤立政策を軸とした勢力均衡策を維持するために、ビスマルクは植民地獲得競争を含めてヨーロッパ諸国間の複雑に絡み合った対立関係を国際会議によって整序していこうとした。たとえば、一八七八年のベルリン会議である。オスマン帝国支配下のボスニア・ヘルツェゴビナで反乱が起きると、ロシアはこれに介入し、一八七七年、オスマン帝国との間で露土戦争を開始した。ロシアが勝利した結果、その影響を受けたセルビア、モンテネグロ、ルーマニアがオスマン帝国から完全に独立すると同時にブルガリアが自治国となったものの、諸列強はロシアの勢力拡大を強く懸念した。ビスマルクは問題解決のために「誠実な仲介人」としてベルリン会議を主宰し、ロシアと諸列強の対立を調整しようとしたのであった。一五一三年のブルゴーニュ公国による国際会議開催提案や一六四八年のウェストファリア講和会議以来、諸主権国家の代表者が平等な立場で参加する国際会議という手法はヨーロッパ国際政治の常道となってきた。ビスマルクはこうした手法を積極的に用いていこうとした。とはいえ、ビスマルクは必ずしも中立であり続けられたわけではなかった。ベルリン会議をめぐっては、ロシアが強大化すればするほど、オーストリア＝ハンガリーが危機に立たされることになるため、ビスマルクはドイツの国益を鑑みつつロシアを牽制するイギリスやオーストリア＝ハンガリーに肩入れした。その結果、ロシアはビスマルク批判を強め、独露間にわだかまりが残る結果となった。いずれ独露の友好関係に亀裂が生じることが予想された。

したがって、広大な世界全体がヨーロッパ諸国によって分割される対象となり、それぞれの利害関係がさまざまな地域でさらに複雑に絡み合うようになるとき、話し合いによる利害の調整、あるいは操作という手法は限界に直面するだろう。

また、以下も重要である。前述のように、ビスマルクにとって、ヨーロッパとはドイツ国家が生存するための地理学的領域に過ぎず、ゆえに勢力均衡を基礎とした諸国家間関係が築かれるべき空間ということになる。しかし、国際会議が開催されるヨーロッパとは、単なる地理学的領域に過ぎないのだろうか。諸国家間で国際会議が開催され、議論を通してさまざまな対立が整序される以上、諸国家は結局のところ条約の締結など関係なく、意識的にも無意識的にでも共通のルールや規範を重んじている。〝互いに話が通じる〟ことを認識しているのである。単なる地理学的概念を超える一つのヨーロッパ世界が確実に存在していることを指摘しておかねばならない。つまり、ドイツを中心とした国際秩序は十分に〝一つのヨーロッパ〟、そして「諸国家分立の統合体」と呼びうるものなのである。とはいえ、植民地分割をめぐる諸国家間の対立がますます複雑化し、関係するアクターがヨーロッパ世界外部にまで広がることで、この「諸国家分立の統合体」は戦争勃発の危機を抑止することができなくなっていく。

以上のような世界情勢の変化を踏まえつつ、「諸国家分立の統合体」のあり方を中心にヨーロッパ諸国が第一次世界大戦という破滅に向かう様相を振り返っていこう。

アフリカの分割をめぐって　ドイツを加えた諸列強が帝国主義的膨張を推し進める中で、まず第一に植民地分割の主たる対象となったのはアフリカである。東地中海から北アフリカにかけて版図を広げてきたオスマン帝国が衰退し続ける一方で、イギリスやフランスがこれらの地域への影響力を強めていった。一八七九年から一八八二年にかけて、エジプトにてイギリスをはじめとする諸列強への反発から革命（ウラービー革命）が起きると、イギリスはこれに介入し、エジプトを保護国として自らの勢力圏に収めることに成功した。さらに、イギリスはエジプトから南進し、南アフリカのケープタウンに至る地域を支配することによって、アフリカ植民地を南北のラインでつなごうとした。

こうしたイギリスの動きに対し、もう一つの植民地大国たるフランスは、一八三〇年の七月革命によって成立した七月王政以来、アルジェリアの征服事業を続けてきたが、一八八一年には、チュニジアを支配下に収めた。フランスはアフリカ西岸から東進し、紅海方面に至る地域を支配することによって、アフリカ植民地を東西のラインでつなごうとした。英仏二大植民地帝国はやがてスーダンのファショダにて衝突することになるだろう。

英仏がアフリカの分割をめぐってつばぜり合いを繰り返しつつ、その大部分を支配下に収めるようになる中で、国家統一を完了したドイツやイタリアは各所に散らばる取り残された地域への進出を加速していった。

ヨーロッパ諸国はアフリカ分割をめぐって一触即発の事態に陥った。アフリカ分割をめぐる対立がヨーロッパ世界における実際の軍事行動につながる可能性もあった。こうした中で起きたのが、コンゴの植民地化をめぐる問題であった。

一八七八年、ベルギーはコンゴへの進出を企図した。アフリカの中央部に位置するコンゴは、アフリカに植民地帝国を建設するための重要な地域である。ベルギーの動きに対し、大航海時代が始まって以来、コンゴ沿岸地域に進出していたポルトガルが反発し、一八八二年にはコンゴ川周辺地域に対する主権を宣言するに至った。大航海時代に隆盛を誇ったポルトガルであるが、香料貿易が縮小した一六世紀後半には衰退し始め、その後は大西洋の制海権を握るイギリスへの従属を強めていた。コンゴ問題について、イギリスはポルトガルを支持するとともに、コンゴ沿岸地域のポルトガル植民地を利用することで、フランスと関係の深いベルギーの動きを妨害しようとした。したがって、フランスはベルギーを支持したうえで、自らの探検隊をコンゴに派遣した。

フランスの対独復讐心を対外進出によって解消させようと企図するビスマルクは、ポルトガルに対する支持を見送り、フランスおよびベルギー側に立つことを決定した。さらに、ビスマルクは、一八八四年から一八八五年にかけて、アフリカ分割をめぐって発生した一連の問題を解決することを目指して、ベルリン・コンゴ会議を主催した。

会議において、コンゴはベルギー国王レオポルド二世（一八三五〜一九〇九年）の私領地という形で植民地化されることになった。そして、アメリカおよびロシアを含む諸列強はアフリカを分割することを高らかに宣言すると同時に、植民地化するためのルールを取り決めた。これ以降、アフ

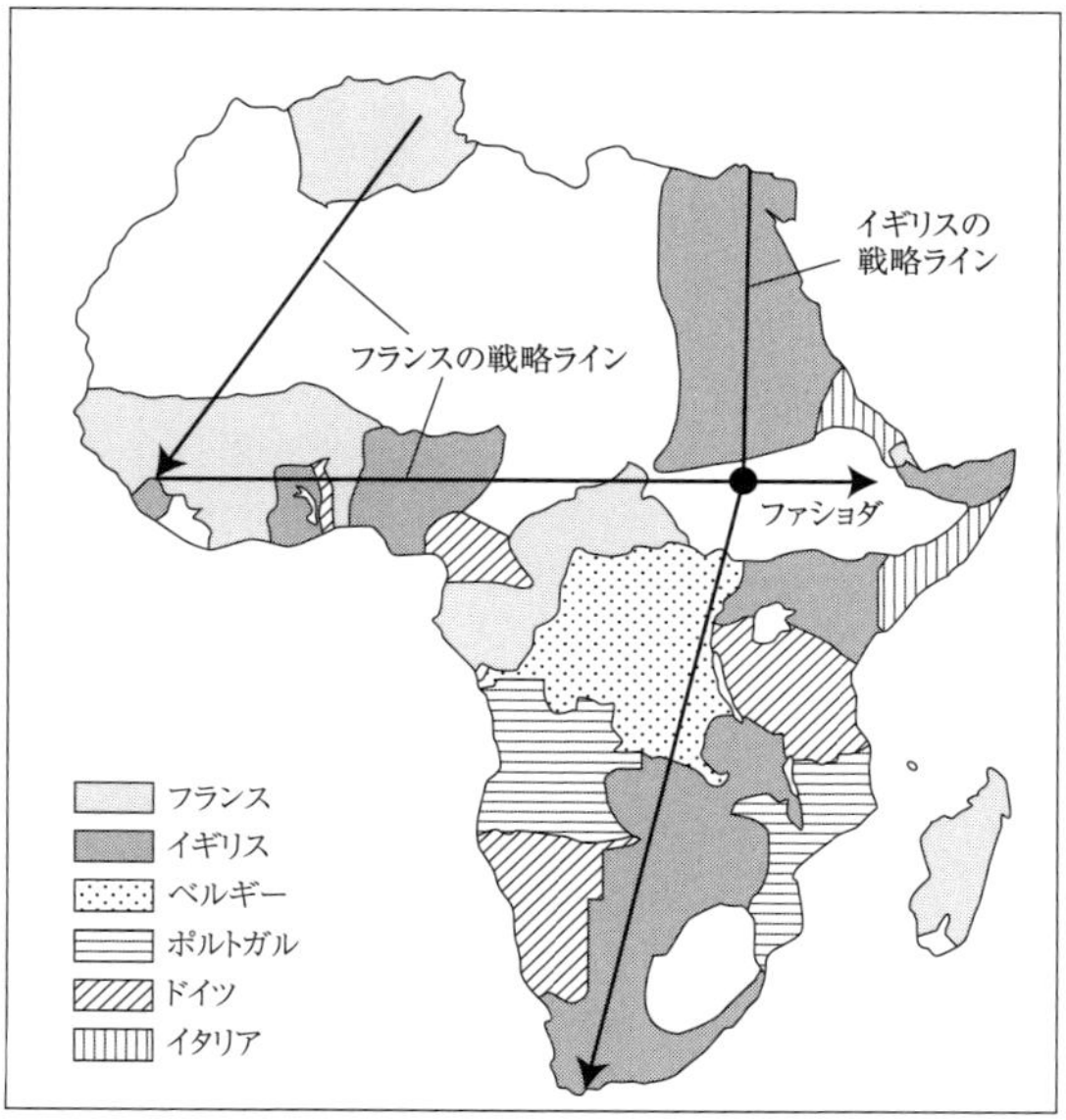

地図 3－3　ファショダ事件（1898 年）直後のアフリカ植民地分割（1900 年頃）

リカのどこかの地域を植民地化する場合は、ベルリン協定調印国一四カ国（イギリス、ドイツ、オーストリア＝ハンガリー、ベルギー、デンマーク、スペイン、アメリカ、フランス、イタリア、オランダ、ポルトガル、ロシア、スウェーデン、オスマン帝国）に対しその内容を通告し、協定内容を順守することが求められるようになった。植民地分割によって生じた対立を会議と協定によって整序することで、ヨーロッパ世界内部において直接的な対立が生じるのを可能な限り防ぐことが試みられていく。

　また、アメリカはイギリスが穀物法廃止以来掲げ続けてきた自由貿易主義を植民地分割に参入するための論理として援用した。自由貿易主義の名のもとにおいては、すでに諸列強によって植民地化されている地域であっても通商を通して自由に参入することが可能だというわけである。ビスマルクは基本的にフランスおよびベルギーを支持しつつも、コンゴにおける通商自由化の問題に関しては、コンゴに接するフランス領やポルトガル領も含めて取り扱うべきだとするイギリスの主張に賛成し、英独関係が決定的に悪化するのを回避した（地図3－3）。

アジア・太平洋地域の分割をめぐって　諸列強の進出はアジア・太平洋地域でも加速していった。このアジア・太平洋地域においては、明治維新後、西洋化を実現した日本が、朝鮮半島をめぐる清国との日清戦争（一八九四～一八九五年）に勝利することによって列強としての道を歩み始めていた。また、キューバにおけるアメリカ戦艦の爆発をきっかけにアメリカとスペインの間で米西戦争（一八九八年）が勃発すると、戦争に勝利したアメリカはスペインからフィリピンやグアムを獲得し、アジア・太平洋地域への進出を果たした。

日清戦争によって弱体化が明らかになった清国には、日本やアメリカだけでなく、ヨーロッパ諸列強も進出を加速していくようになるわけだが、アジア・太平洋地域の植民地分割をめぐってヨーロッパ諸列強の利害関係はさらに複雑化していく。そして、ヨーロッパから長らく排除されてきたロシア、「文明のヨーロッパ」を継承しつつ「地理学的ヨーロッパ」外に誕生したアメリカ、さらに東アジアで西洋化に成功した日本がヨーロッパ諸列強の植民地分割をめぐる動きに深く関わるアクターとなることによって、「地理学的ヨーロッパ」の勢力均衡をヨーロッパ世界を形作る「諸国家分立の統合体」という枠組みのみによって解決することがますます困難になっていく。

イギリスとロシアはバルカン半島から黒海、そして東地中海方面、さらにはイランなど中東方面などにおいて対立を繰り返してきたが、イギリスは東アジアの植民地化をめぐるロシアの動きを牽制するために、一九〇二年、日本との間で日英同盟を締結した。一八一五年のウィーン体制成立以降、イギリスはヨーロッパ大陸の情勢に可能な限り介入せず、一九世紀後半からは諸国家との間で同盟を締結しないという外交政策、すなわち「栄光ある孤立」を突き進んできたが、日英同盟の締結によってこうした外交政策が転換することになった。

アメリカはフィリピンおよびグアムを獲得した後、清国へ触手を伸ばした。ベルリン・コンゴ会議において自由貿易主義を掲げることで植民地分割に参入しようとしたアメリカは、清国への進出においては「門戸開放・機会均等」を掲げることで諸列強の動きを牽制していこうとした。

諸列強の清国への侵略に対する反発の中から、一八九九年、義和団事件が勃発すると、ロシアは混乱に乗じて満州を公然と占領するに至った。日清戦争以後、朝鮮半島を足がかりとして清国への進出を企図していた日本は、日英同盟を背景にして、一九〇四年、ロシアとの間で日露戦争の戦端を開いた。植民地獲得をめぐって対立してきたイギリスとフランスはそれぞれ日本、ロシアと同盟関係にあり、日露戦争の帰趨は東アジアをめぐる英仏二大国の動きのみならず、世界の植民地分割をめぐる動きに影響を与えうるものであった。

日露戦争は事実上の日本の勝利によって終結することになったが、日本は朝鮮半島から満州にかけての地域を足場に東アジア世界の覇権を握っていく。ロシアはクリミア戦争での敗北以来、主としてバルカン半島ではなくユーラシア大陸を超えて東アジアへの進出を企図してきたが、日英同盟と日露戦争によってこの外交方針を妨害されることになった。こうして、ロシアは一九〇七年の英露協商の締結によって、長らく対立してきたイギリスと和解する道を選び、イランやアフガニスタンなどでの勢力圏を分かち合ったうえで、バルカン半島へ再び進出していく。

ロシアは世界情勢や外交・同盟関係に基づいて再びバルカン半島への進出を企図することにしたものの、ベルリンからイスタンブール、そして中東方面へ勢力圏を拡大・膨張させていこうとしていたヴィルヘルム二世のドイツ、さらにドイツが支援するオーストリア＝ハンガリーとの対立を招くことになった。ビスマルクが成立せしめた三帝同盟も独露再保障条約もすでに存在しないのである。

ヴィルヘルム二世によって採用されたドイツの外交政策は、ビスマルクが回避してきた独露対立を決定的なものにしてしまうだけでなく、長らく植民地獲得をめぐって対立してきたイギリスとフランスに和解と結合を促すという効果をもたらした。

もちろん、英仏両国の和解と結合は簡単に進んだわけではない。一八九八年、アフリカにおいて南進策をとるイギリスと東進策をとるフランスは、ついにスーダンのファショダで衝突するに至った。いわゆる「ファショダ事件」である。とはいえ、フランスはイギリスとの戦争に踏み切れる状況にはなかった。軍部、そして社会が混乱に陥っていたからである。

一つ目の原因は「ブーランジェ事件」（一八八六～一八八九年）である。陸軍のジョルジュ・ブーランジェ将軍（一八三七～一八九一年）が対独復讐を訴えつつ、大衆的人気を背景に独裁政治の樹立を図ったクーデター未遂事件である。二つ目の原因は「ドレフュス事件」（一八九四～一九〇六年）である。陸軍大尉であったユダヤ系フランス人、アルフレド・ドレフュス（一八五九～一九三五年）がスパイ容疑の冤罪を着せられた事件であり、これをめぐって国民世論が真っ二つに分断されてしまった。今日のフランス共和国において、フランス国民（「ナシオン」）は人種や民族、あるいは性別といった「所与」[27]を超えた市民によって形成されるものとして定義されうるが、ドレフュスはユダヤ人という出自を理由として冤罪を着せられた。一九〇六年に至り、ドレフュスが無罪判決を勝ち取り、ドレフュス擁護派が勝利することによって、フランスの共和政体・民主主義は強化されていくものの、冤罪を作り出した軍部の権威が完全に失墜してしまった。ドレフュス事件の推移と結果はこの後のフランスの外交政策に大きな影響を与えることになる。

フランス側には、急速に世界進出を図り始めたドイツとの対立が想定される中で、イギリスと全面衝突に陥るのが得策ではないとの判断もあった。結局、フランスはファショダから撤退することでイギリスに譲歩することになった。このファショダ事件を契機に、英仏両国の緊張緩和が徐々に進んでいくのである。一九〇四年、英仏両国は英仏協商を締結し、事実上の同盟関係に入った。英仏協商によって、イギリスはフランスのモロッコに対する優越性を、フランスはイギリスのエジプトおよびスーダンに対する優越性をそれぞれ認め合った。

露仏同盟によるフランスとロシアの同盟関係に、英仏協商によるイギリスとフランスの同盟関係が加わり、さらに日露戦争後の一九〇七年に英露協商によるイギリスとロシアの同盟関係が成立することで、「三国協商」と呼ばれる同盟体制が完成した。ここに日本が加わることで（一九〇二年の「日英同盟」、一九〇七年の「日仏協約」および「日露協約」）、ヨーロッパからユーラシア大陸を超えて東アジアに至るドイツ包囲網が出現したのである。

第一次世界大戦へ向かって　前述のような状況の中で、フランスとドイツはモロッコをめぐって二度の対立を起こした（一九〇五年の「第一次モロッコ事件」および一九一一年の「第二次モロッコ事件」）。一九〇四年の英仏協商によって、アフリカにおける英仏両国の勢力範囲が確定することになったが、一九〇五年、ドイツ皇帝ヴィルヘルム二世は突如、モロッコの港湾都市タンジールを訪問し、英仏両国の動きを牽制した。そして、ドイツはモロッコ問題の解決のために国際会議の開催を主導した。

フランスにとって、締結されたばかりの英仏協商の有効性には疑問があった。さらに、フランスの同盟国ロシアがイギリスの同盟国日本と日露戦争の真っ最中であることを考えれば、英仏両国は日露戦争という代理戦争を通して戦っているようなものだった。結局、フランスは日露戦争中のロシアから有事の際の支援を受けることを期待できなかったため、戦争を回避しようとドイツの要求通り国際会議への出席に応じた。とはいえ、一九〇六年にスペインのアルヘシラスで始まった会議（アルヘシラス会議）では、イギリスやロシアといった同盟国に加え、アメリカやイタリアがフランスを支持したことによって、結果的にモロッコの現状が維持されることになった。第一次モロッコ事件である。

モロッコではフランスの政治的・経済的支配が拡大することになったものの、これに対しベルベル人は反発を強めた。一九一一年、フランスに対する大規模な反乱が起きると、ドイツは自国民の保護を理由に艦船をモロッコのアガディールに派遣した。独仏の緊張が強まる中で、イギリスは積極的にフランスを支持した。英仏両国の連携した動きを前にして、ドイツはモロッコへの要求を取り下げ、その代償としてフランス領コンゴの一部（ノイカメルーン）を獲得することになった。第二次モロッコ事件である。第一次モロッコ事件、そして第二次モロッコ事件を通して〝英仏同盟〟が強化されていくのであった。

さらに、一九一二年から一九一三年にかけて行われた第一次バルカン戦争および第二次バルカン戦争によってバルカン半島の新興諸国家やオスマン帝国が全面戦争に陥るや、ヨーロッパ諸列強間の対立軸が顕在化していった。

「地理学的ヨーロッパ」たるバルカン半島では、オスマン帝国の勢力が減退する中で、オーストリア＝ハンガリーが勢力を広げていたが、ロシアが日露戦争の敗北によって再びバルカン半島へ目を向け始めたことによって、オーストリア＝ハンガリーとロシアの対立が深まりつつあった。前述のように、それはオーストリア＝ハンガリーを支援すると同時に、自らもバルカン半島から中東方面への勢力拡大を企図するドイツが、ロシアと全面対立に陥ることを意味していた。

一九一二年、ロシアはオーストリア＝ハンガリーの動きを牽制するために、セルビア、ギリシャ、モンテネグロ、ブルガリアによる「バルカン同盟」の締結を主導した。そして、バルカン同盟諸国は、一九一二年から一九一三年にかけてオスマン帝国との間で第一次バルカン戦争の戦端を開いた。戦争の結果、「地理学的ヨーロッパ」に大きく広がっていたオスマン帝国の領土はバルカン同盟諸国によって分割された。とはいえ、ロシアを後ろ盾とするセルビアがアドリア海への出口としてアルバニアへ進駐するや、これを牽制しつつ海への出口を広げたいオーストリア＝ハンガリーやアルバニアに関心を持つイタリアが介入し、アルバニアの独立国化が確定した。領土拡大をめぐるオーストリア＝ハンガリーとセルビアの対立が激化することは避けられなくなった。

さらに、マケドニアからエーゲ海沿岸地域の領有をめぐって、その大きな部分を支配下に置いたブルガリアとこれに反発するセルビアおよびギリシャの間で対立が発生した。また、ブルガリアはイスタンブールなどオスマン帝国領として残った地域への領土的野心を見せ続けていた。一九一三年六月、ブルガリアはギリシャおよびセルビアに侵攻を開始し、第二次バルカン戦争が勃発した。モンテネグロ、ルーマニア、さらにオスマン帝国がギリシャおよびセルビア側で参戦することにより、ブルガリアは完全に孤立した。一九一三年八月、周辺諸国から攻撃を受けたブルガリアがその領土要求の多くを取り下げることで、第二次バルカン戦争は終結した。

対立をひたすら先鋭化させていこうとするバルカン半島諸国の動きに、諸列強はさまざまな反応を見せた。

ロシアにとって、バルカン同盟を中心とした諸国家はあくまでオーストリア＝ハンガリーの動きを牽制するための手駒であって、ブルガリアが見せたような領土的野心は決して認められるものではなかった。したがって、ブルガリアはロシアを離れ、ドイツに接近していくことになる。

オーストリア＝ハンガリーは、一九〇八年にボスニア・ヘルツェゴビナを併合したことによって、周辺地域への領土拡大を企図する隣国セルビアとの対立を強めていた。オーストリア＝ハンガリーにとって、海軍を運用するための海への出口はアドリア海に限られており、こうした地域を安定的に支配するためにもセルビアを抑え込まねばならなかった。しかし、独力でセルビアに加えてその背後にいるロシアと事を構えるのは不可能であった。

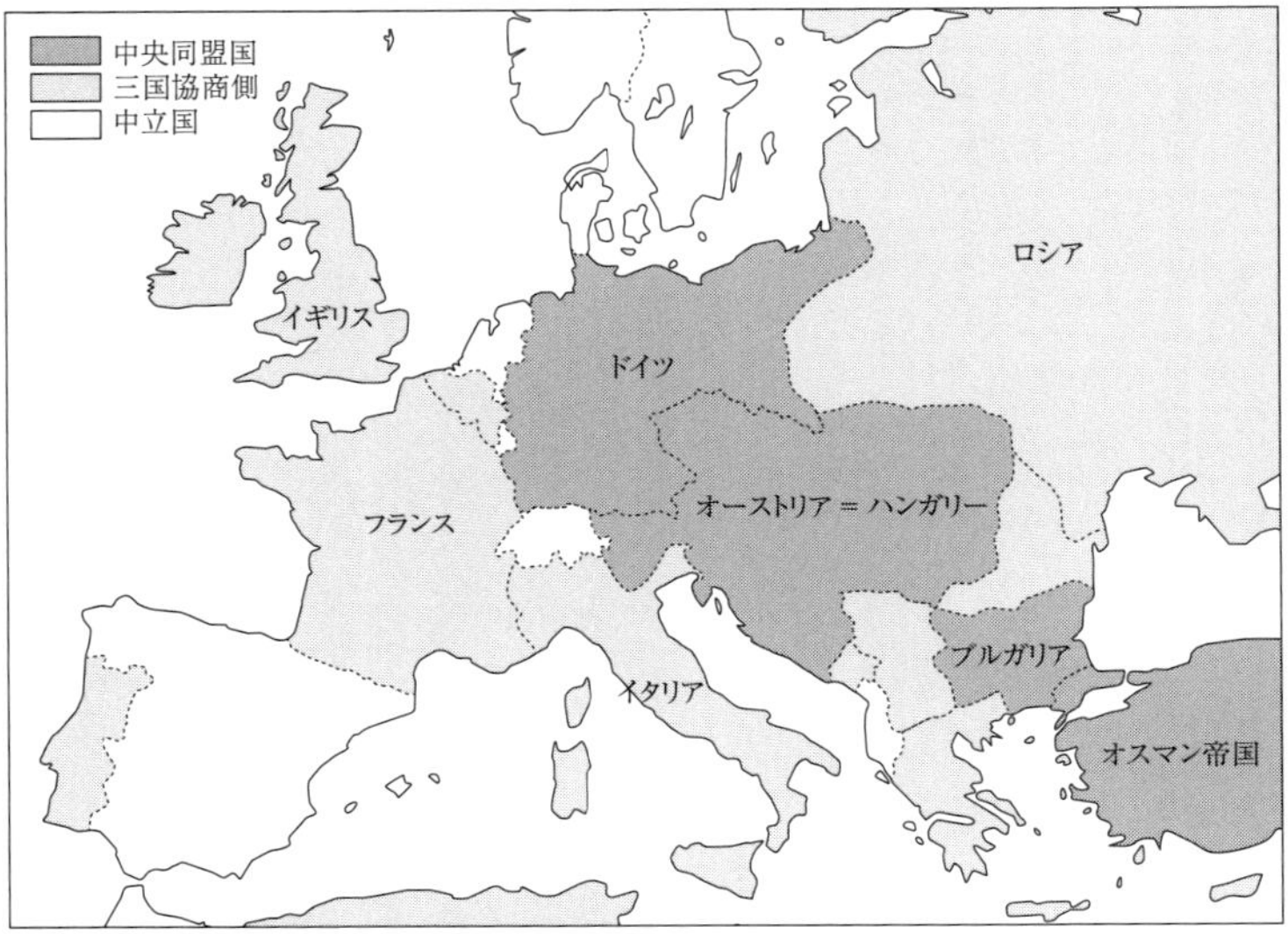

地図 3−4　第一次世界大戦の協商・同盟の勢力図

ドイツはベルリンからイスタンブール、そして中東に至る地域に勢力を広げることを目的に、長らくオスマン帝国への影響力を強める政策をとってきたため、オスマン帝国の領土をめぐるあらゆる戦争に反対してきた。しかし、ロシアの南下政策が止まぬ中、自陣営に接近してきたブルガリアによってロシアの動きを牽制しようとした。ボスポラス海峡およびダーダネルス海峡を臨む場所に位置するブルガリアは、ロシア黒海艦隊の動きを牽制することが可能である。だからといって、バルカン戦争終結時点において、ドイツは対ロシア戦の準備を完了できてはいなかった。

イギリスは東地中海方面でのロシアを牽制するためにオスマン帝国を支持すると同時に、オスマン帝国と対立するギリシャをも支援してきた。オスマン帝国もギリシャも黒海の出入口を押さえる国家なのである。イギリスは、英露協商によってロシアの領土要求に応えられるよう外交方針を転換することになったものの、ブルガリアに対してロシアと領土要求の内容が重なった場合に支援する旨を伝えるといった二枚舌外交を展開した。

フランスはドレフュス事件の影響が続いている中で、同盟国ロシアがオーストリア＝ハンガリーと開戦したとしても、参戦するわけにはいかないと考えていた。

最後に、イタリアはオーストリア＝ハンガリーとの歴史的な対立、そして領土問題（「未回収のイタリア」）を抱えることによって、三国同盟の一員として参戦するかどうかについて曖昧な態度をとっていた。

一九一四年、ボスニア・ヘルツェゴビナの首都サラエボで、オーストリア皇太子夫妻がセルビア人によって暗殺されたことをきっかけにして、「第一次世界大戦」が勃発した。ドイツとオーストリア＝ハンガリーにブルガリア、そしてオスマン帝国が加わった同盟国（「中央同盟国」）と三国協商諸国にイタリアなどが加わった連合国は、互いに国家の総力を注ぎ込んで約四年にわたる戦いを繰り広げた。ヨーロッパ諸国だけではなく、その植民地、そしてアメリカや日本など世界中を巻き込んだ「世界大戦」であった（地図3－4）。

勢力均衡はかりそめの安定しかもたらさない。いかなる条約も、いかなる同盟も恒久ではなく、どの国家もその主権に基づいて自由に行動する。軍事的な均衡によって平和が維持されているだけなのだから、そうした均衡が破れた時点で戦争が勃発してしまう。さらに、国民が形成される時代、政治指導者は諸国家間のパワーゲームを計算するだけではなく、自国民の感情や意識にも応えねばならない。

諸国家が自らの利益を追求し、恒常的に対立するようになればなるほど、諸国民の意識の中に排外的な感情が芽生えてくる。政治指導者によっては、他国民、あるいは他民族に対する敵対心をもって国民の一体性を図っていこうとする。とくに民主化が少しずつ進みつつも、相変わらず専制的で非民主的な体制を引きずっている国家においては、排外主義を煽ることが国民の不満を外に向ける手段として好都合である。たとえば、ロシアを中心とした全スラヴ民族の連帯を掲げるパン・スラヴ主義、ドイツを中心とした全ゲルマン民族の連帯を掲げるパン・ゲルマン主義、そしてロシアやドイツの影響を受けて自国の優位性を掲げるバルカン半島諸国のさまざまなナショナリズム、さらにイタリアにおける「未回収のイタリア」を標榜するイレデンティズム[28]がそうである。

こうした自国の優位性を外に標榜する、あるいは自国の利益を極度に強調する態度は、新興諸国家のみに見られるものではない。自国の利益を確保するために他国との戦争も辞さないとする考え方であるイギリスの好戦的愛国主義（ジンゴイズム）、対独復讐と自国の栄光を志向するフランスのブーランジスムやショーヴィニスム[29]など、比較的民主化が進んでいる国家においても、反動的にこうした風潮が強まることがある。

諸国家が恒常的な対立関係に陥っている以上、どの国家においても排外主義的な状況が収まることはない。たびたび開催される国際会議は諸国家の利害調整を行うのみで、諸国民の恒久的な和解と共生につながるものではないのである。

もちろん、近世の主権国家成立の時代にヨーロッパ世界の一体性を主張する知識人たちがいたように、近代においてもまた現実政治の動きに対抗しようとする知識人たちの思想活動が存在した。たとえば、社会主義者たちによる「インターナショナリズム」である。社会主義者たちはヨーロッパ世界だけでなく、国際的なレベルでの労働者たちの連帯を語った。そうしたヴィジョンの中で、祖国への愛は否定されるものではなかった。祖国への愛はヨーロッパへの愛でもあるはずだった。しかし、徐々に二者択一が迫られるようになっていくのである。ヨーロッパか、祖国か。国際的連帯（諸国民連帯）か、自国民連帯か。

第一次世界大戦という破滅に突き進む時代、国民国家形成の論理的帰結としてのヨーロッパ統合という諸国民連帯を構想する知的運動は、ナショナリズムと呼称される自国民中心主義であり排外主義である思考の高まりを前にして停滞を余儀なくされるのであった。

†ヴェルサイユ体制の成立と新しい秩序への模索

一九一八年の第一次世界大戦終結後、ヨーロッパ人は「諸国家分立の統合体」が抱える諸問題を実際に解決していかねばならなくなった。主権国家間の勢力均衡を基礎とする国際秩序を何らかの新しい秩序へ転換していかねばならなくなった。

ヨーロッパ諸国が戦火によって荒廃し、力を失ってしまった。そして、第一次世界大戦以前から続いてきたように、戦勝国たるアメリカや日本が台頭することで、ヨーロッパ世界を形作る「諸国家分立の統合体」という枠組みのみによって「地理学的ヨーロッパ」の勢力均衡を図ることが不可能となった。一九一八年のロシア革命によって成立した共産主義国家ソビエト連邦は、ヨーロッパ諸国にとって排除することも無視することもできない脅威になっていた。

さらに、勢力均衡の前提であった〝諸列強の分立〟という状況が消滅してしまった。ウィーン体制以降の「地理学的ヨーロッパ」の勢力均衡は、イギリス、フランス、プロイセン（ドイツ）、オーストリア（オーストリア＝ハンガリー）、イタリア、そしてロシア、場合によってはオスマン帝国といった列強・大国が存在することによって成立した。ところが、オーストリア＝ハンガリーが解体され、ドイツや共産化されたロシア（ソ連）の領土が縮小されることで、東ヨーロッパに新興諸国家が分立することになった。ヨーロッパ世界がそれまで以上に細分化されたわけである。東ヨーロッパに誕生した新興諸国家はイギリスやフランス、あるいは徐々に台頭してくるであろうドイツやソ連の〝草刈り場〟になってしまう。

また、敗れたとはいえ一定の力をなお有しているはずのドイツが敗戦国として、ソ連が共産主義国家として国際秩序から排除されてしまったことで、勢力均衡どころでもなくなった。かつてのウィーン体制は事実上の敗戦国たるフランスを含む形で構築されたわけだが、第一次世界大戦後の体制は〝排除の論理〟を基礎にして構築されることになった。敗戦国として断罪され、排除されたドイツでは、普仏戦争後のフランスのように、復讐心がくすぶり始めた。

さらに、フランスやイギリス、あるいはドイツが担ってきた覇権国としての地位がアメリカに移り、アメリカを中心とした資本主義諸国家に対抗する形で共産主義国家ソ連が発言力を高める中で、ヨーロッパ諸国は政治的主体としての自律性を失い始めていた。

こうした国際情勢を反映する形で、第一次世界大戦後のヨーロッパ国際秩序、すなわち「ヴェルサイユ体制」は出現した。

ところで、ヨーロッパの新たな国際秩序に関して、ウッドロウ・ウィルソン（一八五六〜一九二四年）アメリカ大統領は「新外交」というヴィジョンを示した。ウィルソンのヴィジョンは「人民自決」と「国際連盟」の設立を基礎にしている。[30] 長らく専制的な諸列強に支配されてきた人びとが、独自の国家を持ちたいという意志を有する人民として国民を形成しつつ、国境線を確定することにより、〝諸国民分立〟が成立する。諸国民は経済力や国土の大小に関わらず、法的なレベルで平等である。しかし、事実問題として諸国民の間には必ず力関係が存在するがゆえに、ヨーロッパ国際秩序は極めて不安定となる。勢力均衡どころか勢力不均衡が生じてしまう。こうした勢力不均衡の状態を安定させ、諸国民の平等を保障するものこそが、世界規模の政治組織たる「国際連盟」である。

ウィルソンの外交ヴィジョンはヨーロッパ世界のみを射程に入れたものではなかった。ウィルソンは、自由や民主主義の実現、あるいは人道的な道徳の普及を人類におけるアメリカの「使命」だと考えていた。ウィルソンの視点はヨーロッパ世界を超えて、人類全体を射程にとらえるものであった。つまり、ウィルソンはヨーロッパを世界の地理学的諸地域の一つとして扱った。

こうしたウィルソンの姿勢について、「ケインズ経済学」により経済学のあり方を一変させた二〇世紀を代表する経済学者ジョン・メイナード・ケインズ（一八八三〜一九四六年）は、『平和の経済的帰結』（一九一九年）の中で批判的に考察する。[31] ケインズ曰く、ウィルソンは目が見えず、耳も聞こえないドン・キホーテである。風車に突っ込んでいったドン・キホーテのように、ウィルソンは独りよがりの理想、あるいは妄想にとらわれているというわけである。しかも、目も見えず耳も聞こえないという修飾語句は非常に辛辣である。そして、このドン・キホーテとビスマルクのごときジョルジュ・クレマンソー（一八四一〜一九二九年）フランス首相とは絶対的に相容れない。

ウィルソンのヴィジョンに強力に抵抗したヨーロッパ諸国の首脳こそ、まさにクレマンソーであった。ケインズに言わせれば、クレマンソーは利己主義的政治家であった。クレマンソーは基本的にヨーロッパ世界という枠組みを中心にフランスの安全保障について思考した。ヨーロッパ世界がそのルールや規範、そして諸国家の条約などによって運営されるべきものとみなした。フランスはドイツという強大な隣国からもたらされる脅威に備えるために、パートナーであるイギリス、あるいはアメリカと条約を締結する。また、ドイツの恒久的な弱体化こそが自国の安全保障に資することになるため、フランスは多額の戦後賠償金、領土の一部や海外植民地の剝奪、軍備の制限などの厳しい制裁をドイツに突きつける。

デイヴィッド・ロイド＝ジョージ（一八六三〜一九四五年）イギリス首相もまた、ヨーロッパ世界という枠組みで行動しようとした。さらに、ロイド＝ジョージは、クレマンソーよりも伝統的な勢力均衡というあり方をいっそう重視した。そもそも、イギリスにとっての利益とは、大陸が分裂状態にあることである。だからこそ、ドイツがフランスに並ぶ国家として復活するならば、イギリスにとっては好都合である。ロイド＝ジョージは市場としての価値、あるいは賠償金支払い能力を考えつつ、過度の戦後賠償を課さないなど、ドイツの戦後復興を手助けしようとする。そうしてヨーロッパ大陸におけるフランスの力を相対的に弱体化することを企図する。

クレマンソーもロイド=ジョージも第一にヨーロッパ世界における自国の位置を考慮したうえで、戦後のヨーロッパ国際秩序を構想しようとするのである。国際連盟という世界規模の政治組織を設立し、より大きな国際秩序の中で「地理学的ヨーロッパ」の平和を維持していこうとするのか、それとも「一つのヨーロッパ世界」という枠組みの中でイギリスやフランスが主導する形で旧来の国際秩序を再建・運営するのか。

前者にも後者にも共通する問題があった。ドイツとソ連が排除されると同時に、ヨーロッパ諸国を主たるアクターとする後者だけでなく、前者の国際連盟にさえも、結局はアメリカが関与できなかったことである。ジェームズ・モンロー（一七五八～一八三一年）大統領がアメリカとヨーロッパの相互不干渉の原則、すなわち「モンロー主義」を掲げて以来、アメリカではヨーロッパ諸国の問題に巻き込まれることを懸念する考え方が根づいてきた。こうして国際連盟への加盟について、アメリカ議会上院が批准することはなかった。アメリカ、ドイツ、そしてソ連が不在の状態で、どのようにヨーロッパ世界の平和と安定を実現することができるのであろうか。

さて、ドイツにはヴェルサイユ講和条約によって領土の大幅な削減、海外植民地の剥奪、軍備の制限、そして莫大な賠償金といった制裁が科されることになった。ドイツでは、革命によって帝政が解体された後、社会民主党のフリードリヒ・エーベルト（一八七一～一九二五年）を大統領とする共和政府が誕生していたものの、産業の停滞やハイパーインフレーションの中で社会不安が強まっていた。ドイツを断罪するだけのようなヴェルサイユ条約を受諾したことは、共和政府に対する左右両翼からの攻撃を強めることになった。

政治的・社会的混乱の中でドイツ経済の再建は遅々として進まず、ドイツから戦勝国への賠償金支払いは滞った。一九二二年、フランスにおいて、戦前からパリ講和会議にかけて大統領を務めた対独強行派のレイモン・ポアンカレ（一八六〇～一九三四年）が首相に就任すると、翌年の一九二三年、フランス政府はベルギーを誘ってドイツ西部の大工業地帯、ルール工業地帯を占領した。ルール工業地帯の物流を押さえることで賠償金を強制的に徴収しようとしたのである。フランスおよびベルギーによるルール工業地帯の占領はドイツを政治的・経済的・社会的にますます混乱させた。

ドイツの賠償金支払い問題については、最終的にアメリカが介入することになり、関係諸国はアメリカの経済学者が策定した賠償金負担を軽減するための「ドーズ案」を受諾した。ドイツの賠償金額を削減するのではなく、年間の賠償支払い額を引き下げた後、徐々に支払い額を引き上げながら、五年後に当初通りの支払い額に戻すことになった。また、アメリカで「ドーズ公債」という債券によって集められた資金がドイツに投資されることで、ドイツ経済の回復が図られた。

こうした状況の中、ドイツに対し強攻策をとってきたフランスでは、ポアンカレのように、あくまでドイツを断罪し続けようという勢力が存在する一方で、戦前に首相を務めたアリスティード・ブリアン（一八六二～一九三二年）のように、フランスとドイツの接近を試みる勢力が現れるなど、徐々に変化が見られ始めた。そして、ルール工業地帯占領中に実施された総選挙でポアンカレらの勢力が敗北すると、エドゥアール・エリオ（一八七二～一九五七年）が対独穏健派を勢力基盤として首相に就任した。

近世以来の古びたヨーロッパ国際秩序でもなく新たな国際連盟体制でもない、〝第三の道〟として、独仏の和解と「超国家の統合体」の実現を目指す形でヨーロッパ統合が図られていくのであった。

†ヨーロッパ統合の実現への模索

一九二四年六月、ボヘミア貴族、リヒャルト・クーデンホーフ=カレルギー（一八九四〜一九七二年）はフランス議会に対し、ヨーロッパ統合を訴える書簡を送った。クーデンホーフ=カレルギーは、すでに一九二二年に新聞紙上にて「パン・ヨーロッパ構想」を発表し、さらに一九二三年には『パン・ヨーロッパ』を著していた[32]。曰く、ヨーロッパ諸国は第一次世界大戦によってそれぞれ大きな被害を受けたにもかかわらず、戦勝国と敗戦国に分裂したまま東のソ連の脅威に対抗せねばならず、さらには西のアメリカとは経済競争をせねばならない。曰く、ヨーロッパ諸国は植民地を含む形で「パン・ヨーロッパ」を結成するべきである。世界の諸地域は「南北アメリカ」、「東アジア」、「ソ連」、そして「イギリス連邦[33]」をそれぞれ結成することで、「パン・ヨーロッパ」とともに、世界連邦を結成することができるだろう。

グーデンホーフ=カレルギー

諸国家がルールや規範、あるいは国際法のもとで勢力均衡を図りつつ、ときに国際会議によって対立を整序するのではなく、より強固な国際的政治組織を設立し、その中で互いに尊重し合うという「超国家の統合体」に向かうヴィジョンが主張されたわけである。ただし、ヨーロッパ諸国の統合だけではなく、世界的なレベルでの統合が構想されていることに留意が必要である。戦前から続く「世界の一体化」によって、ヨーロッパ世界外部の安定なくしてヨーロッパ世界内部の安定はありえなくなった。

クーデンホーフ＝カレルギーがフランス議会に書簡を送った一九二四年六月は、対独強行派で、大戦後に首相に就任していたポアンカレが、与党の総選挙敗北という結果を受けてその地位を辞した時期であった[34]。後任の首相は「左翼カルテル」を勢力基盤とするエリオであったわけだが[35]、「左翼カルテル」は国際連盟に好意的であるとともに、ドイツに融和的な態度をとろうとしていた。クーデンホーフ＝カレルギーは書簡の中で『パン・ヨーロッパ』の意図を説明するとともに、フランスに対しドイツとの和解を勧める。そして、フランスがヨーロッパ世界において果たすべき役割の重要性を訴える。

一九二五年、クーデンホーフ＝カレルギーの書簡を受け、エリオもまたフランス国民議会においてヨーロッパ合衆国の創設を主張した[36]。在野の知識人でもなく、単なるヒラ政治家や外交官でもない、一国の現役首脳がヨーロッパ合衆国を口にしたのであった。フランスの安全保障、独仏和解の実現、国際連盟との協調関係など、フランスの外交方針とクーデンホーフ＝カレルギーのヴィジョンの両方の折り合いをつけるものであった。

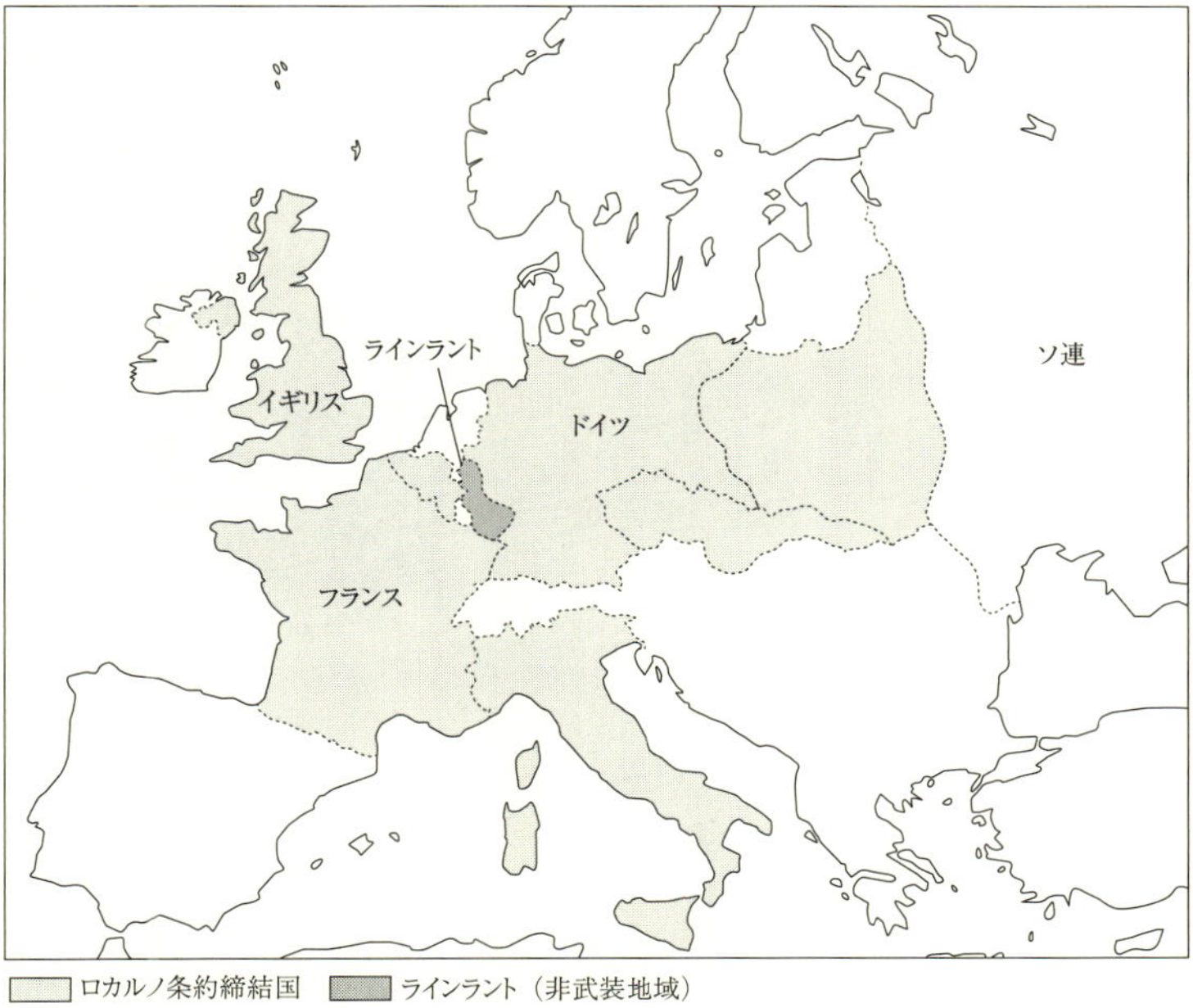

地図 3−5　ロカルノ体制とラインラント地方、そしてソ連

同じ一九二五年、フランス外相ブリアンとドイツ外相グスタフ・シュトレーゼマン（一八七八～一九二九年）が主導して、イギリス、フランス、ドイツ、イタリア、ベルギー、ポーランド、チェコスロバキアの七カ国が「ロカルノ条約」を締結した。ロカルノ条約はこの七カ国の集団的安全保障条約であり、ヴェルサイユ条約によって決定されたフランス・ドイツ間およびベルギー・ドイツ間の国境線の現状維持、ドイツ・ラインラント地方への軍隊駐留や軍事施設建設の禁止、イギリスとイタリアという周辺大国が保障する形でのドイツ・フランス・ベルギー

ブリアン

の相互不可侵などを確認した。また、条約が発効するにあたっては、ドイツが国際連盟に加盟し、国際社会へ復帰することが条件として課された。ロカルノ条約によって独仏間の緊張緩和が進んでいくのであった。

とはいえ、ロカルノ条約はドイツ西部国境を中心とした地域の現状維持によって西ヨーロッパ諸国の和解を実現することを眼目としているのであって、ドイツ東部地域、すなわちソ連との関係については何も決定してはいなかった。東方のソ連にすれば、西ヨーロッパ諸国によってソ連包囲網が築かれたようなものであった。ドイツにおいても、自国領土内であるラインラント地方を非武装化するとの内容に対する反発が強く、こうした国際体制を破壊することを望む政治勢力が徐々に台頭していくことに注意せねばならない（地図3－5）。

一九二六年、ドイツは国際連盟に加盟することで国際社会に復帰した。その直後には、エリオやクーデンホーフ＝カレルギーらの尽力によって、第一回「パン・ヨーロッパ会議」がウィーンで開催された。かつてのキリスト教勢力圏においては、イスラム教勢力、あるいは東ローマ帝国という外敵の存在によって、内部の統合と恒久平和の実現が図られると同時に、その領域が決定された。第一次世界大戦後の世界において、「パン・ヨーロッパ」は東にソ連という脅威を得ると同時に、西にアメリカというライバルを抱えることになった。一つの政治的統合体を生み出すためには、その外部に何らかの脅威が必要となってしまうものである。

「パン・ヨーロッパ」はソ連と緊張関係を抱えることになるという意味で「共同防衛論」的であるものの、ソ連と全面的に敵対しようというわけではない。あくまでソ連と平和的な関係を維持しつつ、世界的な恒久平和を実現することを企図している。とはいえ、「パン・ヨーロッパ」という「政治的ヨーロッパ」は東方のソ連（ロシア）を排除する形で「地理学的ヨーロッパ」の上に出現する。

一九二七年には、ロカルノ条約締結へ向けて尽力したブリアンが「パン・ヨーロッパ」の名誉議長に選出された。ブリアンはヨーロッパ統合ヴィジョンをさらに具体化しようと試み始めた[37]。まず、ブリアンはアメリカ国務長官フランク・ケロッグ（一八五六〜一九三七年）と協議し、国際紛争を解決する手段として戦争を放棄するとともに、平和的に国際紛争を解決するための条約の締結を模索し始めた。協議は多国間に広がり、一九二八年に策定されたケロッグ＝ブリアン条約（パリ不戦条約）には諸列強を含めて六三カ国が調印するに至った。ケロッグ＝ブリアン条約は国際連盟とその規約、そしてロカルノ条約とともに集団的安全保障体制を構築した。ケロッグ＝ブリアン条約は戦争の放棄を訴えつつも、違反する国家に対する制裁戦争が可能であると解釈されうるものだった。しかし、この後、国際紛争を可能な限り平和的に処理し、全面戦争を回避していこうとする流れが徐々に強まっていく。

一九二九年には、ブリアンが国際連盟にてヨーロッパ統合ヴィジョンについて演説した。加盟国の主権をいかなる形においても侵さない形で、経済領域から統合を進めていくというヴィジョンであった。さらに、一九三〇年、ブリアンは国際連盟に加盟する二六カ国のヨーロッパ諸国（フランスを除く）に対しヨーロッパ統合に関する覚書（メモランダム）を送付した[38]。

一九二九年の演説と違い、覚書では政治統合の重要性が主張された。つまり、ヨーロッパ諸国は経済的で社会的であると同時に、政治的な視点からもヨーロッパ世界の平和を脅かす危機に対応せねばならないという。経済問題が政治に従属することが強調されている。では、危機とは何だろうか。ソ連の脅威やアメリカの台頭に加えて「世界恐慌」であろう。一九二九年の演説よりまもなく、ニューヨーク証券取引所において株価が暴落し、いわゆる「世界恐慌」が始まっていた。経済危機に対する政治の責任が問われ始めていた中で、ブリアンが経済統合から政治統合へ舵を切ったのは当然のことだったといえる。しかし、世界恐慌の中で、諸列強は自国と植民地を中心にしたブロック経済圏の建設を志向し、政治統合による協調と協力どころか対立に陥っていく。たとえば、一九三一年、イギリスは植民地を基盤にしてイギリス国王に対する共通の忠誠によって結ばれた諸主権国家の連合体（同君連合）である「コモンウェルス（イギリス連邦）」を結成した。そして、一九三二年、カナダのオタワにおける会議（イギリス帝国経済会議）において、「イギリス連邦特恵関税制度」が導入されることが決定し、イギリスを中心としたブロック経済圏が出現した。イギリスはイギリス連邦諸国との間で独特の政治的かつ経済的関係を保持することになった[39]。ヨーロッパ諸国による統合というヴィジョンはこうした流れへのアンチテーゼになっていく。

また、ブリアンは、ヨーロッパ諸国による「ヨーロッパ共同体[40]」が国際連盟と対立する形で成立するわけではないことを強調する。クーデンホーフ＝カレルギーの「パン・ヨーロッパ」のように、

「ヨーロッパ共同体」は国際的連帯の一部を占めるのである。加えてブリアンは、共同体が加盟諸国家の主権を侵さないことや、その平等性が必ず保障されることを言及する。

以下、制度面に関する具体案を見ていこう。「ヨーロッパ共同体」の加盟諸国家は自由貿易圏を構築するための共通関税政策を実施し（関税同盟を設立し）、「共同市場」の実現を目指す。「ヨーロッパ共同体」の領域全体において人間の物質的幸福を最大化するためである。サン＝シモン以来の経済と統合をめぐる思想的伝統を見てとることができる。「ヨーロッパ共同体」には諸国家（「国際連盟」にも加盟）の代表者から構成される「ヨーロッパ会議」、執行機関としての「政治委員会」、そして「事務局」が設置される。諸国家の代表者が集う会議が最高議決機関なのであり、「ヨーロッパ共同体」は諸国家から独立しているという意味での超国家的な組織にはならない。国際連盟のように、緩やかな連合体のあり方である。

それでも、事実問題において、ブリアンの「ヨーロッパ共同体」が超国家性を有することは否定できないであろう。東ヨーロッパに新たに誕生した主権国家にとって、ようやく獲得できた主権は神聖不可侵であって、ブリアンは諸国家の平等性や独立性に言及すると同時に、「ヨーロッパ共同体」の超国家性を否定せざるをえなかった。

ブリアンのヨーロッパ統合ヴィジョンにプロセスをめぐる問題が存在することも指摘しておかねばならない。結局のところ、ヨーロッパ統合を政治統合から進めるのか、それとも経済統合から進めるのか、という問題である。ヨーロッパ統合の具体的なプロセスはその将来像を示すためにも重要である。

ブリアンの動きと並行して、クーデンホーフ＝カレルギーが指導する「パン・ヨーロッパ会議」においても、「ヨーロッパ・パクト」[41]と名づけられた「ヨーロッパ国家連邦」[42]の憲法計画が発表されるに至った。「パン・ヨーロッパ会議」も相変わらず加盟国の主権が侵されないことを示した。しかし、組織案については、ブリアンのヴィジョンよりもはるかに超国家的であり連邦的になっていた。

まず、各国の代表者から構成される連邦評議会と各国議会の代表者から構成される連邦議会という立法府、連邦司法裁判所という司法府、連邦事務局という行政府が設置される。そして、連邦は独自の財源（具体的には非加盟国の船舶に課される上陸税）や独自の連邦地区を有する。加盟諸国家の国民はヨーロッパ市民となる。つまり、加盟諸国家の国籍保持を条件とする「ヨーロッパ市民権」という概念が導入される。もちろん、強力な連邦制を導入するのであるから、加盟諸国家の主権が侵されないということなどありえない。連邦に対し加盟国が主権の一部を委譲する必要が生じてしまうだろう。

さて、先のブリアンのヴィジョンに対しては、多くのヨーロッパ諸国が消極的姿勢を示すことになった。やはり国家主権へ何らかの侵害が起こる可能性が懸念されたからである。ようやく主権国家としての独立を果たしたばかりの東ヨーロッパの新興諸国家にとっては、主権は神聖不可侵であるべきであった。

イギリスのように世界中に広大な植民地を有する国家や、あるいはスペインのように旧植民地の諸国家との間で独自の外交関係を築いている国家は、ヨーロッパ諸国の統合体が政治統合の結果として共通外交を展開することになるのを嫌った。

諸国家にとって、経済統合だけでなく政治統合にまで踏み込み、共通政府を作り出すかのようなヨーロッパ統合ヴィジョンはあまりに過度であるように見えた。国際連盟とヨーロッパ諸国の統合体の兼ね合いも問題とされた。つまり、屋下屋を架すことになると判断された。不十分ながらも諸国家の平等性を保障する国際連盟の下で、なにゆえにより強力に統合されたヨーロッパ諸国の統合体が必要であるのかが疑問視された。

国際連盟においては保障されている諸国家の平等性が、ヨーロッパ統合によって保障されなくなるのではないかという懸念もあっただろう。第一次世界大戦後のヨーロッパ大陸において、戦勝国フランスは他国に比して優位な立場にいる。統合体が誕生するや、政治的にも経済的にも優位にあるフランスを頂点とするヒエラルキーが出現してしまうのではなかろうか。しかも、ヨーロッパ諸国にとって、フランスの積極的な動きはルイ一四世やナポレオン一世、あるいはナポレオン三世を思い起こさせるものでもあろう。

ヨーロッパ世界に隣接しつつ、国際連盟から排除されている国家の扱いも懸念された。つまり、ソ連とトルコである（トルコは一九三二年に、ソ連は一九三四年になってようやく国際連盟に加盟した）。ヨーロッパ世界の安定を考えれば両国の存在は無視できない。果たして両国の参加を容認するのか、あるいはどちらか一つの参加でとどめるのか、それともどちらの参加も容認しないのか。東方への拡大は今日のヨーロッパ統合においても大きな問題となっている。

ところで、クーデンホーフ＝カレルギーやエリオ、あるいはブリアンだけでなく、さまざまな人びとによってヨーロッパ統合は主張された。[43] しかし、神聖不可侵なる主権を死守しようと考える国家が多々存在した。主権国家の時代は今なお続いていた。しかも問題も山積していた。そうした風潮を変え、統合を進めるために優先順位を決定することができるほどの指導力を持った国家も政治指導者も存在しなかった。クーデンホーフ＝カレルギーは政治家ではない。フランスは戦勝国列強として他国に比して優位ではあったものの、覇権国のように振る舞い、大事業を強引に進められるほどの力を維持できているわけではない。したがって、ブリアンの力にも限界がある。

結局のところ、ヨーロッパ諸国にはさらなるショックが必要だったのである。ショックの一つとして、ヨーロッパ諸国はクーデンホーフ＝カレルギーらのヴィジョンとは全く異なる〝ヨーロッパ統合ヴィジョン〟に直面することになる。

†第一次世界大戦後の思想風景

第一次世界大戦後にヨーロッパ統合をめぐる動きが活発化したことには、知識人たちの言説の影響もある。

ヨーロッパの没落――。ヨーロッパ諸国が戦場となることで荒廃し、西にアメリカ、東にソ連が台頭する中で、ヨーロッパ人の中にこうした意識が芽生えていた。第一次世界大戦直前頃より、ヨーロッパ世界の没落を口にする人びとはいた。たとえば、ドイツの歴史学者オスヴァルト・シュペングラー（一八八〇～一九三六年）は、すでに一九一一年の段階で、日本でも有名な『西洋の没落』（一九一八～一九二三年）の執筆を開始していた。[44] シュペングラーが用いた「没落」という表現はヨーロッパ世界が直面する状況、そしてその未来を端的に示すものとして多くの思想家や政治家に影響を与えていった。第一次世界大戦終結後、こうしたヨーロッパ世界の現状を問う著作が次々と現れてくるのである。(45)

「ヨーロッパの没落」が強く叫ばれたのは、裏を返せば一つのヨーロッパ世界が存在する、そして一つのヨーロッパ人であるという意識が当たり前のものになっていたということである。それゆえに、アメリカやソ連、あるいは日本といった「非ヨーロッパ諸国」が台頭する一方で、「ヨーロッパ諸国」が度重なる戦争と世界中を巻き込んだ第一次世界大戦によって荒廃し、優越性をもって世界を制することができなくなったことに対し、ヨーロッパ人は強い危機感を覚えた。ヨーロッパ人がヨーロッパ世界を再生し、その栄光を取り戻そうと考えるのは当然であった。そのための方法の一つとしてヨーロッパ統合が存在した。

しかし、それだけではなかった。ヨーロッパ人の「自己決定権」を守り通すためでもあった。ヨーロッパ人が自分たち自身によって、自律性を有する政治的主体たるヨーロッパ世界の運命を決定することができるという権利である。アメリカやソ連、あるいはそれ以外の他者によって操作されるヨーロッパ世界の運命であってはならない。国際連盟が設立されるにしても、ヨーロッパ人は何よりもまず自分たち自身でヨーロッパ世界の諸問題を解決したうえで、国際社会の中で役割を果たさねばならない。

とはいえ、世界恐慌が発生するや、諸国家は自国通貨を切り下げ、歳出を削減し、関税を引き上げ、さらにブロック経済圏を確保するなど、エゴイスティックに自国の生存を第一とした諸政策を遂行した。「ヨーロッパの没落」を前にヨーロッパ統合や何らかの連帯の実現が進むどころか、諸国家は競争し、やがて対立に陥った。なぜ諸国家が自国経済をことさら重視することで戦争を含む対立に至ってしまうのかを考えるなら、たとえば、第一次世界大戦終戦直後に『ヨーロッパの没落』（一九二〇年）を著したフランスの地理学者アルベール・ドゥマンジョン（一八七二～一九四〇年）が「経済ナショナリズム」[46]と呼んでいるものが見えてくる。[47]つまり、保護主義、そして自国民中心主義が過激化することによる戦争勃発の危機である。

こうした世界史の流れを踏まえるならば、解決策は自由貿易ということになろう。とはいえ、自由貿易を基礎としたヨーロッパ統合、あるいは世界的な諸国家自由貿易連合体を創設するという道は本当に問題解決に寄与するのだろうか。ナポレオン三世のフランスが関税諸条約と通貨同盟を軸とした「自由貿易圏」の構築を試みたことがあったが、自由貿易主義は経済大国を頂点としたヒエラルキーを出現させはしないだろうか。経済大国の経済的支配、さらには政治的支配が強まることによって、圧迫された中小国の人びとは過激なナショナリズムに走らないだろうか。

かつてのサン＝シモンやサン＝シモン派知識人たちのように、諸国民の経済的関係を深化させることはヨーロッパ統合の重要な手段として考えられてきた。国家主権の問題があったにせよ、一九二九年にブリアンが経済統合をまずは主張したことは、こうしたフランスおよびヨーロッパで形作られてきた文明的・思想史的・政治文化的伝統の影響を受けた結果である。いずれにせよ、世界恐慌が発生した後、諸国家はヨーロッパ統合よりもむしろ自国経済の防衛のために邁進した。

また、ソ連が指導するようになっていた国際的な労働者連帯、つまり「インターナショナリズム」が、ヨーロッパ諸国にとって大きな脅威に変化していた。東方のソ連がヨーロッパ世界に「覇権による統合体」を創り出そうというだけでなく、ヨーロッパを世界の諸地域を構成する一つの地域として、単なる「地理学的」レベルに押しとどめようとするものであった。

†第二次世界大戦へ向かって

ドイツでは、世界恐慌によって、第一次世界大戦終結以降の復興の流れが終焉し、政治的、経済的、そして社会的な混乱がもたらされていた。もともとドイツには、ヴェルサイユ体制、そしてロカルノ条約に対して不満を抱える政治勢力が存在し続けてきた。世界恐慌後の混乱の中で、戦後の国際秩序を転換させることを望む政治勢力が台頭していくのである。

一九三三年、総選挙で多数派を形成した「ナチス（国家社会主義ドイツ労働者党）」を中心とする政治勢力を基盤として、[48]ヒトラーが首相に就任した。同年、ヒトラー政権はナチス以外のすべての政党を禁止する中で国民投票と再度の総選挙を行い、その結果を受けて国際連盟からの脱退を決定した。一九三五年には国際連盟管理地域となっていたザール地方をヴェルサイユ条約の規定に基づく住民投票を通して回復した。このザール地方では、ヴェルサイユ条約によってフランスが石炭資源を管理する権限を保持していた。さらに、ドイツはヴェルサイユ条約そのものを無視し、再軍備を宣言するに至った。

フランスとソ連は対仏復讐や反共産主義（反共）を掲げるドイツの動きを憂慮し、かつての露仏同盟のように、仏ソ相互援助条約を締結することでドイツを東西から挟み込む状況を作り出した。

ドイツはフランスの動きを口実にラインラント地方に進駐し、ロカルノ条約を破壊した。

イタリアでもヴェルサイユ体制を突き崩そうとする動きが見られた。イタリアは第一次世界大戦の戦勝国になったものの、アドリア海沿岸のダルマチア地方に対する領土要求が満たされなかったことからヴェルサイユ体制に不満を抱え続けてきた。そして、一九三七年、ベニート・ムッソリーニ（一八八三〜一九四五年）政権は国際連盟からの脱退を決定した。一九二二年の権力掌握以降、ムッソリーニは地中海沿岸に広がる古代ローマ帝国の版図の復活を掲げて、一九一一年以来続く北アフリカ・リビアの植民地化を加速してきたが、一九三二年以降はエチオピアへの介入を強めていた。一八八九年から一八九六年にかけての第一次エチオピア戦争において、エチオピアはフランスの援助を受けつつイタリアの侵略を跳ね返し、諸列強のアフリカ分割の中で残された最後の独立国家となっていた。一九三六年、第二次エチオピア戦争の結果、ついにイタリアはエチオピア全土の占領に成功し、イタリア国王を皇帝とする「東アフリカ帝国」を建設した。国際連盟はイタリアへの制裁を決定したものの、実効性は乏しく、その権威は失墜するに至った。

東アジアにおいては、日本が中国大陸における勢力拡大を加速していた。一九三三年、満州国建国をめぐって、日本も国際連盟を脱退した。

国際的に孤立したドイツ、イタリア、日本は協調路線をとるようになった。一九三六年一〇月に独伊間で「ベルリン＝ローマ枢軸」が成立し、翌一一月に日独防共協定が締結され、一九三七年一一月にイタリアの参加をもって日独伊三国防共協定が完成した。一九三八年三月、ドイツはオーストリアを軍隊の進駐をもって強行合併した。九月には英仏伊三国とのミュンヘン会談によって、ドイツ系住民が人口の多数を占めるチェコスロバキアのズデーテン地方を奪取し、さらに一九三九年三月にはチェコスロバキアを勢力下に収めつつ、ポーランドへの圧力を強めていった。

イギリスはネヴィル・チェンバレン（一八六九～一九四〇年）政権のもとで、ミュンヘン会談のようにドイツに対し融和的な姿勢をとり続けた。ドイツの領土的野心をソ連に向けさせ続けるためであった。イギリスにとっての利益とは大陸諸国家が分裂、そして対立状態にあることなのである。しかし、ドイツの勢力拡大が加速する中で、ついにイギリスはフランスやソ連とともにドイツ包囲網を構築することを企図したものの、一九三九年八月にドイツはソ連との間で独ソ不可侵条約を締結することで、英仏ソの接近に楔を打ち込んだ。反共を掲げるドイツがソ連と結んだことは世界に衝撃を与えた。

まさにヨーロッパ統合の前途には暗雲が立ち込めていた。危機が迫り来る中でも、クーデンホーフ＝カレルギーは一九三六年に「パン・ヨーロッパ農業会議」をウィーンで開催し、また一九三九年に『ヨーロッパは統合しなければならない[49]』を著すなどして、ヨーロッパ統合と恒久平和の実現を訴えたが、時代の流れを変えるには至らなかった。

第一次世界大戦という破滅によってヨーロッパ統合がようやく一つの政治運動に昇華したとはいえ、ヨーロッパ統合へ向かっての具体的な政策が実行されない中で、一九三九年、ついに第二次世界大戦が勃発してしまう。ドイツ包囲網を崩し、東方のソ連に対する憂いを無くしたドイツは、一九三九年九月、ポーランドへの侵攻を開始したのである。

†ヨーロッパ統合の負の側面と第二次世界大戦

ヒトラーがヨーロッパ諸国にもたらしたもの、それはヨーロッパ諸国にとって逆説的には〝ヨーロッパなるもの〟であったといってよい。普遍的なヨーロッパなるものによって一つのヨーロッパ世界を創りあげていくということには、必ず負の側面が存在する。そうした負の側面が一気に噴出する。いや、なにごとにも負の側面は存在するものである。

ヒトラーが掲げたアーリア人優越主義に代表される人種観については、本書があらためて説明する必要もないだろう。ヒトラーは、そうした人種観を基礎にした文化的で道徳的な共通性をもってヨーロッパ世界の内部と外部を差異化したうえで、〝ヨーロッパ人種〟の連帯を実現しようとした。こうしたヨーロッパ世界を牽引する中心的地位を占める国家こそドイツということになる。ドイツを頂点に、保護国、衛星国といった形で階層化されたヒエラルキーが出現する。そうしたヒエラルキーを維持するためには、隣接する大国フランスを軍事的に抑え込まねばならない。しかし、世界中に大規模な植民地を抱えるもう一つの大国イギリスとは友好関係が必要である。

一見、〝ヒトラーのヨーロッパ〟は〝ナポレオンのヨーロッパ〟に類似しているようである。しかし、ナポレオン一世があからさまな形で人種的優越性を基礎にしたヨーロッパ世界の構築を目指したということはない。

かつての中世において、「地理学的ヨーロッパ」の西の一部の地域に生きるキリスト教徒たちは外部の異教徒を敵（外敵）として認識することによって、キリスト教勢力圏としての西方世界の一体化を図った。さらに、異教徒を劣ったものとしてみなしたうえで、自分たちこそが道徳的優位性を持っていると考えてきた。近世から近代にかけては、国民国家の形成や諸国民の連帯という進歩を人間の真にあるべき姿としてみなす知識人たちがいた。知識人たちは普遍的な人間の存在を示しつつも、他人種や他民族に対し優位に立つヨーロッパ諸国民こそが進歩の「前衛」とならねばならないと考えた。そこにも相変わらず優越性や優位性という極めて恣意的かつ曖昧な概念によって、ヨーロッパ世界の内部と外部を差異化する意識があった。

さらには、一国のイニシアティブ、あるいは覇権によってヨーロッパ統合を意のままに進めようと考える為政者がいた。第二次世界大戦直前、こうしたヨーロッパ統合の負の側面が極めて明瞭な形で一気に噴出したのであった。

だからといって、ヨーロッパ統合を全面的に断罪することに終始するべきではないだろう。封建制から民主主義への体制変革、国民国家の形成、諸国民間の連帯、そして恒久平和の実現といった理念は理念として理解する必要がある。地域統合を進めるときには、必ず外部と内部を何らかの基準を用いて差異化することで、統合体の「領域的限界」を決定せねばならない。統合には必ず排除がともなうのである。では、それでもなお、外部に対し開かれた統合体を創りあげていくためにはどうすればよいのであろうか。

第二次世界大戦が始まり、〝ヒトラーのヨーロッパ〟が目の前に現れる中、そうした流れに対抗する形で、そして来るべき戦後のヨーロッパ国際秩序を構想するために、ヨーロッパ統合について思考する人びとがいた。たとえば、「ヨーロッパ統合の父」と呼ばれることになるフランスのモネや戦後にフランス首相や外相を歴任するルネ・プレヴァン（一九〇一〜一九九三年）は、イギリスの政治家らとともに「英仏連合」構想を執筆した[50]。この構想はドイツ軍によってパリが陥落した一九四〇年六月一四日前後に議論、執筆された。強力な連邦国家構想であり、イギリス国民がフランス市民権を、フランス国民がイギリス市民権をそれぞれ持ち合うことなどが提案された。「英仏連合」構想に対しウィンストン・チャーチル（一八七四〜一九六五年）イギリス首相は慎重であった。チャーチルにとってもフランクリン・ルーズヴェルト（一八八二〜一九四五年）アメリカ大統領にとっても戦争に勝利することこそが先決であった。とくにルーズヴェルトは、ソ連やヨシフ・スターリン（一八七九〜一九五三年）の野心、あるいは戦後の国際政治のあり方について無関心であった。したがって、米英ソ三国から示された戦後の国際秩序についてのヴィジョンといえば、ウィルソン流の「国際連合」の創設案にとどまった。

第二次世界大戦終結後の一九四六年になり、チューリッヒにおけるチャーチルの演説において、ようやく「ヨーロッパ合衆国」を実現することが提案された。ウィルソンの国際連盟やルーズヴェルトの国際連合を中心にした国際秩序でもなく、スターリンが指導するソ連を中心にした共産主義勢力の「インターナショナリズム」でもない、「ヨーロッパ」という世界の一地域の諸国民を統合していくヨーロッパ統合がようやく実現へ向けて具体的に動き出すのである。

3 政治統合か経済統合か

†二つの大国のはざまで

第二次世界大戦が終結し、思想・ヴィジョンとして受け継がれてきたヨーロッパ統合はようやく実現していく。二度目の世界大戦による荒廃を目の前にして、ヨーロッパ人は「西洋の没落」、あるいは「ヨーロッパの没落」を否応なしに意識せざるをえなくなった。アメリカの覇権、そしてソ連の脅威が第一次世界大戦後よりもはっきりとした形で現れた。ヨーロッパ世界が二大国のはざまに没落すると同時に、「地理学的ヨーロッパ」の半分、つまり東ヨーロッパが完全にソ連の勢力圏に入った。

アメリカもまたソ連という現実的な脅威を目の前にして、ウィルソン的な国際連盟体制、あるいはルーズヴェルト的な国際連合体制といった国際秩序だけでなく、ソ連および東ヨーロッパの共産主義勢力圏に備える地域的・局地的な「共同防衛」戦略として、西ヨーロッパの自由な民主主義諸国によるヨーロッパ統合を支持し始めた。やがて出現するだろう「政治的ヨーロッパ」の領域は、米ソ二大国のはざまで「地理学的ヨーロッパ」の西側のごく一部に限定されることになる。

こうしたアメリカの狙いとは別に、フランスは第一次世界大戦後とは異なりドイツを徹底的に懲罰するのではなく、むしろ自陣営に引き込むことで、アメリカやソ連に対抗できるヨーロッパ世界、そして自国を再建することを企図した。フランスにとって、ヨーロッパ統合とは、フランスとドイツの協調関係を軸にヨーロッパ世界の立場を国際社会の中で強化し、その「自己決定権」を確保するというものだった。ヨーロッパ統合をめぐってアメリカとフランスの間には思惑の違いが横たわっていた。ドイツにとってはフランスとの協調路線を選択することこそが国際社会に早期に復帰するための外交戦略であった。

各国の思惑と外交戦略といった現実政治とは別に、人びとが恒久平和を実現したいと真に願ったこと、そして恒久平和という理念そのものの重要性を忘れるわけにはいかない。これまで紹介したさまざまなヴィジョンからも分かるように、世界的な恒久平和を実現するためにも、民主主義や自由のもとで生きるヨーロッパ諸国民こそがその前衛ならんとする理念があったことは確かである。ヨーロッパの民主的諸国民の連帯と恒久平和の実現を図ろうとすると同時に、それを世界に広げていこうとするのである。

さまざまな状況が重なることによってヨーロッパ統合は始まり、今日まで続いている。もちろん、その過程は平坦なものではなく、多くの問題が生じている。

†統合の第一歩――ヨーロッパ評議会の設立

ソ連軍が進駐し、ドイツからの解放者としての役割を果たした東ヨーロッパ諸国では、大戦後より共産主義政権が次々と誕生していった。こうした状況を受けて、チャーチルは「バルト海からアドリア海まで大陸の上に鉄のカーテンが下ろされた」と表現した。
「鉄のカーテン」の西側においても共産主義の高まりは見られた。たとえば、フランスやイタリア、あるいはギリシャでは、大戦中のドイツへの抵抗運動（レジスタンス）において共産党が主導的役割を果たしたため、その発言力が必然的に強化されていた。アメリカは「鉄のカーテン」の西側にソ連に対する防波堤を作り出すとともに、西ヨーロッパ諸国の共産化を防ぐことを外交上の重要な目標に設定した。

一九四七年六月、ジョージ・マーシャル（一八八〇～一九五九年）アメリカ国務長官は、ハーバード大学での記念講演の中で、ヨーロッパ諸国の戦後復興のための援助を実施する旨を発表した。いわゆる「マーシャル・プラン」である。援助対象は連合国側と枢軸国側の間に区別なく、すべてのヨーロッパ諸国であったものの、米ソ対立の中でソ連の影響下にある東ヨーロッパ諸国の参加が見送られ、西ヨーロッパ一三カ国（オーストリア、ベルギー、デンマーク、ギリシャ、アイスランド、アイルランド、イタリア、ルクセンブルク、オランダ、ノルウェー、ポルトガル、スウェーデン、スイス）およびトルコが参加するにとどまった。さらに、イギリスとフランスを加えた一六カ国の間にヨーロッパ経済協力委員会（CEEC）が設置された。

一連の政策を通して、アメリカは西ヨーロッパ諸国をソ連やその影響下にある東ヨーロッパ諸国とは異なる一つのまとまった「政治的」な地域として扱い始めた。西ヨーロッパの自由な民主主義諸国によるヨーロッパ統合に対して、自由と民主主義を掲げたアメリカが好意的な態度をとる下地が準備された。

アメリカは、第一次世界大戦終結直後のように、「ヨーロッパ」を単なる世界の地理学的諸地域の一つに過ぎないものとして扱うことはなかった。第一次世界大戦終結後においては、さまざまな知識人や政治家がヨーロッパ統合ヴィジョンを掲げたとはいえ、そうした動きを列強として生き残りつつも弱体化してしまったフランスのみで支えねばならなかった。第二次世界大戦終結後においては、米ソ冷戦という国際環境の変化によって、超大国アメリカがヨーロッパ統合を政治的にも経済的にも強力な形で支援することになった。ヨーロッパ統合は実現へ向かって進みうる状態になった。

とはいえ、一九四八年三月にはイギリスとフランスのダンケルク条約（一九四七年）を拡張する形で、ベルギー、オランダ、ルクセンブルクの参加をもって、ソ連および東ヨーロッパ諸国だけでなくドイツをも仮想敵国とした西ヨーロッパ五カ国の集団的安全保障条約、ブリュッセル条約が締結されるなど、西ヨーロッパ諸国は決して一枚岩ではなかった。とくに、戦後すぐの時期において、二度の世界大戦を経験したフランスのドイツに対する不信感は実に大きいものがあった。一九四九年五月に米英仏占領地域に成立した西ドイツ（ドイツ連邦共和国）とイタリアが修正ブリュッセル条約に参加することによって「西欧同盟」[51]が設立されるのは、一九五四年のパリ会議を待たねばならない。

しかも、一九四九年にアメリカや西ヨーロッパ諸国など一二カ国の間で設立された多国間軍事同盟である北大西洋条約機構（ＮＡＴＯ）は、ソ連および東ヨーロッパ諸国の脅威に備えるための国際的組織であると同時に、ドイツの再度の台頭を封じ込めるという性格を帯びていた。ある種の

〝敵〟と認定された西ドイツがＮＡＴＯに加盟するのは、ようやく一九五五年に至ってのことである。したがって、いかなる形でヨーロッパ統合を進めていくかについて、西ヨーロッパ諸国間で即座に合意することはできなかった。

一方のソ連を中心とする東側においては、西ドイツのＮＡＴＯ加盟へ反発する形で、一九五五年、多国間軍事同盟としてワルシャワ条約機構（ＷＴＯ）が設立された。東西両陣営の対立はますます先鋭化していくのであった。

さて、先に触れたように、連合国として共に戦った米ソが二つの陣営に分かれて争い始めた頃、チャーチルはチューリッヒでの演説の中で「ヨーロッパ合衆国」の実現を提案した。また、チャーチルは演説の中で、クーデンホーフ＝カレルギーとブリアンの貢献を引き合いに出しつつ、「ヨーロッパ評議会」の設立を口にした。とはいえ、いかなるプロセスで統合を進めるのか、そもそも〝ユナイテッド・ステーツ〟はいかなる形の統合体であるのか、つまり緩やかな諸国家連合なのか、より強固な一つの連邦国家なのか、といった問題が残されていた。

クーデンホーフ＝カレルギーもヨーロッパ諸国の議会に対し再び「パン・ヨーロッパ」を訴え始め、一九四七年には「ヨーロッパ議会連合（ＥＰＵ）」を結成するに至った。その他にもさまざまな知識人や政治家によってヨーロッパ統合が主張されるとともに、ヨーロッパ統合のための国際的な政治団体が次々と設立されていった。それらの政治団体の間にヨーロッパ統合の方向性をめぐる考え方の違いが横たわっていたことは言うまでもない。それでも、一九四八年にはオランダのハーグにて「ヨーロッパ会議」が開催され、さらにクーデンホーフ＝カレルギーの「ヨーロッパ議会連合」などの諸組織が「国際ヨーロッパ運動」を結成することで、ヨーロッパ統合へ向けての機運が高まっていった。

一九四九年五月、ベルギー、デンマーク、フランス、アイルランド、イタリア、ルクセンブルク、オランダ、ノルウェー、スウェーデン、イギリスの一〇カ国がロンドン条約を締結し、「ヨーロッパ評議会」を設立した。今日、ヨーロッパ評議会は、旧ソ連の諸国家やトルコを含む四七カ国の加盟によって、「地理学的ヨーロッパ」のほぼ全体をカバーする国際的政治組織となっている。

ヨーロッパ評議会は法の支配、自由、民主主義、そして基本的人権といった価値を尊重することを加盟基準としており、そうした意味で近代の知識人たちが主張したヨーロッパ統合ヴィジョンを実現しようとする組織としてとらえられうる。こうしたヨーロッパ評議会の活動として最もよく知られたものは、一九五〇年のヨーロッパ人権条約であろう。この条約によってストラスブールにヨーロッパ人権裁判所が設立された。ヨーロッパ人権裁判所は基本的人権や自由に関するヨーロッパの〝最高裁判所〟として機能している。ヨーロッパ評議会の設立により、ヨーロッパ統合の実現に向けて一つの前進が見られたのである。

しかし、イギリスの主張が勝ることによって、ヨーロッパ評議会の役割は、前述のような価値に関するヨーロッパ諸国間の緩やかな協議機関というレベルに限定されてしまった。かつて、ブリアンのヴィジョンに対し難色を示したように、イギリスは特恵関税制度など広大な旧植民地諸国との間で「コモンウェルス」と呼ばれる独特の政治的かつ経済的関係を築きあげてきたため、足枷無くその主権を行使できることを望んだ。第二次世界大戦終結直後において、イギリスはヨーロッパ世界に「諸国家分立の統合体」以上の存在を必要であるとは考えていなかった。しかも、大陸諸国家の動きに対して可能な限り一線を画そうとする伝統的な外交方針も存在していた。

また、自由や民主主義、基本的人権といったものこそがヨーロッパ諸国の「紐帯」となるべき価値であるのならば、そうした価値を基礎にして統合される領域は「地理学的ヨーロッパ」全体に広がるとともに、その限界をはるかに超えていってしまいうる。今日のヨーロッパ評議会加盟国の多さはその証左である。[52] フランスやドイツにおいては、さらに大きな権限と役割を持った「超国家性」を有する国際的政治組織の設立を模索する動きが見られるようになる。

†フランスとドイツの協調関係

一九四九年五月、西部ドイツの米英仏占領地域に西ドイツ政府が誕生すると、ドイツの国際社会への復帰と再軍備を警戒してきたフランスが西ドイツとの間でいかに和解を実現するのかが問題となった。独仏両国の和解が実現し、西ドイツが国際社会に復帰することになれば、ヨーロッパ統合は力強く進んでいくだろう。

このとき、独仏両国間に発生していた最大の懸案事項の一つはザール問題であった。現在はドイツのザールラント州となっているザール地方は、石炭および鉄鉱石の産地であり、第一次世界大戦後に国際連盟管轄地域になったように、第二次世界大戦後においてはフランスの保護領となっていた。そこでモネは、ザール地方およびルール地方の支配権をフランスが持ち、豊富な資源を利用することでフランスの戦後復興を実現するというプラン、「モネ・プラン」を計画した。これに対し、

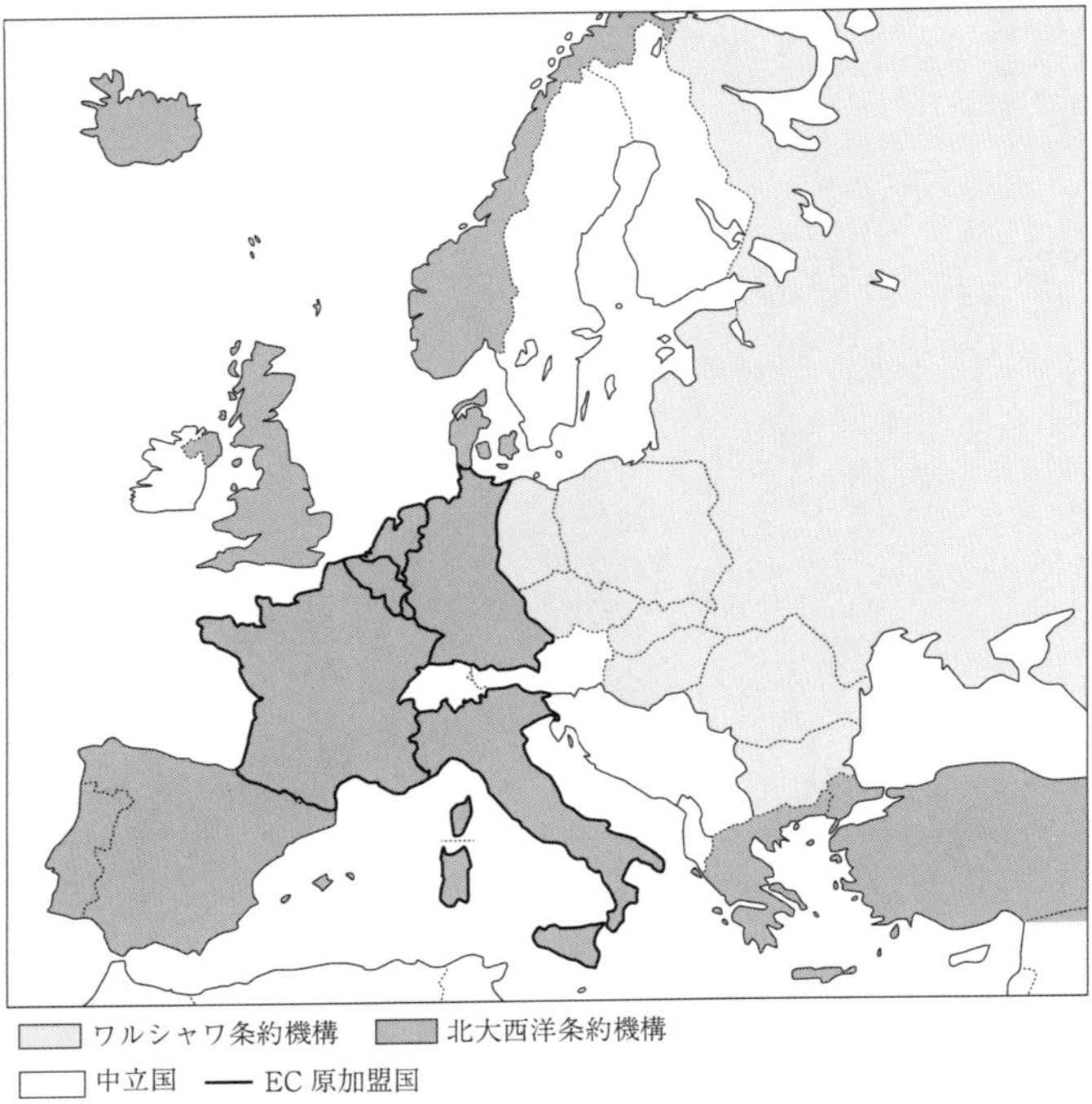

地図 3−6　東西両陣営の軍事同盟と EC 原加盟国

西ドイツの初代首相に就任したコンラート・アデナウアー（一八七六～一九六七年）はザール地方の西ドイツへの復帰を要求した。フランスと西ドイツの間で外交関係を再構築するにあたってはザール問題を必ず解決せねばならなかった。

一九五〇年五月、シューマンはフランス外相として、長らく独仏間の紛争の種となってきた両国国境地域の資源を両国およびいくつかの参加国で共同管理し、ヨーロッパ世界の恒久平和の実現を目指すという「シューマン宣言」を発表した。

ここで、モネとシューマンがサン＝シモン主義者であったという事実には留意せねばならない。かつて、ナポレオン三世とシュヴァリエが関税諸条約および通貨同盟によって自由貿易圏を構築することから始めたように、モネとシューマンは自由な石炭・鉄鉱資源の共同市場という経済領域での統合を手段にして、将来的な政治統合を、そして恒久平和を実現することを構想したのであった。世界最大の自由主義経済大国として、自由貿易主義を大々的に推進するようになっていたアメリカにとっても、モネやシューマンの自由主義的プランは受け入れやすいものであった。

こうして、序章で触れたように、独仏およびベネルクス三国（ベルギー、オランダ、ルクセンブルク）、そしてイタリアの六カ国が一九五一年にパリ条約を締結することで、ヨーロッパ石炭鉄鋼共同体（ＥＣＳＣ）が設立された。今日のＥＵに直接的につながる歴史が始まった。さらに一九五七年、六カ国の間でローマ条約が締結されることで、原子力エネルギー分野における多国間協力を進めるためのヨーロッパ原子力共同体（ＥＵＲＡＴＯＭ）と関税同盟を結成するためのヨーロッパ経済共同体（ＥＥＣ）が設立された。これら三つの国際機関の組織体制を一九六五年のブリュッセル条約によって統合することで、ＥＣが発足した。

いずれの組織もヨーロッパ諸国間の単なる協議機関ではなかった。ＥＣＳＣの場合、最高機関は加盟諸国家の代表者から構成されたが、代表者にはそれぞれの出身国の国益ではなく共同体の利益を重んじて行動することが求められた。ＥＣＳＣは加盟諸国家から独立し、その主権の一部が委ねられた組織であった（地図３－６）。

ヨーロッパ統合はもっぱら経済領域において進んでいった。経済的利益を最大化することこそが諸国家に共通した利益であるがゆえに、諸国家は統合できるところから統合を進めることで統合の事実と実績を積み上げていこうと、関税条約、あるいは関税同盟といった経済領域における統合、すなわち経済統合を優先せざるをえなかった。歴史的歩みや政治体制がさまざまに異なる諸国家間で共通の外交政策や共通の安全保障政策を運営すること、つまり政治統合を実現することは非常に難しい。どの国家も経済統合によって経済的利益がもたらされることは歓迎しても、外交や軍事については自らの主権の枠内にとどめようと考えるものである。

一九五〇年、フランス首相プレヴァンは「プレヴァン・プラン」を発表し、フランス、西ドイツ、イタリア、ベネルクス三国の間での政治軍事協力のための組織、ヨーロッパ防衛共同体（ＥＤＣ）を設立することを提案した。しかし、プレヴァンのお膝元、フランスこそが主権の不可侵性を脅かすものとして「プレヴァン・プラン」に反対したのであった。また、一九五二年にはヨーロッパ政治共同体（ＥＰＣ）の設立が提唱されたが、ＥＤＣの設立が断念されたことによって、これも頓挫することになった。経済統合を超えて政治統合を急速に進めることはできなかった。

ただし、気をつけねばならないが、「プレヴァン・プラン」は西ヨーロッパ六カ国の政治軍事協力というだけでなく、西ドイツの再軍備に対する懸念を払拭するという意味も帯びていた。すなわち、再建された西ドイツ軍をＥＤＣ軍の指揮下に置くことによって、西ドイツが〝軍国主義化〟していくことを防ごうとしたわけである。フランス側のヨーロッパ統合ヴィジョンが単純に恒久平和のみを目的としているのではなく、フランスの地政学的位置を十分に見据えたうえで、ソ連や東ヨーロッパ諸国への対抗だけでなく、西ドイツの封じ込めをも企図しているという点については注意が必要である。フランスにとってドイツという存在は相変わらず脅威であり続けた。

それでも、フランスと西ドイツの間で政治的な協力関係が少しずつ構築されていったことは確かである。西ドイツという大国を自陣営に引き込みつつ封じ込める、あるいはフランスを利用して国際社会に復帰するといったように、独仏両国それぞれの思惑の違いはあったものの、「パリ＝ボン枢軸」と呼称される独仏両国の協調関係はヨーロッパ統合を牽引していった。

こうしたフランスと西ドイツの動きに対抗する形で、一九六〇年、イギリスはオーストリア、スウェーデン、スイス、デンマーク、ノルウェー、ポルトガルの六カ国とともにヨーロッパ自由貿易連合（ＥＦＴＡ）を結成した。イギリスは、その主張によって、ヨーロッパ評議会の役割を緩やかな協議機関というレベルに限定することに成功したように、ＥＦＴＡにおいては諸加盟国間の漸進的な関税引き下げといった緩やかな経済的連携のみを図っていこうとした。つまり、諸国家間で経済統合をより強力な形で推し進めていこうとは考えなかった。そもそも、関税同盟の設立や共通通商産業政策の実施などより強力な経済統合を志向するＥＥＣに接近しようとするのならば、イギリスは関税特恵制度といったコモンウェルス諸国との独特な政治的かつ経済的関係を見直す必要があった。

イギリス国内では、従来通り大陸諸国に対して独立的に行動することを支持する勢力と外交方針を転換してでもＥＥＣに接近することを支持する勢力の対立が見られるようになっていた。ＥＦＴＡはイギリスを除けば国力が高いとは言い難い諸国家によって構成されており、フランスや西ドイツを中心としたＥＥＣに対抗するには限度があった。イギリスはそうした現実を前にして外交方針を転換することが迫られつつあったが、フランスのシャルル・ド・ゴール（一八九〇〜一九七〇年）大統領の反対により、イギリスのＥＥＣへの接近は困難となっていた。

ド・ゴールにとって、旧宗主国としてアメリカと深い関係を持つイギリスは、ヨーロッパにとって「トロイア（トロイ）の木馬」であった。フランスはアメリカの援助を受けつつも、その影響力をできるだけ排除し、「一つのヨーロッパ」の名のもとに自国の利益を確保していこうとする。こうした姿勢は、デュボワ、アンリ四世、そしてナポレオン三世らのヨーロッパ統合ヴィジョンの中でも見られた。フランスの一貫した政治文化的伝統であると同時に、主権国家の名に相応しい行動であろう。とはいえ、フランスがヨーロッパの恒久平和の理念を重視し、その旗振り役になってきたという事実を忘れてはなるまい。国益を忘れ、外国に蹂躙されるのもよしとしないが、もっぱら国益のみを志向するわけでもないのである。

さて、一九六九年に西ドイツ首相に就任したヴィリー・ブラント（一九一三〜一九九二年）のように、その時代の国際情勢に応じて東側との関係改善を模索する「東方外交」を展開し、東方へ軸足を移すかのような西ドイツの政治指導者も現れたが、独仏間の協調路線は維持され続けている。一九六三年に締結されたエリゼ条約によって独仏両国の首脳は首脳会談の開催を義務づけられており、今日なお両国の関係が緊密な形で展開していることはヨーロッパ統合に寄与している。

経済領域を優先することで進んでいったヨーロッパ統合であるが、もっぱら経済的利益のみを求めるために始まったわけではないことを忘れてはならない。経済的利益はあくまで「手段」である。では、どのように政治統合を進めていくことができるのであろうか。いや、むしろ政治統合を進め

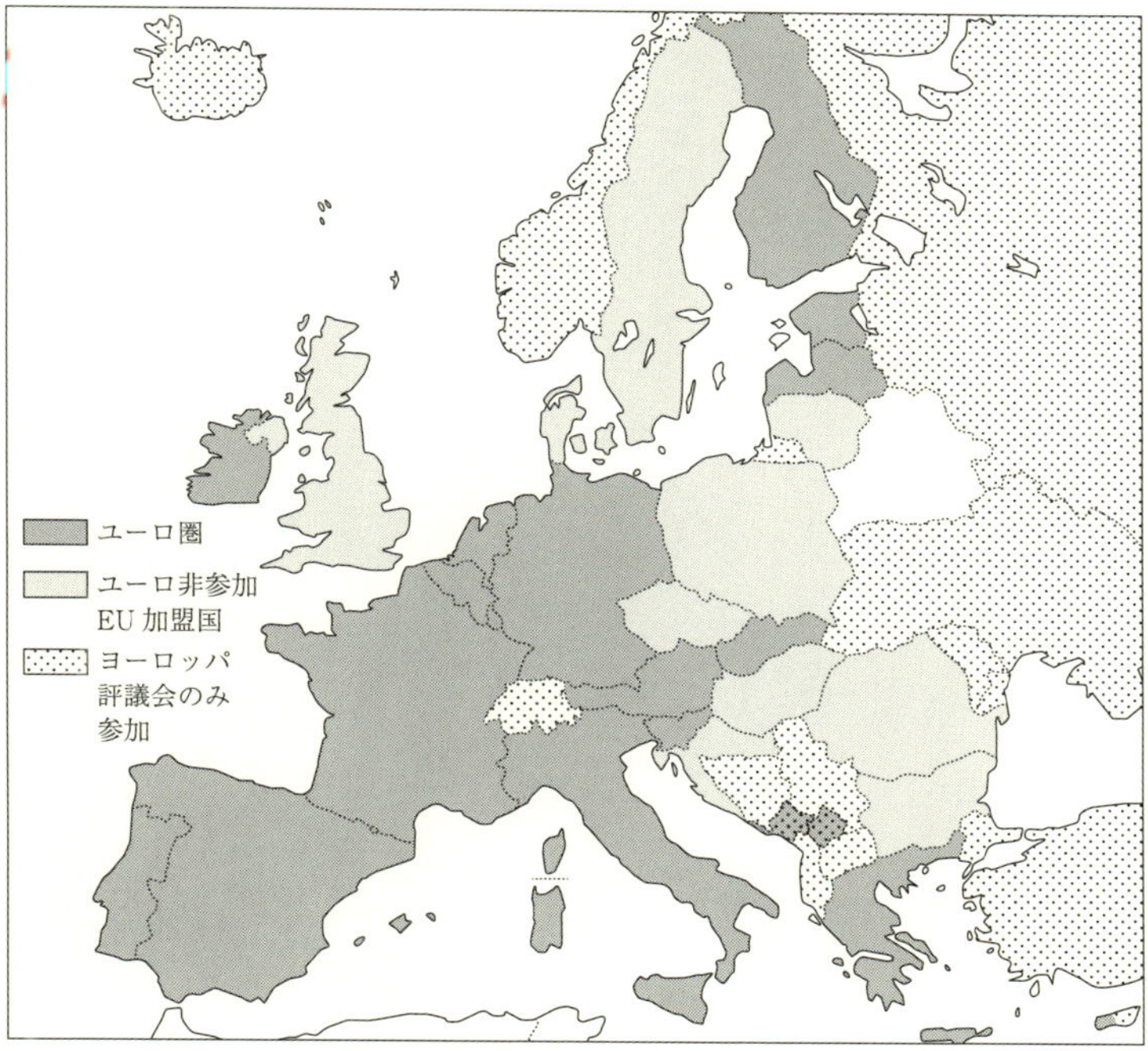

注：コソボとモンテネグロではユーロが流通している。

地図 3−7　2014 年時点のヨーロッパの同盟構造（ヨーロッパ評議会・EU・ユーロ圏）

るには困難な状況がさまざまな形で見られるようになってしまっている。

†経済統合から政治統合へ

ＥＣ加盟国は時代とともに増加していった。一九七三年にイギリス、アイルランド、デンマーク、そして一九八六年にスペインとポルトガルがＥＣに加盟した。イギリスはその政治的判断に基づいてコモンウェルス諸国との関税特恵を見直し、さらにド・ゴールの死去という状況の変化もあり、かつて自らが主導して結成したEFTAを捨てたのであった。

一九九三年のマーストリヒト条約の発効によってECがEUに発展した後、一九九五年にはオーストリア、スウェーデン、フィンランドがEUに加盟した。ヨーロッパ統合は西ヨーロッパ諸国のほぼ全域に広がることになった。また、一九八九年、西ヨーロッパ諸国を中心に統合が進んだ要因の一つであった東ヨーロッパ諸国の共産主義政権が次々と崩壊していった。そして、一九九〇年、東西ドイツが再統一された。しかも、一九九一年にはソ連が解体されるに至った。ソ連の勢力圏が消滅することによって東ヨーロッパ諸国のEU加盟が相次ぐことになった。二〇〇四年に東ヨーロッパ八カ国（チェコ、スロバキア、ポーランド、スロベニア、エストニア、ラトビア、リトアニア、ハンガリー）およびキプロスとマルタが、二〇〇七年にルーマニアとブルガリアが、そして二〇一三年にクロアチアがEUに加盟した（地図3－7）。将来における拡大についても、すでに加盟しているスロベニアおよびクロアチア以外の旧ユーゴスラビア連邦構成諸国やアルバニア、またロシアと距離を置くウクライナやグルジアといった旧ソ連の諸国家、さらには国土の一部が「地理学的ヨーロッパ」に属するトルコなどのEU加盟の是非に関する協議や、あるいは実際のEU加盟に向けた交渉が進められている。

六カ国から始まったヨーロッパ統合であるが、「地理学的ヨーロッパ」を大きくカバーする「政治的ヨーロッパ」が創りあげられた。そして、「政治的ヨーロッパ」は自由や平等、民主主義といった「文明のヨーロッパ」の諸価値を基礎としている。しかし、こうした成功を喜んでばかりはいられない。東西冷戦の終結の後、加盟国が二八カ国に膨れ上がったことで内部に多くの矛盾が生じていることについては、すでに触れたとおりである。

ところで、経済領域での統合が優先されたとはいえ、加盟諸国間の政策や法制度の違いはヨーロッパに「単一市場」を作り出すことを妨げていた。そこで、一九八六年、ジャック・ドロール（一九二五年〜）ヨーロッパ委員会委員長のもとで「単一ヨーロッパ議定書」が調印され、「単一市場」の設立へ向けての道筋が示された。

一九九二年のマーストリヒト条約では、経済分野に関する超国家的性格を持つヨーロッパ共同体の他、共通外交・安全保障政策、司法・内務協力という三つの枠組み（「三つの柱」）の設立によって、ヨーロッパ統合の深化、そして政治統合の実現が企図された。一九九七年のアムステルダム条約（一九九九年に発効）、二〇〇一年のニース条約（二〇〇三年に発効）によって、条約の修正や一体化が行われ、ヨーロッパ統合の深化がさらに進んだ。一九九八年のヨーロッパ中央銀行（ＥＣＢ）の発足や一九九九年の単一通貨ユーロの導入のように経済領域での統合が深化しただけでなく、ＥＵがユーゴスラビア紛争にあたってＮＡＴＯと協調しつつ、共通外交・安全保障政策を展開したように、政治領域での統合も着実に進んでいることが確認された。

しかし、ＥＵが経済統合から政治統合へ統合のあり方を進めるとはいえ、いかなる将来的な形態を目指しているのかが依然として不透明なままである。超国家性をより強めた今日の統合体のあり方を単なる諸国家連合（「連合」）として理解することはできない。とはいえ、ＥＵが連邦国家（「連邦」）として一つの国家になったわけでもない。

また、ＥＵ加盟国が東方へ広がっていく一方で、何をもってヨーロッパを定義することができるのか、つまり「ヨーロッパとは何か」という問題が、そしてヨーロッパ世界の「領域的限界」はどこであるのか、つまり「ヨーロッパとはどこか」という問題が、それぞれ問われ続けている。

西ヨーロッパ諸国と東ヨーロッパ諸国の間の経済格差は今なお大きく、EUが共通の経済政策を遂行することにさえ困難がともなうようになっている中、強引に政治統合を進めていくことはできない。それでは、EUは一部の国家のみで政治統合を先行して進めていく、いわゆる「先行統合」に踏み切るのだろうか。「先行統合」を進める諸国家とそこから排除された諸国家の間で、一つのヨーロッパ世界という意識をさらに醸成していくことはできるだろうか。長らくヨーロッパ統合を試みてきたフランスやドイツなどの諸国家においては恒久平和の実現という理念が強く理解されているだろうが、もっぱら経済的利益を求めようとする新興・中小国が存在する。加盟国が増えれば増えるほど、諸国家の思惑の違いはますます複雑化していく。

さらに、今日の経済危機である。EUが通貨統合を成し遂げ、単一市場を設立することで経済発展が促進されたものの、政治統合の遅れは経済危機に対するEUの対応の遅れにつながってしまった。経済統合を優先して進めることが長期的な将来展望を持った一つの戦略であったとはいえ、経済的利益が強調されればされるほど、経済危機が発生するや、統合の意味や目的が懐疑的に見られてしまうようになる。ヨーロッパ統合にもっぱら経済的利益を求めるような新興・中小国は、経済危機のもとにおいて何を望むであろうか。西ヨーロッパにおいては、諸国民の和解と協調が醸成されてきたにもかかわらず、経済危機のもとで独善的な動きを見せる国家が存在する。経済危機が進めば進むほど、経済力や競争力を有し、財政規模が大きな国家の存在感が増すようになる。大国を頂点としたヒエラルキーが存在してはいないだろうか。民主主義という価値が掲げられてきたにもかかわらず、中小国の民主的自律性が失われるとしたら、本末転倒である。

こうした問題に迫られているヨーロッパ世界の現在について確認しつつ、ヨーロッパ統合という一つの歴史のあり方、そしてその領域性の問題についてさらに考えたい。

終章　ヨーロッパはどこへ向かうか

†連合か連邦か

経済危機への対処として、ヨーロッパ統合の深化をさらに図る、すなわち政治統合をより強化することが主張されてきた。たとえば、「統合財政」[1]の導入である。加盟諸国家の財政をEUレベルで統合し、EUが財政政策を一元的に遂行できるようにしようというものである。ECBの金融政策だけでなく、EUの一元的な財政政策によって、債務危機への対応や大規模な財政出動をともなう景気浮揚策が効果的に実施されるだろう。とはいえ、統合財政の導入にまで進めば、加盟諸国家の権限が大幅にEUに移譲され、EUは諸国家連合（「連合」）から一つの連邦国家（「連邦」）へさらに近づくことになる。そこで、これまでヨーロッパ統合の将来形態をめぐって展開されてきた議論について、簡単ではあるが確認していこう。

「連合」か「連邦」かという将来形態をめぐっては、ヨーロッパ統合を牽引してきた二大国、フランスとドイツのうち、フランスは基本的に「連合」を支持してきた。確認してきたとおり、フランスはヨーロッパ統合を米ソ二大国に対抗するための手段としてとらえつつ、自らの主権をいかに行使していくかを重視しがちであった。フランスにとっては主権を維持するためにも統合のあり方を諸国家連合のレベルでとどめることが必要であった。モネやシューマンといった「ヨーロッパ主義者」がフランス人であったにもかかわらず、フランスは政治統合について消極的な立場をとってきた。他方で、ドイツは「連邦」に好意的であった。ドイツはヨーロッパ諸国の中で人口も経済力も最大である。ヨーロッパ諸国がそれぞれの国家主権を超えて連邦化を図り、さらに統合を深化させることになれば、経済的にヨーロッパ世界を背負って立っているようなドイツ人の発言力はこれまで以上に増すことになるであろう。

フランスとドイツには大きな立場の違いが存在する。したがって、ヨーロッパ統合の将来形態をめぐるフランスとドイツの対立はしばしば二大国の主導権争いとみなされがちであった。国際政治において大国の主導権争いが起きないわけはない。しかし、両国の意見対立を主導権争いという「パワー・ポリティクス」にのみ還元してしまうことはできないのである。

†歴史的経験の差異

諸国家間には歴史的経験の差異が存在する。それぞれの国民の中で生じた政治文化の差異を軽視するわけにはいかない。そもそも、ドイツにとって連邦という政治形態は極めて身近なものである。国民国家の形成に出遅れたドイツは長らく小さな諸「領邦」に分裂したままであり、今日でもナポレオン戦争後に再編された諸「領邦」を基盤として形成された「ラント（州）」に大きな政治的権限を与える連邦制を採用している。ドイツとは反対に、フランスでは国王が国家統一に邁進することで中央集権制が採用されてきた。今日、一〇〇の県の上に二六の地域（州）が設置されたり、中央政府の業務の一部（学校の管理・運営や道路整備など）が地方に移管されるなどの地方分権改革が行われているとはいえ、フランスが中央集権国家であることに変わりはない。独仏両国の国民国家形成の歴史の差異については本書の中ですでに確認したとおりである。

さて、独仏両国の歴史的経験の差異を考えるにあたっては、国防大臣や内務大臣を歴任したフランスの大物左翼政治家で、「現代のジャコバン」と呼ばれるジャン＝ピエール・シュヴェヌマン（一九三九年〜）による指摘に触れておかねばならない。シュヴェヌマンは反連邦ヴィジョンの立場をとってきた。

一九九四年、当時のドイツの政権与党キリスト教民主同盟およびキリスト教社会同盟（CDU・CSU）の議員団はヘルムート・コール首相（一九三〇年〜）の側近、ヴォルフガング・ショイブレ[2]（一九四二年〜）ら二人が主導して、〝ヨーロッパ連邦〟の建設を視野に入れたヨーロッパ統合ヴィジョンを提示した。この前年の一九九三年、マーストリヒト条約批准をめぐるEC加盟諸国家の国民投票の中でも、ヨーロッパ統合の牽引役たるフランスにおいて批准賛成票がたったの五一・〇五%にとどまるという賛否拮抗した結果が出たことは、ドイツをはじめとする諸国家にショックを与えていた。

CDU・CSU議員団は、この提案の中で既存の国民国家を「抜け殻[3]」と表現し、そのような「抜け殻」を解体することで、主権を持つ〝ヨーロッパ連邦〟を創設することを主張した。ヨーロッパ委員会委員長であったドロールがCDU・CSU提案を「フランス人宛ての書留書簡」と表現したように、CDU・CSU議員団はヨーロッパ統合の〝パートナー〟たるフランスに対して状況を打開すべきと連邦ヴィジョンを訴えかけたのだった。提案者の一人はわざわざパリを訪れ、EU加盟諸国家のうち先行して統合を進める「ヨーロッパ中核」が一つの国家（連邦国家）であって諸国家の連合（国家連合）ではないということを強調した。そして、CDU・CSU議員団は先行して統合されるべきヨーロッパの領域について、経済的に劣るイタリアを除く原加盟国五カ国に限定しようとした。CDU・CSU議員団提案は次の四点にまとめられる。

①二〇〇〇年をめどに「マーストリヒト条約」の東ヨーロッパへの拡大を実現する。

②一九九九年までに単一通貨制度を実現する。

③単一通貨への参加基準を満たしうる独仏およびベネルクス三国などで「ヨーロッパ中核」を組織し、周辺で「弾力的なヨーロッパ」を構成する（先行統合案）。

④「ヨーロッパ中核」は主権を有する「連邦」を構成し、政府としての「ヨーロッパ委員会」、ヨーロッパ市民の公選によって組織される「ヨーロッパ議会」（第一院）、各国首脳から組織される「ヨーロッパ理事会」（第二院）を構築する。

CDU・CSU提案によっていずれ既存の国民国家が解体されるなら、国民国家を基本的単位としてきたEUの領域は「地域」を基盤として再編され、こうして〝諸地域のヨーロッパ〟に変容することになる。

ドイツが連邦ヴィジョンに固執するのは、シュヴェヌマンが指摘するように、「連邦はドイツの伝統的な形態なのだから」[4]であろう。ドイツの連邦制度において、かつての「領邦」を基盤とした「地域」からなる「ラント」は中央の連邦政府から独立した多くの権限を保持している。ドイツの国民概念を示す特徴的な用語として「フォルク」があるが、「フォルク」は〝ドイツ民族性〟に加えて、かつての「領邦」たる「地域」の〝民族性〟も付帯している。したがって、ドイツの連邦ヴィジョンにおいては、連邦の構成員は単一のヨーロッパ人民としての属性を持ったうえで、各「地域」に属する人民としての属性も持つことになる。

ヨーロッパに限らず世界のあらゆる場所において見られた事象であるが、国家統合や国民国家形成が行われる際、ある「地域」が国境によって分断されたり、また地域的特性が国家権力によって少なからず抑圧されるということがあった。しかし、ベルギーにおけるフランドルとワロン、イタリアにおける南北両地域、スペインにおけるバスク地方、フランスにおけるコルシカ島、イギリスにおける北アイルランドなど、諸国家の中では地域主義運動という形で自らの存在を活発に表明している「地域」が多々存在してきた。こうした状況の中で、国民国家が制度的限界に向かい合っているとし、ドイツが考える地域モデルを地域主義運動に応えうるものとしてとらえる人びとがいた。国民国家を解体し地域単位でヨーロッパ世界を再編することは、実は単に国境などによって強引に、そして暴力的に分割されてしまった元来の地域文化圏を再び人為的につなぎ合わせる試みであるとして考えられるのである。

しかし、フランスは〝諸地域のヨーロッパ〟という連邦ヴィジョンを問題視し、CDU・CSU提案に消極的姿勢をとった。なにゆえにフランスはこうした連邦ヴィジョンに消極的だったのであろうか。たとえば、フランスの政治文化史の大家であり、簡明な表現で多くの歴史研究書を著している歴史家ミシェル・ヴィノック（一九三七年〜）は、ヨーロッパ統合の深化・拡大の中で「一つの不安がわれわれの国にとりついている。もし、ヨーロッパがわれわれのアイデンティティの墓場だとしたら?」[5]と叙述した。シュヴェヌマンもまた、連邦ヴィジョンだけでなくヨーロッパ統合そのものによっても、フランスが「共和制モデルの根源的危機(6)」に向かい合っていると表現した。実は、伝統的な連邦ヴィジョンというものは、フランスの国民統合の理念を否定し、フランス国民に危機をもたらしうるものなのである。

フランスでは国民、つまり「ナシオン」というものは、人種、民族、性別といった「所与」を超える政治的存在たる「市民」によって構成されるものとして定義されてきた。フランス国民はそうした理念によって形成されるものである。すなわち、〝フランス民族〟も〝フランス民族性〟も存在しない。人種、民族、性別といった「所与」の区別関係なく、主権を持つフランス国民として自由と独立を手に入れたいという意志を持って人民が集合することが重要なのである。ゆえに、〝ドイツ民族性〟を帯びたドイツ民族からなるとされるドイツ国民とは違って、フランス国民はフランスという国家とそれを支える理念が存在して初めて存在しうるものである。フランスがヨーロッパ統合の中で小さな「地域」に解体されたとしたら、フランスという国家もその理念も存在しなくなる。そして、フランス国民もそのアイデンティティも消滅してしまう。深化し続けるヨーロッパ統合とは、フランス国民にとって「アイデンティティの墓場」なのかもしれないのである。

このような独仏間の意識の差は、その国民理念(フランス的「ナシオン」とドイツ的「フォルク」)の違いに起因するものであり、この二つの国民理念は単に両国の特殊な文化のレベルを超えて、国民国家が誕生して二〇〇年の歴史の中で形成されてきた国民なる存在についての代表的理念としてしばしば語られている。これについては第二章において触れたとおりである。

一九九四年から六年後、二〇〇〇年五月にドイツのヨシュカ・フィッシャー(一九四八年〜)外相がフンボルト大学での演説の中で自らのヨーロッパ統合ヴィジョンを発表すると、ＣＤＵ・ＣＳＵ提案以後下火となっていた独仏間の議論がにわかに活発化していった。

フィッシャーは、ヨーロッパ諸国が明確な将来形態に関するヴィジョンを持っていない状況にあると考え、この提案をもってヨーロッパ統合の将来形態に関する議論を巻き起こそうとしたという。二〇〇〇年はフランスがＥＵ議長国に就任することが予定されており、フィッシャーはまさにそのような機会を狙って自らのヨーロッパ統合ヴィジョンを発表したのだった。

Le face-à-face Chevènement-Fischer

« L'Allemagne n'est pas encore guérie du déraillement qu'a été le nazisme », avait répliqué Jean-Pierre Chevènement à l'idée d'Europe fédérale du ministre allemand des affaires étrangères, Joschka Fischer. « Le Monde » et « Die Zeit » les ont mis face à face pour une explication directe

Joschka Fischer : « Quelle doit être la pondération entre le national et l'européen ? Pour moi, c'est la question décisive. La réponse est la fédération. »
Jean-Pierre Chevènement : « Nous devons d'abord faire converger nos nations. »

『ル・モンド』2000年6月21日

フィッシャーの提案に対しシュヴェヌマンは噛みついた。『ル・モンド』紙上にて行われた両者の対論で、シュヴェヌマンはドイツが連邦ヴィジョンに固執することを「ナチズムへのトラウマ」ではないかと指摘した。[7] 長らく連邦制を採用してきたドイツであるが、実はナチス時代に中央集権的になったことがあった。こうしたナチズムの経験がドイツ国民に中央集権制へのアレルギー、そして連邦ヴィジョンへの固執を生み出したのではないか、とシュヴェヌマンは批判したのであった。

長い歴史の中でそれぞれの国民国家は作りあげられ、そうした諸国民国家間でヨーロッパ世界のあり方が構想されてきた。国民国家同士の対立を見るとき、それぞれの歴史的経験の差異を無視することはできない。ヨーロッパ統合とは、諸国家・諸国民が一致点を見出していくために、さまざまな対立を乗り越えていく試みなのである。

ただし、フィッシャー提案についてはより詳細な検討が必要である。というのも、フィッシャー提案が旧来のドイツの連邦ヴィジョンとは異なるものだったからである。

†諸国民国家の連邦

フィッシャーは基本的に、CDU・CSU提案のような旧来の国民国家に代わって主権を持つ〝ヨーロッパ連邦〟を創るというヨーロッパ統合ヴィジョンを現実にそぐわないものとみなした。そして、フィッシャーはドロールによる「諸国民国家の連邦」という考え方を援用するのであった。なお、フィッシャーも将来の拡大の可能性を考慮しつつも、先行統合を口にした。そして、先行して統合されるべき領域について、CDU・CSU提案とは違ってイタリアも含めた原加盟国六カ国、あるいはユーロ圏に限定しようとした。フィッシャー提案は次の六点にまとめられる。

①ヨーロッパと国民国家、それぞれの主権を「補完性の原理」によって分割する。

②ヨーロッパ議会は二院制であり、第一院は諸加盟国に所属する議員によって、第二院は構成

国を選挙区として行う直接選挙で選ばれた議員によって構成される。

③閣僚理事会（各国政府がヨーロッパ政府を構成）かヨーロッパ委員会（直接選挙で選ぶ大統領制導入）を行政機関に発展させる。

④主権分割に関しては憲法条約で規定する。

⑤先行統合を行うのならば、ドロール提案のように原加盟国六カ国を「諸国民国家の連邦」として統合する。もしくはヘルムート・シュミット（一九一八年〜）元西ドイツ首相とジスカール＝デスタン元フランス大統領が想定したユーロ加盟一一カ国（二〇〇〇年当時）による先行統合もありうる。

⑥中核グループが憲法条約を締結する。中核グループは拡大に積極的でなくてはならない。

CDU・CSU議員団がヨーロッパ市民の公選によって組織される議会を第一院としたのに対し、フィッシャーは諸加盟国に所属する議員による議会を第一院としているように、二つのヴィジョンの間には既存の国民国家をめぐる考え方の違いが存在する。

さて、一九九五年、ドロールはドイツの雑誌インタビューにおいて自らのヨーロッパ統合ヴィジョンを発表し、それを「諸国民国家の連邦」と表現した(8)。つまり、ドロールは〝ヨーロッパに諸国民国家を基盤とした連邦制を導入する〟というヴィジョンを発表したわけだが、このヴィジョンには「二律背反」であるというような批判が向けられた。

連合（国家連合）も連邦（連邦国家）も含めて、ヨーロッパ統合のような国際的な国家結合は、政治学的には「並列的国家結合」に分類される[9]。国家連合はある条約によって複数の国家が連合することで成立するが、連合を構成する諸国家こそが国際法上の法主体であり、かつ主権国家であり、そこで成立した連合体とその組織は法主体ではなく国際的政治組織に過ぎない。統合体が何らかの共通機関を有していても、極めて緩やかな「諸国家分立の統合体」のレベルにとどまることもあろう。連邦国家は複数の国家が連合することで成立するという段階までは国家連合と同等である。しかし、連邦国家は国際法上の法主体であり、中央政府を持つ主権国家である。この連邦国家を構成する諸国家は国際法上の法主体としての立場を失っている。そして、連邦国家では主権の最も重要な要素である憲法制定権力を保持する単一の人民の存在が想定され、連邦国家の国家権力は対内的に最高性を持つ。「超国家の統合体」が確実な形で出現しているわけである。主権国家を維持しながら本来主権国家であるはずの連邦を構築するという「諸国民国家の連邦」は政治学的整合性を著しく欠いているのである。

そこで、フィッシャーやドロールらは主権の単一性を改め、マーストリヒト条約にも明記された「補完性の原理」によってEUと諸国民国家の間で主権を分割しようという[10]。この「補完性の原理」を初めて用いたのは、二度の世界大戦の間に即位し、ナチスが台頭する中で世界平和の実現に奔走したローマ教皇ピウス一一世（一八五七〜一九三九年）である。「下位のレベルにおいて解決できないことのみの解決を上位のレベルにおいて行うこと」と定義されうる原理である。極めて単純化して言えば、この原理によって諸国民国家が主権の一部をEUに委譲したうえで、EUと諸国民国家の間で役割を分担することになる。しかし、果たして単一不可分であるはずの主権が分割しうるも

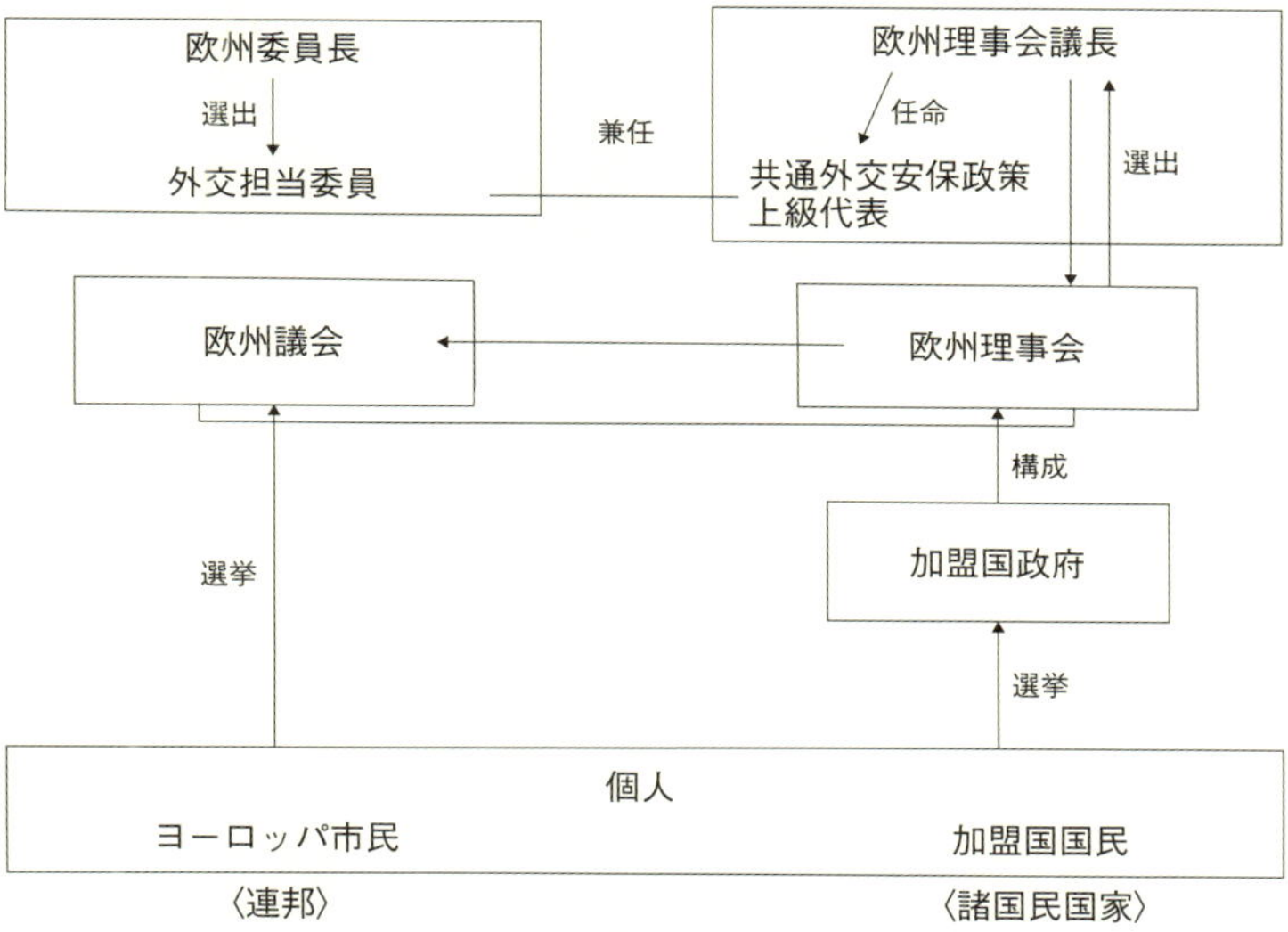

双頭の大統領制

のなのかについてはより一層の理論的検証が必要である。この点についてはページの都合上、残念ながら本書で扱うわけにはいかない[11]。

それでも、これまで確認してきたように、ヨーロッパ統合を主張した知識人や政治家の多くが、ヨーロッパなる「普遍」のもとで諸国家という「特殊」を並存させる、すなわち諸国家を解体することなく一つのヨーロッパを創りあげることを理想としてきたのである。

さて、フィッシャー提案以降、独仏両国の首脳はヨーロッパ統合の将来像をめぐって活発に意見交換を行った。相変わらずフランスは国家連合を、ドイツは連邦国家をそれぞれ志向する傾向が見られた[12]。しかし、さまざまな批判が向けられたにもかかわらず、両国首脳は「諸国民国家の連邦」というヴィジョンで意見を一致させていくのであった。二〇〇三年一月、エリゼ条約締結四〇年を記念してパリで開催された独仏首脳会談において、いわゆる「双頭の大統領制のヨーロッパ」と呼びうるヨーロッパ統合ヴィジョンが提示されたのである（「双頭の大統領制の図」を参照）。

諸国民国家の代表（首脳）によって構成されるヨーロッパ理事会が選出する〝大統領〟とヨーロッパ市民の選挙によって成立するヨーロッパ議会が指名する〝大統領〟は、それぞれ諸国民国家連合の領分と「連邦」の領分を代表し、この二人の大統領の存在によってドロール流の〝諸国民国家によって構成される連邦〟という統合形態が現れる[13]。

フランスの連合ヴィジョンとドイツの連邦ヴィジョンの折衷案、言い換えれば妥協の産物であるとの批判もあるだろう。確かに、フランス大統領の言葉を借りるなら、「意見対立から抜け出すために」互いの統合ヴィジョン、すなわちフランスの連合ヴィジョンとドイツの連邦ヴィジョンを受け入れ合ったわけである。しかし、多様なる諸国家間において、ある方向に偏った形で何らかの決定を行うことは困難である。諸国家の歴史的経験の差異、そして文化的な差異を何としてでも埋め合わせながら、行きつ戻りつ、時間をかけて可能な限り一致点を見出していくという統合の進め方は、ヨーロッパ世界の複雑なる歴史そのものである。

†憲法条約以後

二〇〇一年、ベルギーのラーケンで開かれたヨーロッパ理事会はラーケン宣言を発表した[14]。ラーケン宣言は、「市民が期待するものは、より多くの成果であり、具体的な問題に対するより良い解答であり、そしてヨーロッパ超国家ではなく、すべてを融合したヨーロッパ諸機関でもない」と謳いあげた。諸国家連合のまま足踏みし続けても諸問題は解決されないが、国民国家を解体したうえで超国家性を強めた連邦制が導入されるのは非現実的であるとの認識が示されたわけである。

このラーケンでのヨーロッパ理事会の後、ジスカール＝デスタンを議長として設置された「ヨーロッパの将来に関する会議」は、EUの新たなガヴァナンスを議論し、ヨーロッパ「憲法条約」の草案を発表するに至った。その後、政府間会議を経て二〇〇四年に決議された「憲法条約」では、前文の中に「多様性の中での統合」が明記された。国民国家二〇〇年の歴史や、そこで形作られてきた文化などは、それぞれの国民にとって重要な価値を持つ。したがって、そのような多様性の上でヨーロッパ統合を進めていかなければならない。

それでも、「憲法」という言葉からも分かるように、「憲法条約」によって成立する新しいEUが超国家性を有さないということはありえなかった。二〇〇五年、「憲法条約」はフランスおよびオランダにおける批准投票での否決という結果により宙に浮いてしまった。結局、EU加盟諸国家は、「憲法条約」から憲法的性格を示す文言などを削除するなどして、二〇〇七年に「リスボン条約」を締結した。リスボン条約は二〇〇九年に発効されるに至った。

従来、半年に一度、諸国家の持ち回り制であったヨーロッパ理事会の議長を任期二年半の常設制にすることで「EU大統領」と呼称される地位とし、さらにヨーロッパ委員会の外交担当委員と共通外交・安全保障政策上級代表の二つの役職をまとめることで「EU外相」と呼称される役職を設置するなど、EUの政治統合は進んでいる。[15]

さて、序章において触れたとおり、二〇〇七年のアメリカにおける住宅バブルの崩壊、そして、二〇〇八年のいわゆるリーマン・ショックの発生以降、世界経済は危機的状況にあり、二〇〇九年にギリシャ財政の〝粉飾決算〟が明るみに出るや、ヨーロッパ諸国全体に経済危機が波及していった。

時代の流れは急激である。諸国家はこれまでのような話し合いを積み重ねていくやり方では、さまざまな問題に効果的に対処できないかのようである。とにかく問題を解決するために強引にでも政治統合を深化させ、ＥＵの連邦化を図っていくのか、いっそのこと経済危機の根本的要因であるヨーロッパ統合を終わらせてしまうのか、それとも諸国家間で話し合いを重ねて、少しずつでも問題を解決するというヨーロッパ世界が歴史的に積み重ねてきたやり方をあくまでも守り通すのか。ヨーロッパ諸国は世界に先駆けて地域統合を実践してきたわけだが、今日の経済危機を前にして、再び世界に対し新たな方向性を示すことは間違いない。

さて、こうした経済危機や統合の深化をめぐる方向性の問題に直面する中でも、ＥＵは加盟国の拡大を続けている。「ヨーロッパとはどこか」というヨーロッパ統合の「領域的限界」をめぐる問題について、これまでの内容を振り返りつつ、考えていきたい。

†歴史的創造体のヨーロッパとその領域をめぐって

中世以来のヨーロッパ統合は、一つの歴史的創造であり、そしてヨーロッパ世界の歴史そのものである。地理学的条件という目の前にある現実から「地理学的ヨーロッパ」という領域が創り出される。そうした領域の上で、ヨーロッパなるものを元にして「文明のヨーロッパ」のイメージが創り出される。そして、当事者たちが一つの政治的統合体を打ち立てようと政治情勢を鑑みつつ、何らかの基準を恣意的に判断することによって「政治的ヨーロッパ」という存在が創り出される。

ヨーロッパとは、決して自然に与えられたものではない。ヨーロッパ統合もその未来も当事者たちによって創り出されるものである。ヨーロッパ世界の諸国家・諸国民は二千数百年にわたる歴史的経験に基づいて「歴史的創造体のヨーロッパ」を創り出し、「歴史的創造体のヨーロッパ」は新たに未来の歴史を切り開くのである。

とはいえ、結局のところ、「地理学的ヨーロッパ」、「政治的ヨーロッパ」、「文明のヨーロッパ」の〝三つのヨーロッパ〟が重なり合う中で、どのような領域を有する「歴史的創造体のヨーロッパ」が見出されるものなのであろうか。すなわち、統合されるべきヨーロッパの「領域的限界」はどのように設定されていくのであろうか。

これまで「統合」をキーワードにヨーロッパ世界の歴史を確認してきたが、ヨーロッパ統合ヴィジョンというものは「膨張性」、あるいは「開放性」といった性質を帯びていることが多いように思われる。だからこそ、ヨーロッパの「領域的限界」をめぐる議論がさまざまな形で発生してきた一方で、今日のEU・ECは新規加盟国を次々に取り込みつつ、その領域を拡大させ続けるのである。しかし、いかなる統合体であっても、この世界に実存するために、必ず何らかの基準や判断に基づいた「閉鎖性」を要求するものである。「閉鎖性」は地理学的定義、政治的状況、あるいは文明上の共通性といったものの中で否応なしに押しつけられることもあれば、当事者たちが意識的かつ恣意的に選んでいくこともある。

中世、諸国家が分立し始め、互いに争い続ける中で、カール大帝統治下へのノスタルジーのように、キリスト教的な「普遍的世界観」に基づく西方世界を建設・再建しようという〝ヨーロッパ統合ヴィジョン〟が主張されたわけだが、こうしたヴィジョンによって描き出される「信条による統合体」は、キリスト教の信仰の広がりとともに「地理学的ヨーロッパ」の限界を超えて、外部に膨張していこうとする性質を帯びていた。そもそも、西方世界と「ヨーロッパ」が強く結びついていたわけでもなく、「地理学的ヨーロッパ」の上で日々の生活を営むキリスト教徒にとって、〝ヨーロッパ人〟という意識は二次的なものに過ぎなかった。

しかし、事実問題として、西には大西洋という自然の壁が存在し、東にはイスラム教勢力圏、あるいは東ローマ帝国という外敵が控えていたがために、西方世界は「地理学的ヨーロッパ」の一部に限定され、そして否応なしに閉鎖される形となった。イスラム教国家たるオスマン帝国が東ローマ帝国を滅亡させ、「地理学的ヨーロッパ」の一部である「東ヨーロッパ」に大きく版図を広げつつ、隆盛する時代になると、直接的に圧迫を加えられた西方世界は否応なしに「西ヨーロッパ」という「地理学的ヨーロッパ」の一部に限定されると同時に、人びとがその地理学的範囲を意識することによって、ようやく「ヨーロッパ」と強く結びついていくようになった。西方世界のキリスト教徒たちは「ヨーロッパ人」という自意識を得た。

とはいえ、ヨーロッパを形作る文明が生まれ、「ヨーロッパ人」という自意識が芽生えるようになったからといって、主権国家が分立する状況が止まることはなかった。近世から近代にかけて、諸主権国家が分立し、宗教を超える形で政策決定を行う時代になると、規範やルール、あるいは国際法といった遵守するべき決まりを理論化するとともに、国際会議を開催することによって歩み寄りを図り、さらには常設的な国際的政治組織を設立することでさまざまな対立を抑止しようというヨーロッパ統合ヴィジョンが主張されるようになった。

しかし、クルーセのヨーロッパ統合ヴィジョンに見られたように、ヨーロッパ世界内部の平和を維持するためには、その門戸を開放しつつ、国際法が適用される範囲、あるいは国際会議や国際的政治組織への参加が求められるメンバーを外部に膨張させていかざるをえない。ヨーロッパ世界外部との衝突を整序することなくして、ヨーロッパ世界内部の平和を確かなものにすることはできないからである。

それでも、ヨーロッパの政治指導者や知識人たちの中には、「文明のヨーロッパ」の優位性という恣意的な基準をもってヨーロッパ世界の内部と外部を分け隔て、ヨーロッパ世界を閉鎖しようとした人びとがいた。〝ヨーロッパ化〟を積極的に推し進めたロシアもイスラム教国家たるオスマン帝国も長らくヨーロッパ世界外部として排除され続けた。また、結局のところ、いかなる政治的統合体もこの世界に実存するために、外部との緊張関係、場合によっては対立を必要とするものである。とはいえ、可能な限り外部との緊張や対立を抑止せねば、内部を安定させることができないのも事実である。

さらに、アンリ四世やビスマルクのように、「地理学的ヨーロッパ」の外部における植民地獲得競争を促すことで、内部の平和を可能な限り維持しようと考える政治指導者も現れたが、外部の対立が内部に影響しないということはありえない。ましてや、外部における利害関係や対立といったものが広大な世界全体に広がることで複雑化すればするほど、国際会議などによってそれらを調整することは困難になってしまう。一九世紀後半から二〇世紀初頭にかけて、ヨーロッパ諸国は巧みに利害関係や対立を調整しつつも、最終的には第一次世界大戦という破滅に突き進んでいってしまった。

産業、すなわち経済を活性化することにより、諸国民の接近を図ると同時に、そこに「博愛」を醸成するというサン＝シモン主義的な思考は、今日のヨーロッパ統合に大きな影響を与えているものの、経済は本質的にグローバルな性質を帯びている。経済的利益を求めようとすればするほど、人びとは経済活動の範囲を「地理学的ヨーロッパ」の限界を超えて外部に膨張させていくようになる。また、ヨーロッパ世界の門戸を開いて、人や富の流れを活性化していこうともする。

しかし、事実問題として、景気が循環する中で不況の発生が避けられないがゆえに、ブロック経済化や、あるいは経済大国による先行統合といった形で、統合体の領域を限定するとともに、その内部と外部を閉鎖しようという動きが生まれる。世界恐慌後のヨーロッパ諸国がブロック経済化を推し進めたことによって、戦争の危機が高まっていったことを忘れてはならない。そして、今日の経済危機において、EUの一部の経済大国は単一市場をブロック経済圏のように利用しつつ、自らの利益を確保しようとすることで、中小・新興国を苦しめてしまっている。こうした大国と中小国の間の経済格差という事実を鑑みれば、経済大国による先行統合も致し方ないといえるが、EU加盟諸国間に埋め難い亀裂をもたらす可能性がある。

法の支配、民主主義、自由、そして基本的人権といった価値を尊重することがヨーロッパ統合へ参加するための基準なのだとすれば、統合されるべきヨーロッパの領域はやはり「地理学的ヨーロッパ」の外部に膨張していってしまう。「文明のヨーロッパ」を表象する諸価値ならば、一八世紀に誕生したアメリカが継承していると同時に、日本をはじめとする世界の多くの国々が受容している。そうした諸価値を尊重し、実現することが「ヨーロッパ人」の「使命」であり、「ヨーロッパ人」こそが「前衛」でなければならないと主張することで、ヨーロッパ世界の内部と外部を分け隔て、ヨーロッパ世界を閉鎖することは可能であろう。ただし、「使命」を持った「前衛」たりうる「ヨーロッパ人」の優越性や優位性という恣意的基準が、場合によっては人種的優越性を標榜する発想に結びつきうることに注意せねばならない。

ヨーロッパ世界を形作る文明が醸成されつつも、諸国家・諸国民が形成されていった。諸国家・諸国民は互いに争いつつも、そうした争いがヨーロッパ意識を強めることにもなった。そして、諸国家・諸国民は一つのヨーロッパ世界へ向かって着実に歩んでいった。今日、ヨーロッパ統合が実現した中で、その将来的な統合の方向性の問題とともに「ヨーロッパとはどこか」という領域をめぐる問題が残されたままである。

「ヨーロッパ人」たちは外部に対し自らを閉鎖する、さらには敵対的な態度をとるのではなく、友好的な態度と継続的な交流を通して開かれた統合体を創出しつつ、法体系のあり方に作用する人びとの政治や社会に対する意識、人びとが有する社会的な規範の様相、あるいは人びとの日々の生活を形作る経済的状況といったものの共通性を見出すことで、統合体の「領域的限界」を決定していくしかないだろう。経済的利益を増大させることのみが目的化することによって、統合体の領域がひたすら中小・新興国へ拡大していったり、マネーの力が諸国民を反目させてしまったりするような統合には何らかの歯止めが必要である。そうした模索もまたヨーロッパ世界の歴史の一部であり、ヨーロッパ統合が持つ文明史的な意義であることは間違いない。

おわりに

「統合」が進む今日のヨーロッパ世界に興味を持ち、とくに統合ヴィジョンと統合思想の系譜という西洋政治思想史の観点からヨーロッパ統合を学んでみようと志して以来、筆者は常にヨーロッパ統合の限界をめぐる問題、すなわち「ヨーロッパとはどこか」について探究し続けてきた。

単一市場の設立や単一通貨ユーロによる通貨統合、そして今日の経済危機・通貨危機のような経済統合の様相といった国際経済・経済学の諸問題、さまざまな政治組織の制度的なあり方や外交・安全保障協力のような政治統合の様相といった現代政治・国際政治・政治史・政治学の諸問題、さらにはヨーロッパ統合の思想史的淵源を探究するといった政治思想史・哲学史・文学史の諸問題など、ヨーロッパ統合を考察するための視点、あるいは研究するためのテーマは実に多岐にわたる。

筆者としては、不明確で曖昧な地理学的現実を前にして、当事者である「ヨーロッパ人」たちが歴史の流れの中でヨーロッパなるものを定義する諸要素を思考しつつ、どのように統合されるべきヨーロッパ世界の領域について構想していったのかという問題にこそ関心があった。いかなる領域を設定するのかというヴィジョンは、自ずからその領域の中で建設される統合体の性質を決定するものとなる。「ヨーロッパとはどこか」とは必ず問わねばならないテーマである。また、そもそもヨーロッパの歴史は「ヨーロッパ人」意識が醸成されていくと同時にヨーロッパなるものを定義する諸要素が形成されていく過程である。そうした意味で、ヨーロッパ統合はヨーロッパの歴史そのものであるといってよい。

したがって、本書は「統合」をキーワードにして古代から現代に至る二千数百年にわたるヨーロッパ世界の歴史を追いつつ、その過程で主張されたヨーロッパ統合ヴィジョン、そして受け継がれていったヨーロッパ統合思想について検討することで、統合されるべきヨーロッパ世界の領域がどのように描き出されてきたのかを探究した。もちろん、当事者たるヨーロッパ人ではない筆者が、本書を通してヨーロッパ世界の「領域的限界」についてはっきりと定義したり、あるいは提案したりするわけにはいかない。本書は、現代の諸問題の基礎であり背景であるヨーロッパ統合の深遠なる歴史性とともに、統合されるべきヨーロッパ世界の領域をめぐる歴史的な模索について、読者の方々に可能な限り体系的に伝えることを第一の目的とした。

〝われわれ〟にとって、ヨーロッパは地理学的に非常に遠く、常日頃から関心を持ち難い対象であろう。メディア報道などにおいて、アメリカに比べてヨーロッパの扱いははるかに小さい。しかし、その政治的かつ経済的なプレゼンスや〝われわれ〟を含めた現代人の思考に対する影響力を鑑みれば、ヨーロッパが絶対に無視できない存在であることは間違いない。読者の方々にとって、本書がヨーロッパについて理解するための一助となったり、あるいはヨーロッパについて学んでみるためのきっかけになったりすれば、筆者として大変幸いである。ヨーロッパ統合というものの性格上、本書が取り扱った内容は歴史を軸にしつつも人文科学たる政治思想・哲学から社会科学たる政治経済まで実に多岐にわたるため、筆者もまた日々学問に努めることで精進していかねばならないと考えているところである。

筆者が本書の内容を構想したのは博士論文執筆中である。パリにあるフランス国立社会科学高等研究院（EHESS）博士課程において、筆者は「ヨーロッパ統合思想の歴史」に多大なる影響を与え、今日のヨーロッパ統合の基礎を築いたともいえるサン＝シモンがヨーロッパ世界の「領域的限界」をどのように思考していたかについて研究を進めた。そして、博士論文『「新ヨーロッパ主義」――サン＝シモンの理論体系におけるヨーロッパ』を提出した。なお、「新ヨーロッパ主義」というタイトルは、サン＝シモン最後の著作『新キリスト教』（一八二五年）へのオマージュとしてつけた。『新キリスト教』はサン＝シモン派知識人たちにとって一種のバイブル（聖書）のような著作となってきた。

サン＝シモンという「歴史家」（この人物は「思想家」というより「歴史家」であるといってよい）は、同時代の人びとやその社会だけでなく、前時代の人びとやその社会の影響を受けてこそ、後に「サン＝シモン」主義と呼ばれることになる思想を展開することができた。そして、「サン＝シモン」主義もまたヨーロッパ統合思想・ヴィジョンの展開に大きな影響を与えていくことになる。筆者は多くの資料を読み込み、古代末期から中世にかけての西方世界の誕生、西方世界とヨーロッパの結びつき、他者を前にしたヨーロッパ人意識の醸成、国民国家形成とともに活性化したヨーロッパ統合の運動、国際関係の複雑化とヨーロッパ諸国家間関係の破綻といった「統合」を中心としたヨーロッパ史の展開を文章にまとめた。とはいえ、博士論文というものの性質上、扱うべき時代や思想を絞り込むべきであるため、指導教授と相談したうえで、サン＝シモンのヨーロッパ統合ヴィジョン

（とくにヨーロッパ社会の「領域的限界」をめぐる考え方）および一九世紀初頭の時代背景のみを扱うこととし、その他の大部分を削除することにした。まさにこの削除した部分こそが本書の核となったのである。

ヨーロッパ統合は諸国家・諸国民間の恒久平和を一つの理念として展開してきた。しかし、政治的統合体というものは、その内部と外部を分け隔てつつ、異質な外部との緊張関係、場合によっては対立を抱えることなくして、この世界に実存することができない。それでも、可能な限り内部と外部の摩擦が抑制されなければ、内部が真の意味で安定することはない。第二次世界大戦後のヨーロッパでは経済統合が優先されてきたものの、もっぱら経済的利益のためだけに統合が実践されているわけではない。さらに、法の支配、民主主義、自由、そして基本的人権の尊重といった価値はヨーロッパ文明を表象しているわけだが、一つの政治的統合体を運営するためには歴史の中で形成された習慣や習俗、あるいは人びとの意識といったものの共通性にも目を向けねばならない。

こうしたさまざまな視座を持って、さらに国際情勢を鑑みつつ、「ヨーロッパ人」たちは統合されるべきヨーロッパ世界の「領域的限界」について模索し、近い将来において一つの結論を世界に対し示すことになるであろう。

さて、吉田書店代表の吉田真也さんには、本書の出版を引き受けていただいただけでなく、著者に対しさまざまな形で適切な助言をいただくなど、大変お世話になった。また、駒澤大学法学部教授、中野裕二先生には吉田書店および吉田真也さんをご紹介いただき、初めて著書を出版する機会を用意していただいた。そして、一橋大学大学院法学研究科准教授、森千香子先生は本書が目指していているものを理解してくださったうえで、出版にあたってはさまざまな助言と激励をくださった。さらに、一橋大学大学院社会学研究科修士課程に所属する野末和夢君からは一九世紀政治社会思想を研究する立場から、慶應義塾大学大学院医学研究科修士課程に所属する西村直子さんからは専門分野が全く異なる読者という立場から、本書の文章や構成に対し多くの意見をいただいた。ここに篤く御礼と感謝を表する次第である。

二〇一五年一月

著者

③統合に参加する国民国家は、ドイツのラントやアメリカ合衆国のステートと同じではない。④「補完性の原理」に従ってヨーロッパと国民国家の関係を明確にする。⑤ヨーロッパ委員長はヨーロッパ議会における多数党から選出される。またヨーロッパ理事会はヨーロッパ委員会や加盟国とともに、ヨーロッパ議会を解散する権限を持つ。⑥ヨーロッパ理事会はヨーロッパ委員会およびヨーロッパ議会の提案を承認する権限を持つ。⑦先行統合は容認しない。

（4）トニー・ブレア（1953年～）イギリス首相の場合：独仏首脳だけでなく、イギリスのブレア首相からもヴィジョンが示された。ブレアは「ヨーロッパは政治的経済的にSuperpowerであるが、Superstateではない」と述べた。つまり、経済的分野で超国家的統合が進められても、政治的分野では主権国家の裁量は最大限確保されるべきだということである。これは連邦と連合という対立軸で見れば連合という政府間主義的要素を可能な限り強めようとする考え方である。イギリスから統合ヴィジョンが提示されること自体は画期的であり、ブレアの政治姿勢がいかなるものだったかをうかがい知ることができるが、このようなヨーロッパの超国家性の否定、国家連合的要素の強化という意味ではブレア提案は旧来のイギリスの考え方を踏襲したものだともいえる。

(13) 独仏首脳会談で決定されたヨーロッパ統合ヴィジョンは次のようにまとめられる。

①ヨーロッパを「諸国民国家の連邦」として統合する。

②任期5年、あるいは再選可能な2.5年のヨーロッパ理事会議長ポストを新設する（当時は加盟国の輪番制だった）。ヨーロッパ理事会議長は対外的な政府間会合にEU代表として出席する（「EU大統領」の設置）。

③ヨーロッパ委員長をヨーロッパ理事会からヨーロッパ議会での選出に変更する（もう1人の「EU大統領」の設置）。

④EU「外相」を新設する（ヨーロッパ委員会外交担当委員と共通外交・安保政策上級代表を統合する）。

(14) ラーケン宣言はhttp://european-convention.eu.int/にPDFファイルで掲載されている。引用箇所は「ヨーロッパ市民の期待するもの（The expectations of Europe's citizens/Les attentes du citoyen européen）」にある（最終確認日：2014年6月10日）。

(15) 筆者はかつて憲法条約について興味を持ち、分析を行った。憲法条約策定までの過程、さらに憲法条約が指し示すヨーロッパ統合の将来をめぐっては、さまざまに興味深い議論を展開することが可能であるが、憲法条約そのものが無くなってしまった現在、本書においてそこに深く立ち入るのは差し控えることにしたい。

（5） Winock, Michel, *Parlez-moi de la France*, Paris: Plon, 1995, p. 11.（ミシェル・ヴィノック『フランスの肖像――歴史・政治・思想』大嶋厚訳、吉田書店、2014年）
（6） Chevènement, Jean-Pierre, *France-Allemagne, Parlons franc*, Paris: Plon, 1996, p. 203.
（7） *Le monde*, le 21 juin 2000.
（8） なおドロールは、ドイツの『デア・シュピーゲル』誌（*Der Spiegel*, 28 November 1994）のインタビューにおいてLa fédération des Etats-nationaux（諸国民国家の連邦）と表現し、後に行われたフランスの『ル・デバ（*Le débat*）』誌のインタビューでは、La fédération des nations（諸国民の連邦）と表現している。（*Le Débat*, janvier-février. 1995）
（9） 他に単一国家（単一の中央政府を持つ国家）、同君連合（2国以上が共通した1人の君主を戴く形態）、従属的国家結合（保護国・被保護国の関係）などがある。
（10） マーストリヒト条約第B条にて規定されている。また、その意味はEC設立条約第3b条にて定義されている。
（11） 主権をめぐる議論については、樋口陽一『憲法　近代知の復権へ』東京大学出版会、2002年、など日本語で読めるものが出版されているので、そちらをお読みいただきたい。また、筆者も論文を執筆している。中嶋洋平「来るべき『欧州連邦』――その歴史性と現在」『KEIO SFC Journal』Vol. 7 No. 1（総合政策学特別号）慶應義塾大学湘南藤沢学会、2007年、pp. 92-107。
（12） 字数の関係上、独仏首脳のヴィジョンを細かく扱うわけにはいかないので、以下のように手短にまとめることにする。
（1）ジャック・シラク（1932年～）フランス大統領の場合：2000年6月、シラク大統領はドイツ連邦議会の演説で自らのヨーロッパ統合ヴィジョンを提案した。内容は4点にまとめられる。①既存の国家を解体してしまうようなヨーロッパ超国家の出現は望まない。②「補完性の原理」によって権限の再配分を考える。加盟国の（人口上の）重みを反映した意思決定の方法を作り出す。③統合を進めていくことを望むEU加盟国が、独仏枢軸を中心にした「パイオニアグループ（« groupe de pionniers »）」を結成する。このグループは参加を望む全てのEU加盟国に開かれている。④いずれ諸条約の改正を行い、ヨーロッパ憲法を制定する。
（2）ゲルハルト・シュレーダー（1944年～）ドイツ首相の場合：2000年5月、シュレーダー首相は社会民主党大会で採択される文書にヨーロッパ統合ヴィジョンを盛り込むため、議論を主導した。内容は3点にまとめられる。①現在のEUと加盟国との関係は不透明であるから、誰が何の責任を持つのかを明確にするべきである。②ヨーロッパ委員会を強力な行政府に発展させる。③ヨーロッパ議会にも予算を決定する権限を与える。
（3）リヨネル・ジョスパン（1937年～）フランス首相の場合：ジョスパンはフランス大統領選挙を1年後に控える中で自らのヨーロッパ統合ヴィジョンを発表した。また、ジョスパンはシュレーダー提案をフィッシャー提案と同一のものとみなしたうえで、どちらも国民国家の権限を縮小し過ぎているとして批判する。ジョスパン提案は次のようにまとめられる。①旧来の国民国家を解体せずに、「諸国民国家の連邦」を建設する。②ヨーロッパの行政機関は外交および防衛の分野を担当する。

の没落』(1920年)、ヴァレリーの『ヴァリエテＩ』(1924年)、ニコライ・ベルジャーエフ（1874～1948年）の『新しい中世』(1924年)、ジュリアン・バンダ(1867～1956年）の『知識人の裏切り』(1927年）および『ヨーロッパ国民に告ぐ』(1933年)、ルネ・ゲノン（1886～1951年）の『近代世界の危機』(1928年)、アンリ・マシス（1886～1970年）の『西洋の擁護』(1927年)、ピエール・ドリュ=ラ=ロシェル（1893～1945年）の『若きヨーロッパ人』(1928年)、ルシアン・ロミエ（1885～1944年）の『新しい人間』(1929年)、ジークムント・フロイト(1856～1939年）の『文明への不満』(1930年)、ホセ・オルテガ・イ・ガセット(1883～1955年）の『大衆の反逆』(1930年)、エリオ（フランス首相）の『ヨーロッパ』(1930年)、カール・ヤスパース（1883～1969年）の『現代の精神的状況』(1931年)、ヨハン・ホイジンガ（1872～1945年）の『文明の危機』(1935年)、ヒレア・ベロック（1870～1953年）の『文明の危機』(1937年）など、枚挙にいとまがないのである。

(46) Demangeon, Albert, *Problèmes de géographie humaine*, Paris: Colin, 1952, p. 66.

(47) 昨今の日本には、自らの専門を「経済ナショナリズム」と表現するなど、この言葉をプラスのイメージで用いる言論人がいる。しかし、そもそも「経済ナショナリズム」という言葉にプラスのイメージはないだろう。

(48) ナチスが単独で過半数を獲得できたわけではなかった。

(49) Coudenhove-Kalergi, Richard Nicolaus, *Europe must unite*, Glarus: Paneuropa Editions, 1940.（リヒャルト・クーデンホーフ=カレルギー「ヨーロッパは統合しなければならない」『クーデンホーフ・カレルギー全集　第2巻』深津栄一訳、鹿島研究所出版会、1970年）

(50) Bossuat, Gérard, & Wilkens, Andreas, *Jean Monnet, l'Europe et les chemins de la paix: actes du colloque de Paris du 29 au 31 mai 1997*, Paris: Publications de la Sorbonne, 1999, p. 95. なお、イギリス側代表はデスモンド・モートン（1891～1971年)、ロバート・ヴァンシッタート（1881～1957年)、そしてアーサー・ソルターの3人である。

(51) 冷戦が終結し、ＥＵの役割が拡大する中で、ブリュッセル条約の集団的安全保障に関する条項は2009年発効のリスボン条約に盛り込まれることになり、2011年に西欧同盟はその役割を終えた。

(52) たとえば、アメリカ、カナダ、日本、メキシコ、バチカンはヨーロッパ評議会にオブザーバー参加すると同時に、その活動を財政的にも支えている。最初の4カ国は「非ヨーロッパ」である。

終　章

(1) ヨーロッパのメディア報道に登場する英語« united budget »／フランス語« budget unifié »の翻訳である。

(2) 2014年現在、ドイツの財務大臣である。

(3) « enveloppe vide »と表現された。

(4)『ル・モンド』紙（*Le monde*, 21 decembre, 1994）に掲載されたシュヴェヌマンによる寄稿記事（“A l'Allemagne, parlons franc”）より。

(34) クーデンホーフ=カレルギーの書簡に関しては、Saint-Gille, Anne-Marie, *La "Paneurope": un débat d'idées dans l'entre-deux-guerres*, Paris: Presses Paris Sorbonne, 2003 などに詳しい。

(35) 正確にはポアンカレの辞任後、フレデリック・フランソワ=マルサル（1874 ～ 1958 年）が 6 日間だけ首相の地位に就いている。

(36) Saint-Gille, Anne-Marie, *op cit.*, p. 133.

(37) Elisha, Achille, *Aristide Briand, la paix mondiale et l'union européenne*, Saint-Gilles-Croix-De-Vie: Éditions Ivoire-Clair, 2003、Leboutte, René, *Histoire économique et sociale de la construction européenne*, Bruxelles: P. I. E. Peterlang, 2008、そして Bugnon-Mordant, Michel, *op. cit.*, などを参照。

(38) 覚書はフランス国立図書館のアーカイブ（gallica）で取得可能である。Memorandum sur l'organisation d'un régime d'union fédérale européenne/[établi par le gouvernement de la République française pour être soumis aux Etats européens membres de la Société des Nations. Paris, 1er mai 1930] http://gallica.bnf.fr/ark:/12148/bp. 6k5613159m（最終確認日 : 2014 年 6 月 10 日）

(39) 各国は植民地を抱え込みながら、経済のブロック化を推し進めた。それぞれのブロックは宗主国の通貨が流通する通貨圏であった。イギリスのスターリングブロックの他、アメリカのドルブロック、フランスのフランブロックなどがある。

(40) 覚書のタイトルでは「ヨーロッパ連邦（union fédérale européenne）」の表現が用いられているが、覚書の本文では「共同体（あるいは協同体）（Association）」と表現されている。しかも、「連邦」は「共同体」に設置されるさまざまな組織が未来に向かって目指すものである。本書では「ヨーロッパ共同体」と表現することにする。

(41)「ヨーロッパ・パクト」の全文は以下のページで読むことができる。Projet de Pacte européen présenté par Richard N. de Coudenhove-Kalergi: http://www.paneuropa.ru/home.php?id=4&id2=0&id3=41&lang=（最終確認日 : 2014 年 6 月 10 日）。また、Hujo, Philipp, *Les Allemands et l'idée européenne de l'époque wilhelminienne à la fin du IIIe Reich*, München: GRIN Verlag, 2008 で詳しく紹介されている。

(42) 名称としては、「ヨーロッパ諸国家同盟」、「ヨーロッパ合衆国」、「ヨーロッパ連邦」なども提案されている。

(43) この時期、ヨーロッパ統合をテーマとするさまざまな書物が出版された。一部について古い順から挙げるなら、ガストン・リウ（1883 ～ 1958 年）の『統合か死か』（1929 年）、ジョルジオ・カルタラ（1883 ～ 1951 年）の『ヨーロッパ合衆国と世界』（1930 年）、ウィリアム・ラッパート（1883 ～ 1958 年）の『ヨーロッパ統合』（1930 年）、アーサー・ソルター（1881 ～ 1975 年）の『ヨーロッパ合衆国』（1933 年）などがある。

(44) オスヴァルト・シュペングラー『西洋の没落――世界史の形態学の素描』村松正俊訳、五月書房、2007 年。

(45) 残念ながらそれぞれを詳細に説明するわけにはいかないが、著者名と書名だけを挙げるなら、アルベール・ドゥマンジョン（1872 ～ 1940 年）の『ヨーロッパ

に基づいて金貨および5フラン銀貨を鋳造し、それらを無制限の法貨としたうえで、補助貨幣も含めて互いに国内に流通させ合うことになった。

(21) 後述するが、1867年、オーストリアは自立傾向の強いハンガリーを抑えるため、「オーストリア帝国」から「オーストリア=ハンガリー（二重）帝国」へ統治形態を再編した。

(22) Duroselle, Jean-Baptiste, *Les relations internationales, 1871-1918*, Paris: Centre de Documentation Universitaire, 1958, p. 76.

(23) List, Friedrich（Frédéric）, *Système national d'économie politique*, Traduit par Richelot, Henri, Paris: Capelle, 1857, p. 227.（フリードリヒ・リスト『政治経済学の国民的体系』正木一夫訳、勁草書房、1965年）

(24) さらに、この時点ではローマ教皇領が独自の主権国家として存在していた。しかも、教皇領にはフランス軍が駐留しているため、イタリア王国がこれを併合するのは困難な状況であった。イタリアがローマ教皇領を併合するのは、1871年の普仏戦争におけるフランスの敗北を待たねばならない。

(25) Delmas, Claude, *L'Europe à la veille de l'an 2000*, Courtrai: Editions administratives U. G. A., 1973, p. 54.

(26) とはいえ、植民地を建設すべきだという国民世論の声を受けて、1884年から1885年にかけてビスマルクはアフリカを中心に「ドイツ植民地帝国」の建設に乗り出した。

(27) 人間にとって、そうしたものは「与えられた」に過ぎないのであって、自らが主体的に選んだわけではない。

(28)「未回収のイタリア」のイタリア語原語表現Italia irredenta（イターリャ・イッレデンタ）から派生した言葉である。

(29) ナポレオン1世の熱狂的支持者とされた軍人ニコラ・ショーヴァンの名前を由来とする。しかし、ショーヴァンは架空の人物とされる。

(30) すでに指摘したように、日本では必ず「民族自決」と訳されてしまう原則であるが、ヨーロッパでは必ずしも「民族」を指すものとして理解されているわけではない。たとえば、第一次世界大戦後に成立した「チェコスロバキア」は、チェコ人とスロバキア人という二つの民族が共同して一つの「人民」として作り出した国家である。そもそもフランスなどは民族国家ではない。独立したいと願う一つの人的集団たる「人民」が国家を有することで国民となる。こうした議論については、Schnapper, Dominique, *La communauté des citoyens, Sur l'idée moderne des nations*, Paris: Gallimard, 1994（ドミニク・シュナペール『市民の共同体——国民という近代的理念について』中嶋洋平訳、法政大学出版局、2015年）が参考になる。

(31) Keynes, John Maynard, *The Economic Consequences of the Peace*, Los Angeles: Indo-European Publishing, 2010.（ジョン・メイナード・ケインズ「平和の経済的帰結」『ケインズ全集　第2巻』早坂忠訳、東洋経済新報社、1977年）

(32) Coudenhove-Kalergi, Richard Nicolaus, *Pan-Europe*, New York: A. A. Knopf, 1926.（リヒャルト・クーデンホーフ=カレルギー「パン・ヨーロッパ」『クーデンホーフ・カレルギー全集　第1巻』鹿島守之助訳、鹿島研究所出版会、1970年）

(33) イギリスはその広大な植民地とともに一つの独自の地域となる。

et Portraits, Paris: Calmann Lévy, 1885, pp. 257-258.（ハインリヒ・ハイネ 「ポーランドについて」『ハイネ散文作品集　第2巻「旅の絵」』木庭宏訳、松籟社、1990年）

(11) 後述するが、サルディニアはイタリア統一に対するフランスの支持を取りつけるために、1853年に始まるクリミア戦争に自国兵士を派遣し、イギリス・フランス連合軍を支援した。

(12) たとえば、国ごとに挙げるならば、イギリスではチャールズ・マッケイ（1814～1889年）（『ロンドン・テレグラフ』紙、1848年3月28日および4月1日付)、フランスではフゲレ（『ルヴュ・ナシオナル』誌（1848年3月23日号））やエミール・ド・ジラルダン（1802～1881年）（『ラ・プレス』紙、1848年8月14日付)、そしてイタリアではカッターネオの『ミラノ蜂起』(1849年）などである。

(13) 父はナポレオン1世の弟、ルイ（1778～1846年）である。

(14) 二月革命によって七月王政は倒れたものの、革命後に行われた憲法制定議会選挙においては王党派やブルジョワ穏健共和派が多数派を占め、急進的共和派は敗北した。王党派やカトリック勢力が結成した政党は「秩序党（Parti de l'Ordre)」と呼ばれる。

(15) Napoléon III, « Des idées napoléoniennes », *Œuvres de Napoléon III.: L'idée napoléonienne. Des idées napoléoniennes. Fragments historiques 1688 et 1830. Résponse à Lamartine. Réveries politiques. Mélanges*, Tome I, Paris: Amyot, 1856, pp. 15-234.

(16) De Parieu, Félix Esquirou, *De l'uniformité monétaire*, Paris: Guillamin, 1867、Walch, Jean, *Michel Chevalier, économiste saint-simonien*, 1806-1879, Paris: Vrin, 1975、O'Rourke, Kevin H., & Williamson, Jeffrey G., *Globalization and History: The Evolution of a Nineteenth-century Atlantic Economy*, Boston: MIT Press, 2001などを参照。

(17) ピール政権は保守党政権だったが、内部には自由貿易主義への反対が根強かった。自由貿易主義を支持するピール派はやがて保守党を離れ、自由党に合流する。なお、航海法については、1849年および1854年の2回にわたって撤廃された。

(18) 労働者の団結権やストライキ権が認められ、出版や集会に事前許可が必要ではなくなった。

(19) たとえば、Reybaud, Louis, *Economistes modernes, Cobden, R., Bastiat, F., Chevalier, M., Mill, J.S., Faucher, L., Rossi, P.*, Paris: Michel Lévy Frères, 1862という本は、ルイ・レイボー（1799～1879年）やシュヴァリエといったサン゠シモン派知識人やコブデン、さらにジョン゠スチュアート・ミル（1806～1873年）など、この時期の英仏自由主義者やサン゠シモン派知識人の密接なつながりを教えてくれる。

(20) 主な内容は以下のとおりである。①名称をフランとする。②1フランは、品位（つまり金の含有量）90％の金貨0.3225g（0.29025gの純金)、あるいは品位90％の銀貨5グラムである。③金貨および5フラン銀貨を無制限の法貨とする。④金銀比価を1対15.5とする。⑤金銀両本位貨幣については、ともに自由鋳造を認める。「ラテン通貨同盟」参加諸国は、こうした「貨幣法」で規定された貨幣鋳造の基準

Vol. 11. No. 1』慶應義塾大学湘南藤沢学会、pp. 143-154、にて筆者が検討した。字数の関係上、本文中では説明を大幅に簡略した。この問題を中心にして、サン=シモンのヨーロッパ観を扱った拙著の執筆を計画中である。

第3章

（1） Jouffroy, Théodore, « De l'état actuel de l'Humanité », *Melanges philosophiques par Th. Jouffroy*, Paris: Hachette, 1860, pp. 73-104.

（2） Michelet, Jules, *Introduction à l'histoire universelle*, Paris: L.Hachette, 1843, p. 73.（ジュール・ミシュレ『世界史入門』大野一道訳、藤原書店、1993年）

（3） Hegel, Friedrich, *Leçons sur la philosophie de l'histoire*, Paris: J. Vrin, 1979, pp. 28, 46, 82.（フリードリヒ・ヘーゲル『歴史哲学講義（上・下）』長谷川宏訳、岩波文庫、1994年）

（4） イタリアにおいても、哲学者ヴィンセンゾ・ジオベルティ（1801～1852年）、詩人ジョヴァンニ・ベルシェ（1783～1851年）、そして哲学者カルロ・カッターネオ（1801～1869年）のようなイタリア統一を掲げて行動した知識人たちが、使命や歴史といった観点からヨーロッパ統合を志向した。カッターネオについては後ほど本文中に登場する。

（5） Cuvillier, Armand, *P. -J. -B. Buchez et les origines du socialisme chretien*, Paris: PUF, 1948, p. 23.

（6） フランスでは、シュヴァリエの他、名前を挙げるだけにとどめざるをえないが、ギュスターヴ・デシュタル（1804～1886年）、ペレール兄弟（兄エミール（1800～1875年）、弟イザーク（1806～1880年））、あるいはサン=シモン派から最終的には離れたオーギュスト・コント（1798～1857年）らが活躍した。デシュタルの『ヨーロッパ統合体論』（1840年）の他、サン=シモン派と距離のある知識人も含めれば、ヴィクトル・コンシデラン（1808～1893年）の『ヨーロッパにおけるフランスの一般的政策と役割について』（1840年）やコンスタンタン・ペクール（1801～1887年）の『平和、その原理と実現』（1842年）といった刊行物も重要である。
　ビュシェの弟子筋もまたヨーロッパ統合ヴィジョンを次々と発表していった。オーギュスト・オット（1814～1903年）（『ヨーロッパ連邦論』（1840年））や、アンリ=ロベール・フゲレ（1813～1854年）らである。なお、フゲレは「ヨーロッパ合衆国」という言葉を用い始めた思想家の一人である。

（7） ヨーロッパ統合をめぐるマッツィーニの思想や行動に関する文献は多々あるが、本書ではすでに挙げている文献の中から以下を紹介しておく。Weydert, Jean, & Béroud, Sophie, *op. cit.*

（8） 現在のフランス・サヴォワ地方に興ったサヴォイア伯国、そしてサヴォイア公国を源流とする。1720年に北イタリア・ピエモンテ地方のトリノを首都とし、サルディニア島も領有するサルディニア王国に拡大・発展した。

（9） Renouvin, Pierre, *Histoire des relations internationales: Le XIXe siècle, I. De 1815 à 1871: l'Europe des nationalités et l'éveil de nouveaux mondes*, Tome 5, Paris: Hachette, 1954, p. 152.

（10） Heine, Heinrich, « De la Pologne », *Œuvres complètes de Heinrich Heine, Satires*

Writings, translated by Passage, Charles E., Indianapolis and New York: The Bobbs - Merrill Company, 1960, pp. 45-63.（ノヴァーリス「キリスト教世界、またはヨーロッパ」『ノヴァーリス作品集 3』今泉文子訳、筑摩書房、2007 年）。また Nurdin, Jean, *Le rêve européen des penseurs allemands 1700-1950*, Villeneuve d'Ascq: Presses Universitaires de Septentrion, 2003, pp. 38-44. なども参照。

(75) De Staël, Anne Louise Germaine, *De l'Allemagne*, Paris: Librairie Garnier frères, 1879, pp. 15, 38.（スタール夫人『ドイツ論（第 1 巻～第 3 巻）』エレーヌ・ド・グロート・梶谷温子・中村加津・大竹仁子訳、鳥影社、1996 ～ 2002 年）

(76)「連合」と「連邦」をめぐる議論は今日のヨーロッパ統合にも関係しており、後述することになる。

(77) De Sédouy, Jacques-Alain, *Le concert européen: aux origines de l'Europe, 1814-1914*, Paris: Fayard, 2009, p. 10.

(78) De Saint-Simon, Claude Henri, « Travail sur la gravitation universelle. Moyens de forcer les Anglais à reconnaître l'indépendance des pavillons », *Œuvres choisies de C.-H. de Saint-Simon, précédés d'un essai sur sa doctrine par Charles Lemmonier*, Tome II, Bruxelles: F. van Meenen, 1859.（クロード＝アンリ・ド・サン＝シモン「万有引力に関する研究――イギリス人に航海の自由を認めざるをえなくさせる方法」『サン－シモン著作集（第 2 巻）』森博訳、恒星社厚生閣、1987 年）

(79) De Saint-Simon, Claude Henri, « De la réorganisation de la société européenne, ou de la nécessité et des moyens de rassembler les peuples de l'Europe en un seul corps politique, en conservant à chacun son indépendance nationale », *Œuvres choisies de C.-H. de Saint-Simon, précédés d'un essai sur sa doctrine par Charles Lemmonier*, Tome II, Bruxelles: F. van Meenen, 1859.（クロード＝アンリ・ド・サン＝シモン「ヨーロッパ社会の再組織について、またはヨーロッパの諸国民をして、それぞれの国民的独立を保持させつつ、単一の政治体に結集させる必要と方法とについて」『サン－シモン著作集（第 2 巻）』森博訳、恒星社厚生閣、1987 年）

(80)「第二次独立戦争」とも呼ばれる米英戦争を通して、アメリカはイギリスから政治的だけでなく経済的にも独立を果たしたとされる。

(81) イギリスの公債発行残高は対 GDP 比で、1801 年に 197%、1811 年に 202%、1821 年に 288% に達した（Mitchell, Brian R., *British Historical Statistics*, Cambridge: Cambridge University Press, 1988）。イギリスは「産業革命（第二次産業革命）」を通して国富を増大させることによって、債務償還を達成していく。ところが、産業革命によって労働者の社会的な役割が大きくなる中で、労働運動と政情不安が発生するのである。

(82) サン＝シモンが産業発展のために「英仏共通通貨」の導入を主張していることは注目に値する。

(83) このサン＝シモン思想におけるヨーロッパ世界の「領域的限界」や「他者」の扱いをめぐる問題については、Nakashima, Yohei, *Du « Nouvel européanisme ». L'Europe dans le système de Saint-Simon*, Thèse de doctorat en sciences politiques à l'Ecole des hautes études en sciences sociales, soutenue en 2011 や中嶋洋平「サン・シモン思想におけるヨーロッパ社会の「領域的限界」」『SFC Journal

(62) De Saint-Pierre, Charles Irénée Castel, *Projet pour rendre la paix perpétuelle en Europe*, Utrecht: Chez Antoine Schouten, 1713.
(63) De Saint-Pierre, Charles Irénée Castel, *Projet de traité pour rendre la paix perpétuelle entre souverains chrétiens*, Utrecht: Chez Antoine Schouten, 1717.
(64) Erasmus, Desiderius, *op. cit.*, 1924.
(65) Rousseau, Jean-Jacques, « Saint-Pierre », *op. cit.*, 1761.
(66) Rousseau, Jean-Jacques, « Jugement sur la paix perpétuelle », *Œuvres complètes de J. J. Rousseau, mises dans un nouvel ordre, avec des notes historiques et des éclaircissements, par Victor-Donatien de Musset-Pathay*, Paris: Chez P. Dupont, 1823.（ジャン=ジャック・ルソー「永久平和論批判」『ルソー全集（第4巻）』宮治弘之訳、白水社、1978年）
(67) Bentham, Jeremy, Bowring, John, « A Plan for an Universal and Perpetual Peace », *The Works of Jeremy Bentham, Now First Collected*, Part VIII, Edinburgh: W. Tait, 1927, pp. 546-560. またPage, James Smith, *Peace Education: Exploring Ethical and Philosophical Foundations*, Charlotte: IAP, 2008, pp. 67-69. も参照。
(68) イマニュエル・カント『永遠平和のために』宇都宮芳明訳、岩波文庫、1985年。
(69) オーストリア、イギリス、ナポリ、プロイセン、サルディニア、スペインが結成した。なお、対仏大同盟は1793年から1815年に至るまで計7回結成されることになる。
(70) 日本では自動的に「民族自決権」と翻訳・表現されてしまうが、フランス語で表現するところの « Droit des peuples à disposer d'eux-mêmes » の « peuples » は、必ずしも「民族」を指しているわけではないだろう。そもそもフランスなどは民族の独立によって成立した国家ではなく、独立した国民となることを望む人民が自決することで形成された国家である。そうした多民族からなる1つの人民が自決することで生まれた国家はフランスに限らない。本書はあえて「人民自決」を用いたい（第3章の注30に関連）。
(71) ハプスブルク家が実際に統治・運営することができてきた自家領は「ドイツ国家」の領域を越えて広がっていたが、この家領全体の名称は歴史学的には「ハプスブルク君主国」と呼ばれている。三帝会戦の前年の1804年、神聖ローマ皇帝フランツ2世が「オーストリア皇帝」を自らの称号に加えることで、ハプスブルク家が統治する領土全体、すなわち「ハプスブルク君主国」をもって「オーストリア帝国」が成立した。
(72) Comte de Las Cases, *Mémorial de Sainte-Hélène, ou journal ou se trouve consigné, jour par jour, ce qu'a dit et fait Napoléon durant dix-huit mois*, tome VII, Bruxelles: L'Imprimerie de H. Remy, 1823, pp. 182-183（14 novembre 1816）.（エマニュエル・ド・ラス・カーズ『セント=ヘレナ覚書』小宮正弘編訳、潮出版社、2006年）
(73) De Staël, Anne Louise Germaine, *De la littérature considérée dans ses rapports avec les institutions sociales, suivi de l'influence des passions sur le bonheur des individus et des nations*, Paris: Charpentier, 1844, p. 310.
(74) Novalis, « Christendom or Europe », *Hymns to the Night, and Other Selected*

(48) 16世紀後半、ポーランドは東ヨーロッパに覇を唱える強国となっていたものの、17世紀半ば頃よりその勢力を減退させ始めていた。そして、ポーランドは大北方戦争の戦場となることによって甚大なる被害を被り、ロシアの保護国という立場に追い込まれていく。

(49) Voltaire, « Histoire de l'Empire de russie sous Pierre le grand », *Œuvres complètes de Voltaire*, tome XXIIII, Paris: De l'imprimerie de la Société littéraire-typographique, 1784.

(50) Rousseau, Jean-Jacques, *Du contrat social, ou Principes du droit politique*, Autun: chez J. P. Bresson, 1795, pp. 85-86.（ジャン=ジャック・ルソー『社会契約論』桑原武夫・前川貞次郎訳、岩波文庫、1954年）

(51) ベルリンを本拠地とするホーエンツォレルン家のブランデンブルク辺境伯領（選帝侯）などを源泉とする国家である。「大王」と呼ばれるフリードリヒ2世（1712～1786年）の治世下において、ハプスブルク家などとの戦争を繰り返して、大きく発展を遂げ、国際政治の重要なアクターとなっていく。

(52) D'Alembert, Jean Le Rond, *Discours préliminaire de l'Encyclopédie*, Introduit par Malherbe, Michel, Paris: Vrin, 2000, p. 137.

(53) 英語が外交上の共通言語となるのは第一次世界大戦の講和会議、パリ講和会議（1919年）以降のことである。

(54) Voltaire, « Dictionnaire philosophique IV », *Œuvres complètes de Voltaire*, Vol. 20, Paris: Garnier Frères, 1879, pp. 185-186.（ヴォルテール『哲学辞典』高橋安光訳、法政大学出版局、1988年）

(55) Voltaire, « Discours préliminaire sur le poème de Fontenoy », *Œuvres complètes de Voltaire*, vol. 8, Paris: Garnier Frères, 1877, p. 377.

(56) Rousseau, Jean-Jacques, « Considération sur le gouvernement de Pologne et sur sa reformation projetée », La Haye: Chez P. F. Gosse, Lausanne: Chez François Grasset, 1783, pp. 16-17.（ジャン=ジャック・ルソー「ポーランド統治論」『ルソー全集（第5巻）』永見文雄訳、白水社、1979年）

(57) まさに「博愛」という意味である。

(58) Penn, William, *An Essay Towards the Present and Future Peace of Europe by the Establishment of Dyet, Parliament Or Estates*, Hildesheim: Olms-Weidmann, 1983.

(59) « Empire of Germany »、すなわち「ドイツ帝国」と表記されている。神聖ローマ皇帝家・ハプスブルク家が（実際に統治できているか否かは別として）君主（ドイツ王）として君臨する「ドイツ国家」のことであるが、ペンが生きた時代の神聖ローマ帝国は正式名称として「ドイツ国民の神聖ローマ帝国」（傍点筆者）を採用するようになっていた（第1章の注14に関連）。

(60) Bellers, John, *Some Reasons for an European State, Proposed to the Powers of Europe, by an Universal Guarantee, and an Annual Congress, Senate, Dyet, Or Parliament*, Charleston: BiblioBazaar, 2010.

(61) De Saint-Pierre, Charles Irénée Castel, *Mémoires pour rendre la paix perpétuelle en Europe*, Cologne: Jaques le Pacifique, 1712.

(36) Erasmus, Desiderius, & Constantinescu-Bagdat, Élise, *La "Querela pacis" d'Erasme*, Paris: PUF, 1924.（デジデリウス・エラスムス『平和の訴え』箕輪三郎訳、岩波文庫、1961年）

(37) Rodé, Franc, *op. cit.*, p. 20. また Bugnon-Mordant, Michel, *Sauver l'Europe: essai*, Paris: Editions l'Age d'Homme, 2000、Chabert, George, *L'idée européenne: entre guerres et culture: de la confrontation à l'union*, Bruxelles: P. I. E. Peterlang, 2007、あるいは Clogan, Paul Maurice(ed.), *Scales of Connectivity, Medievalia et Humanistica, No. 35: Studies in Medieval and Renaissance Culture*, Lanham: Rowman & Littlefield, 2009 なども参照。

(38) Boccalini, Traiano, *Advices from Parnassus, in two centuries, with the Political touchstone, and an appendix to it*, Charleston: Nabu Press, 2010.

(39) 気候の差に注目した知識人の名前とその著作を古い方から挙げるならば、ジローラモ・ガリンベルティ（1506～1563年）の『自然と道徳の問題』（1549年）、フランソワ・ド・ベルフォレ（1530～1583年）の『世界史』（1550年）、ギョーム・ポステル（1510～1581年）の『世界の驚異』（1553年）、そしてボダンの『歴史研究の方法』（1566年）や『国家論』などがある。なお、本文中に記述しているボダンの気候論については、Bodin. *op. cit.*, pp. 516-543 を参照した。

(40) Montesquieu, Charles de, *De l'esprit des lois*, tome I, Paris: Didot, 1816, pp. 242-243.（シャルル・ド・モンテスキュー『法の精神（上・中・下）』野田良之・稲本洋之助・上原行雄・田中治男・三辺博之・横田地弘訳、岩波文庫、1989年）。ただし、モンテスキューはヨーロッパ人が新大陸で殺戮を行い、黒人を奴隷化したことを記しており、単にヨーロッパを礼賛しているわけではないことに注意せねばならない（*Ibid.*, p. 190）。

(41) Montesquieu, Charles de, *Lettres persanes de Montesquieu: Précédées de son Eloge par D'Alembert*, Paris: P. Pourrat Frères, 1831, pp. 325-329.（シャルル・ド・モンテスキュー『ペルシア人の手紙（上・下）』大岩誠訳、岩波文庫、1997年）

(42) Voltaire, *Le siècle de Louis XIV*, Londres: Chez R. Dodsley, 1752.（ヴォルテール『ルイ十四世の世紀（1～4）』丸山熊雄訳、岩波文庫、1958～1983年）

(43) 正確に表記すれば「社会」ではなく、「共和国（République）」である。*Ibid.*, p. 6.

(44) Rousseau, Jean-Jacques, *Extrait du projet de paix perpétuelle de Monsieur l'Abbé de Saint-Pierre*, Amsterdam: Chez Marc Michel Rey, 1761, pp. 19-20.（ジャン=ジャック・ルソー「サン=ピエール師の永久平和論抜粋」『ルソー全集（第4巻）』宮治弘之訳、白水社、1978年）

(45) Vico, Giambattista, *Œuvres choisies de Vico: contenant ses mémoires écrits par lui-même, la science nouvelle, les opuscules, lettres, etc., précédées d'une introduction sur sa vie et ses ouvrages*, traduit par Jules, Michelet, tome III, Paris: Flammarion, 1840, pp. 238-240.（ジャンバッティスタ・ヴィーコ『新しい学』上村忠男訳、法政大学出版局、2007年）

(46) Leca Antoine, *op. cit.*, p. 33.

(47) Montesquieu, Charles de, *l'esprit, op. cit.*, p. 15. 正確には「ロシア」ではなく「モスクワ大公国（Moscovie）」と表記されている。

なく死去したため、ポルトガル王位をめぐる争いが勃発した。スペイン・ハプスブルク家は軍隊をもってこれに介入し、スペインとポルトガルを同君連合国家とした。60年後の1640年になって、ようやくポルトガルはブラガンサ家のもとでスペインから独立を果たすことになる。

(24) Crucé, Emeric, *Le Nouveau Cynée ou Discours d'Etat: Représentant les occasions et moyens d'établir une paix générale et liberté du commerce par tout le monde*, Rennes: Presses universitaires de Rennes, 2004.

(25) « Roi de la Chine »（中華王）と記載されている。*Ibid.*, p. 90.

(26)「重商主義」は「重金主義」（金銀財宝だけを国富とみなしつつ、対外的な貴金属取引を規制することで、国内に金銀を蓄える）と「貿易差額主義」（一般的な貿易取引の黒字化を図ることで国富を増大させ、金銀を蓄える）の二つに大きく分けることができる。フランスが採用したのは後者である。

(27) ドイツ王を選ぶ権利、すなわち選定権を保持していたドイツの諸侯のことである。ドイツ王は神聖ローマ帝国に戴冠されうるため、日本語では一般的に選"帝"侯と呼ばれる。ドイツ語原語を見るなら、選定侯とする方が相応しい。

(28) 後述するように、オーストリア・ハプスブルク家側にはヨーロッパ諸国に加えてロシアがつき、オスマン帝国はハンガリーおよびトランシルヴァニアを失う。敗戦によってオスマン帝国はその勢力を減退させ、ヨーロッパ諸国に対し一転して防戦する立場になっていく。

(29) この戦争でイタリアのサヴォイア家は反仏同盟側についた。たとえば、カンパネッラが想定したように、フランスがその力を増すときには、イタリア諸侯はハプスブルク家を支援するのである。

(30) 前述のようにルイ14世の妃はスペイン・ハプスブルク家出身である。したがって、孫はスペイン・ハプスブルク家の血を引いている。なお、ルイ14世の母もまたスペイン・ハプスブルク家出身である。

(31) モスクワ大公イヴァン3世（1440年～1505年）の妻（継室）は、東ローマ帝国最後の皇帝コンスタンティノス11世（1405年～1453年）の姪にあたる。

(32) Bonneaud, Pierre, « La Papauté et les Hospitaliers de Rhodes aux lendemains de la chute de Constantinople（1453-1467）», *La Papauté et les croisades/The Papacy and the Crusades*（*Crusades - Subsidia*）, Edited by Balard, Michel, Farnam: Ashgate, 2011, p. 207.

(33) Ariosto, Lodovico, *Roland Furieux: Nouvelle Traduction, Avec La Vie de L'Arioste*, traduit par Mazuy, M. A., tome II, Paris: F. Knab, 1839, p. 41.

(34) Tasso, Torquato, *Jérusalem délivrée, poème traduit de l'Italien*, tome I, Paris: Bossange et Masson, 1810.（トルクァート・タッソ、アルフレード・ジュリアーニ編『エルサレム解放』鷲平京子訳、岩波文庫、2010年）また、Rodé, Franc, *Église, nations et démocratie: de la Slovénie au Vatican*, Paris: Beauchesne Editeur, 1993, p. 20. を参照。

(35) Camões, Luís de, & Hermilly, Vaquette de, *La Lusiade de Louis Camoëns: poëme héroique, en dix chants*, tome I, Paris: Nyon aîné, 1776.（ルイス・デ・カモンイス『ウズ・ルジアダス　ルーススの民のうた』池上岑夫訳、白水社、2000年）

ゾ・カンパネッラ『太陽の都』近藤恒一訳、岩波文庫、1992年）

(14) Meinecke, Friedrich, "Campanella", *Machiavellism, The Doctrine of Raison d'Etat and Its Place in Modern History*, Translated by Scott, Douglas, New Brunswick: Transaction Publishers, 1998, pp. 102-103.（フリードリヒ・マイネッケ「カムパネルラ（第一編・第4章）」『近代史における国家理性の理念（新装版）』菊盛英夫・生松敬三訳、みすず書房、1976年）

(15) Meinecke, Friedrich, "Botero and Boccalini", *Machiavellism, The Doctrine of Raison d'Etat and Its Place in Modern History*, Translated by Scott, Douglas, New Brunswick: Transaction Publishers, 1998, p. 85.（フリードリヒ・マイネッケ「ボテロとボッカリーニ（第一編・第3章）」『近代史における国家理性の理念（新装版）』菊盛英夫・生松敬三訳、みすず書房、1976年）

(16) Meinecke, Friedrich, "The Doctrine of the Best Interest of the State in France at the time of Richelieu", *Machiavellism, The Doctrine of Raison d'Etat and Its Place in Modern History*, Translated by Scott, Douglas, New Brunswick: Transaction Publishers, 1998, pp. 146-162.（フリードリヒ・マイネッケ「リシュリューのフランスにおける国家利害説（第一編・第6章）」『近代史における国家理性の理念（新装版）』菊盛英夫・生松敬三訳、みすず書房、1976年）

(17) Don Quevedo, Francisco, *The Works of Don Francisco Quevedo*, vol. III, Edinburgh: Mundell & Son, 1798.

(18) « la paix et la tranquillité sont assurées par un juste équilibre de la puissace...meilleur fondement d'une amitié et d'une union durable... »: Legohérel, Henri, *Histoire du droit international public*, Paris: PUF, 1996, p. 45.

(19) Centre d'Etudes et de Recherches d'Histoire des Idées et des Institutions Politiques, *op. cit.*, p. 40.

(20) ブルゴーニュ公領はブルゴーニュ地方を中心にドイツ西部からフランス東部、そしてネーデルラントにかけて存在し、長らく高い独立性を保ち続けた。しかし、1477年、ブルゴーニュはフランス王領に編入され、ブルゴーニュ公位とネーデルラントは血縁関係からハプスブルク家に継承された。したがって、当時のブルゴーニュ公領は本貫たるブルゴーニュではなくネーデルラントを中心に広がっていた。

(21) 本文中で後述しているように、「大計画」について記されているシュリー公の本にはさまざまな版がある。ここでは次のものだけを挙げておく。Maximilien de Béthune（le duc de Sully）, *Economies royales*, Paris: Guillaumin, 1820.

(22) イギリスについては« l'Angleterre »と表記されている。この« l'Angleterre »は、シュリー公の執筆時期、つまりステュアート朝によるイングランドとスコットランドの同君連合がすでに始まっているという事実を鑑みれば、スコットランドを含む概念として用いられているはずであるので、イングランドではなく「イギリス」と訳した。神聖ローマ帝国については« l'Empereur »、つまり「皇帝」と表記されるのみである。また、イタリアについては、イタリアという表記があるわけではなく、さまざまな公国の連合体という実態から«（république）Ducale »、つまり強いて訳せば「諸公共和国」と表記されている。

(23) 1580年、ポルトガル国王エンリケ1世（1512～1580年）は後継者を残すこと

Torquemada, Translated by Nederman, Cary J. and Izbicki, Thomas M, Bristol: Thoemmes Press, 2000, p. 101.

(39) Wolton, Dominiques, *Demains précaires: textes des conférences et des débats*, Lausanne: L'Age d'homme, 2008, p. 170.

第2章

(1) 754年、フランク国王ピピン3世がイタリア半島に存在したランゴバルド王国から奪った土地をローマ教皇に寄進したことで始まった世俗国家である。

(2) John of Paris, *John of Paris on Royal and Papal Power*, Translated with an introduction by Watt, John A., Toronto: Pontifical Institute of Mediaeval Studies, 1971, pp. 85-86.

(3) Marsilius of Padua, *Defensor Pacis*, Translated by Gewirth, Alan, Toronto: University of Toronto Press, 1980.（パドヴァのマルシリウス「平和の擁護者」『中世思想原典集成(18)』上智大学中世思想研究所編訳（稲垣良典編訳）、平凡社、1998年）

(4) 1529年、オスマン帝国軍がハプスブルク家の本拠地ウィーンに迫ると、皇帝はルター派を容認する姿勢をとった。ところが、オスマン帝国軍がウィーンの包囲を解いて撤退すると、皇帝はルター派を再び禁止した。こうした措置に強く抗議したルター派は「プロテスタント（抗議者)」と呼ばれるようになった。

(5) ユグノーとはフランスのカルヴァン派プロテスタントのことである。

(6) イベリア半島北部に興った王国である。エンリケ3世の時代にはピレネー山脈の北側に存在する小さな王国となっていたが、エンリケ3世がアンリ4世としてフランス国王に即位すると、ナバラ王国はフランス王国に統合された。

(7) 1617年、ボヘミア王位を継承したハプスブルク家のフェルディナント（1578～1637年）(1619年にフェルディナント2世として皇帝位を継承）は、プロテスタント教徒への弾圧を開始した。フェルディナントの政策に反発したプロテスタント教徒はプラハ王宮を襲撃し、王の家来を窓から突き落とすという「プラハ窓外投擲事件」を引き起こした。

(8) Centre d'Etudes et de Recherches d'Histoire des Idées et des Institutions Politiques, *L'Europe entre deux tempéraments politiques: idéal d'unité et particularismes régionaux*, Marseille: Presses universitaires d'Aix-Marseille, 1994, p. 24. また Grotius, Hugo, & Pradier-Fodéré, Paul Louis Ernest, *Le droit de la guerre et de la paix*, tome II, Paris: Guillaumin et Cie, 1867.（フーゴー・グロ一チウス『戦争と平和の法（全3巻)』）一又正雄訳、酒井書店、1989年）も参照。

(9) ニッコロ・マキアヴェッリ『君主論』河島英昭訳、岩波文庫、1998年。

(10) Bodin, Jean, *Les Six Livres de la République*, Paris: Jacques du Puy, 1577.

(11) トマス・ホッブズ『リヴァイアサン（改訳版）(1～4)』水田洋訳、岩波文庫、1992年。

(12) Bossuet, Jacques-Bénigne, « Politique tirée de l'Ecriture sainte », *Œuvres de Bossuet*, Paris: Beaucé, 1818.

(13) Campanella, Tommaso, « La cité du soleil », *Œuvres choisies de Campanella, précédées d'une notice par Colet, Louise*, Paris: Lavigne, 1844, pp. 157-232.（トマー

(23) 本文中の『ワルタリウス』に関する解釈は、Lopez, Robert Sabatino, *op. cit.* や Duroselle, Jean-Baptiste, *op. cit.* などを参考にした。

(24) 封土はノルマンディー半島と呼ばれるようになった。

(25) 後述するが、ロベール1世の子孫はイングランドに侵攻し、ノルマン朝を打ち立てた（第2章冒頭に記載）。

(26) *La Chanson de Walther (Waltharii poesis),* Traduit par Albert, Sophie, Menelgaldo, Silvère, Mora, Francine, Grenoble: ELLUG, Université Stendhal, 2008, p. 47.

(27) 「大空位時代」にドイツ王が存在しなかったわけではない。弱小諸侯や国外諸侯がドイツ王に推戴されることで、事実上のドイツ王不在のような状況が生まれたのである。なお、空位とはドイツ王不在という意味であって、皇帝が不在という意味ではない。ハプスブルク家のルドルフ1世はドイツ王に即位し「大空位時代」を終焉させたものの、皇帝になることができなかった。ルドルフ1世以前にも皇帝にならなかったドイツ王は何人も存在した。

(28) Giles of Rome, *Giles of Rome's On Ecclesiastical Power: A Medieval Theory of World Government: a Critical Edition and Translation*, Edited and translated by Dyson, Robert William, New York: Columbia University Press, 2004.

(29) James of Viterbo, *James of Viterbo: De Regimine Christiano: a Critical Edition and Translation*, Edited and translated by Dyson, Robert William, Leiden: Brill, 2009.

(30) Ladner, Gerhart Burian, *Images and Ideas in the Middle Ages. Selected Studies in History and Art*, vol. II, Rome: Ed. di Storia e Letteratura, 1983, p. 889.

(31) Engelbert of Admont, « De ortu et fine Romani imperii », *Three Tracts on Empire: Engelbert of Admont, Aeneas Silvius Piccolomini and Juan de Torquemada*, Translated by Nederman, Cary J. and Izbicki, Thomas M, Bristol: Thoemmes Press, 2000.

(32) Dante Alighieri, *The De Monarchia of Dante Alighieri*, Translated by Church, Frederick John, London: Macmillan, 1879.

(33) 字数の関係上具体的に扱うわけにはいかないが、皇帝権を重視するヴィジョンとして、オッカムのウィリアム（1285? ～ 1347年）の『対話』（1338 ～ 1343年）やベーベンブルクのルーポルト（1297? ～ 1363年）の『王国とローマ帝国の諸権利』（1340年）といった書物の名前を挙げておく。

(34) Engelbert of Admont, *op. cit.*, pp. 71-72, 78-79.

(35) Dante Alighieri, *op cit.*, pp. 32-33.

(36) Dubois, Pierre, *De Recuperatione Terre Sancte: Traité De Politique Générale*, publié d'après le manuscrit du Vatican par Langlois, Charles Victor, Paris: Alphonse Picard, 1891.

(37) King George of Bohemia, *The Universal Peace Organization of King George of Bohemia: A Fifteenth Century Plan for World Peace, 1462/1464*, Edited by Kejr, Jiri, Prague: Publishing House of the Czechoslovak Academy of Sciences, 1964.

(38) Piccolomini Aeneas Silvius, « De ortu et auctoritate romani imperii », *Three Tracts on Empire: Engelbert of Admont, Aeneas Silvius Piccolomini and Juan de*

ropéens depuis le bouleversement de l'Empire romain d'Occident jusqu'en 1789, tome III, Paris: Librarie de Gide Fils, 1830, p. 292 によれば、両者の同盟によって、キリスト教徒の聖地巡礼について、その安全が保証されることになったという。

(12) 855年、中フランク王国を継承したロタール1世（795～855年）が死去すると、東西フランク王国が介入し、領土の一部を分割吸収した。アルプス山脈以南に成立した中世イタリア王国は、やがて西フランク王国に併合された後、最終的には963年に神聖ローマ帝国に吸収され、さらに複数の小規模な国家に分裂していくことになる。イタリア再統一は19世紀を待たねばならない。

(13) Kissinger, Henry, *Dimplomacy*, New York: Simon & Schuster, 1994, p. 56.（ヘンリー・キッシンジャー『外交（上・下）』岡崎久彦訳、日本経済新聞社、1996年）

(14) 帝国の名称をめぐっては、ローマ帝国（Imperium Romanum）、神聖帝国（Sacrum Imperium）、神聖ローマ帝国（Sacrum Romanum Imperium）と時代ごとの変化が見られた。後述するように、中世ヨーロッパでは徐々に主権国家が成立していくが、帝国の名称も最終的にはドイツ国民の神聖ローマ帝国（Sacrum Romanum Imperium Nationis Germanicæ）に変化を遂げる。

(15) Filon, Charles Auguste Désiré, *Du pouvoir spirituel dans ses rapports avec l'Etat depuis l'origine de la monarchie française jusqu'à la révolution de 1830*, Paris: Hachette, 1844, pp. 24-25.

(16) その後、ハインリヒ4世はドイツ内部の反対派を抑え込んだ。そして、再びグレゴリウス7世との間で摩擦が生じるや、1081年、軍隊をもってローマを取り囲んだ。グレゴリウス7世はローマから南イタリア・サレルノへ逃れ、そこで憤死した。

(17) Saint Bede（the Venerable）, "Ecclesiastical history（books I, II, III）", *The Miscellaneous Works of Venerable Bede*, vol. II, London: Whittaker, 1843.「ヨーロッパ」という語は2度用いられている（ベーダ『ベーダ英国民教会史』高橋宏訳、講談社、2008年）。

(18) 長らくイベリア半島のセビリア大司教を務め、今日、インターネット利用者およびプログラマーの守護聖人となっているセビリアのイシドールス（560?～636年）とは別人である。

(19) Weydert, Jean, & Béroud, Sophie, *Le devenir de l'Europe*, Paris: Editions de l'Atelier, 1997, p. 16.

(20) Imbert, Jean, *Histoire du droit et des institutions de l'Eglise en Occident, tome 5, Les temps carolingiens, volume 1, L'église: Les institutions*, Paris: Editions Cujas, 1994, p. 182. また以下も参照。Chabert, George, *L'idée européenne: entre guerres et culture: de la confrontation à l'union*, Bruxelles: P. I. E. Peterlang, 2007.

(21) Tournier, Maurice, *Propos d'étymologie sociale: Tome 3: Des sources du sens*, Paris: ENS-LSH Editions, 2004, p. 87. アンジルベールの発言については、*Monumenta Germaniae Historica* のうち、Poetae Latini medii aevi に出てくるとのこと。

(22) Leca, Antoine, *La république européenne: introduction à l'histoire des institutions publiques et des droits communs de l'Europe. L'unité perdue (476-1806)*, Aix-en-Provence: Presses Universitaires d'Aix-Marseille, 2000, p. 34.

(16) 今日の経済統合から始まったヨーロッパ統合のあり方を見れば、“経済的ヨーロッパ”という視点もありうるだろう。しかし、経済的関係は基本的にグローバルなものであって、ヨーロッパの領域を決定・限定する基準としては不相応しいとは言い難い。また、前述のように、経済領域から進んでいく経済統合であっても、必ず諸国家・諸国民の政治的決定に則って実行される。すなわち政治的な行為である。本書においては、“経済的ヨーロッパ”は「政治的ヨーロッパ」の一部分としてとらえたい。

(17) たとえば、デュロゼルはヨーロッパ統合思想を「原理」、「力」、「多様性」、「相互承認」の四つに分類しているが（*Ibid.*, pp. 319-322)、日本においてこうした表現が意味するものは一読では伝わり難いように思われる。そこで筆者は独自の視点をもって「信条」、「覇権」、「諸国家分立」、「超国家」という形で分類し直した。また、デュロゼルは、互いに独立した多様なる諸国家が勢力均衡を図っている状況、つまり「諸国家分立」という状況を「多様性」と表現するものの、今日の超国家性を強めるＥＵにおいては、諸国家・諸国民の文化的多様性を尊重したうえで統合を進めていくあり方が「多様性の中での統合」と表現されている。「多様性」を「諸国家分立」の意味で用いるわけにはいかないのである。

第１章

(1) « renovatio imperii »（帝国の再建）と呼ばれる。

(2) Procope de Césarée, *De la Guerre contre les Vandales, Les œuvres de Procope de Césarée, traduites par Léonor de Mauger*, Paris: Chez Guillaume de Luyne, 1670, pp. 2-3. プロコピオスは東ローマ帝国とアフリカに広がるヴァンダル王国の間で起きた「ヴァンダル戦争」について記す中で、このような世界観を披瀝する。ただし、プロコピオスはアフリカ（リビア）という表現自体は用いている。

(3) ペトロはローマ教会の首座たる教皇の初代としてみなされている。

(4) 当時、多くのゲルマン系諸部族には325年のニカイア公会議において異端とされたアリウス派のキリスト教が広がっていた。

(5) Lopez, Robert Sabatino, *Naissance de l'Europe*, Paris: A.Colin, 1962, p. 84.

(6) Pirenne, Henri, *Mahomet et Charlemagne*, Paris: PUF, 2005, p. 166.（アンリ・ピレンヌ『ヨーロッパ世界の誕生――マホメットとシャルルマーニュ』増田四郎監修、佐々木克巳・中村宏訳、創文社、1960年）

(7) Melmoux, Emmanuel, & Mitzinmacker, David, *100 personnages qui ont fait l'histoire de France*, Paris: Editions Bréal, 2004, p. 34.

(8) 封建制を支える要素の１つとして農奴制があるが、イングランドやフランスなどのように農奴制が徐々に解消されていった地域もあれば、エルベ川以東のドイツのように農奴制が根強く残り続けた地域もある。

(9) マホメットの死後のイスラム教における最高権威者の称号である。

(10) アッバース朝イスラム帝国の最盛期を築きあげたカリフとして知られている。

(11) Roy, Just-Jean-Etienne, *Histoire de Charlemagne et de son siècle*, Tours: A. D. Mame et Cie, 1838, p. 139をはじめとして、両者の同盟はさまざまな歴史書に登場する。また Schöll, Maximilian Samson Friedrich, *Cours d'histoire des Etats eu-*

注

序　章

（1）2008年秋時点（リーマン・ショック発生時点）でのユーロ参加国は15カ国であり、その後、2009年1月にスロバキア、2011年1月にエストニア、2014年1月にラトビアがユーロ圏入りを果たした。

（2）社会科の教科書などでは「ヨーロッパ共同体」と表記されているが、英語の原語表記 « European Communities » を考えれば、「ヨーロッパ“諸”共同体」の方が訳語として正確である。

（3）増田四郎『ヨーロッパとは何か』岩波新書、1967年。

（4）« la limite territoriale » というフランス語の翻訳である。

（5）Valéry, Paul, « La crise de l'esprit », *Variété*, vol. 1, Paris: Éditions du Sagittaire, 1934, p. 36.（ポール・ヴァレリー『精神の危機　他15編』恒川邦夫訳、岩波文庫、2010年）

（6）リビアの語源たるリュビエーも、アジアの語源たるアシアーもギリシャ神話の登場人物である。そして、リュビエー、エウロペ、アシアーは三姉妹だとされることがある。

（7）Hérodote, & Didot, Firmin, *Histoire d'Hérodote ; suivie de la Vie d'Homère*, tome 1, Paris: Librairie de Firmin didot frères, 1858.（ヘロドトス『ヘロドトス歴史（上・中・下）』松平千秋訳、岩波文庫、1971～1972年）

（8）2013年以来、このドン川からアゾフ海というラインを挟んで、東方のロシアが西方のＥＵの支持を受けた隣国ウクライナと対立状態に陥っていることは大変興味深い。

（9）Eschyle, *Les Perses*, traduit par Hélène Cixous, Paris: Garnier Flammarion, 2000.（アイスキュロス『ギリシア悲劇〈1〉アイスキュロス』高津春繁訳編、ちくま文庫、1985年）

（10）プラトン『国家』藤沢令夫訳、岩波文庫、2009年。

（11）クセノフォーン『ソクラテスの思い出』佐々木理訳、岩波文庫、1974年。

（12）アリストテレス『政治学』山本光雄訳、岩波文庫、1961年。

（13）Strabon, *Géographie*, traduit par Tardieu, Amédée Eugène, tome 1, livre I à VI, Paris: Hachette, 1886.（ストラボン『ギリシア・ローマ世界地誌』飯尾都人訳、龍溪書舎、1994年）

（14）Pline l'Ancien, *Histoire naturelle de Pline*, traduit par Emile Littré, tome 1, Paris: J. J. Dubochet, Le Chevalier et Cie, 1848.（プリニウス『プリニウスの博物誌（I～III）』中野定雄・中野里美・中野美代訳、雄山閣出版、1986年）

（15）Duroselle, Jean-Baptiste, *L'idée d'Europe dans l'Histoire*, Paris: Denoël, 1968, p. 25.

gionaux, Marseille: Presses universitaires d'Aix-Marseille, 1994.
Chabert, George, *L'idée européenne: entre guerres et culture: de la confrontation à l'union*, Bruxelles: P. I. E. Peterlang, 2007.
Chevènement, Jean-Pierre, *France-Allemagne, Parlons franc*, Paris: Plon, 1996.
Duroselle, Jean-Baptiste, *L'Europe, Histoire de ses peuples*, Paris: Hachette littératures, 2004.
Duroselle, Jean-Baptiste, *L'idée d'Europe dans l'Histoire*, Paris: Denoël, 1968.
Elissable, Bernard (dir.) *Géopolitique de l'Europe*, Paris: Nathan, 2005.
Ferry, Jean-Marc, *La question de l'État européen*, Paris: Gallimard, 2000.
Grant, Charles, *Delors: inside the house that Jacques Built*, London: Nicholas Brealey Publishing, 1994.（グラント、チャールズ『EUを創った男——ドロール時代一〇年の秘録』伴野文夫訳、日本放送出版協会、1995年）
Hayek, Friedrich A. von, *The road to selfdom*, London: George Routledge & Sons Ltd, 1944.（ハイエク、フリードリヒ『隷属への道』西山千明訳、春秋社、1992年）
Haller, Max, *European Integration as an Elite Process: The Failure of a Dream?*, New York: Routledge, 2008.
Kissinger, Henry, Diplomacy, New York: Simon & Schuster, 1994.（キッシンジャー、ヘンリー『外交（上・下）』岡崎久彦訳、日本経済新聞社、1996年）
Leca, Antoine, *La république européenne: introduction à l'histoire des institutions publiques et des droits communs de l'Europe. L'unité perdue (476-1806)*, Aix-en-Provence: Presses Universitaires d'Aix-Marseille, 2000.
Lopez, Robert Sabatino, *Naissance de l'Europe*, Paris: A.Colin, 1962.
Nurdin, Jean, *Le rêve européen des penseurs allemands 1700-1950*, Villeneuve d'Ascq: Presses Universitaires de Septentrion, 2003
Prochasson, Christophe, *Saint-Simon, ou l'anti-Marx*, Paris: Perrin, 2005.
Rolland, Patrice, *L'Unité politique de l'Europe: histoire d'une idée: les grands textes*, Bruxelles: Emile Bruylant, 2006.
Schnapper, Dominique, *La communauté des citoyens, Sur l'idée moderne des nations*, Paris: Gallimard, 1994.
Vovelle, Michel, *Les Jacobins: De Robespierre à Chevènement*, Paris: La Décourverte/Poche, 2001.
Weydert, Jean, & Béroud, Sophie, *Le devenir de l'Europe*, Paris: Editions de l'Atelier, 1997.
Winock, Michel, *Parlez-moi de la France*, Paris: Éditions du seuil, 1997.（ヴィノック、ミシェル『フランスの肖像——歴史・政治・思想』大嶋厚訳、吉田書店、2014年）

参考文献（主に本文全体に関係するもの）

明石和康『ヨーロッパがわかる――起源から統合への道のり』岩波ジュニア新書、2013年。

井上達夫『普遍の再生』岩波書店、2003年。

石川明・櫻井雅夫編『EUの法的課題』慶應義塾大学出版会、1999年。

金丸輝男編『ヨーロッパ統合の政治史――人物を通して見た歩み』有斐閣、1996年。

クーデンホーフ=カレルギー、リヒャルト『クーデンホーフ・カレルギー全集（全10巻）』鹿島守之助他訳、鹿島研究所出版会、1970年。

坂井栄八郎・保坂一夫『ヨーロッパ=ドイツへの道』東京大学出版会、1996年。

ド・サン=シモン、クロード=アンリ『サン-シモン著作集（全5巻）』森博訳、恒星社厚生閣、1987～1988年。

清水嘉治・石井伸一『新EU論―― 欧州社会経済の発展と展望』新評論、2001年。

シュミット、カール『憲法論』阿部照哉・村上義弘訳、みすず書房、1974年。

鈴木規子『EU市民権と市民意識の動態』慶應義塾大学出版会、2007年。

田中俊郎・庄司克宏『EUと市民』慶應義塾大学出版会、2005年。

辰巳浅嗣編『欧州統合の現在』創元社、2004年。

辻村みよ子『人権の普遍性と歴史性』創文社、1992年。

トドロフ、ツヴェタン『われわれと他者』小野潮・江口修訳、法政大学出版局、2002年。

中野裕二『フランス国家とマイノリティ――共生の「共和制モデル」』国際書院、1996年。

ハーバーマス、ユルゲン（他）『過ぎ去ろうとしない過去――ナチズムとドイツ歴史家論争』徳永恂（他）訳、人文書院、1995年。

樋口陽一『憲法　近代知の復権へ』東京大学出版会、2002年。

ヒーター、デレック『市民権とは何か』田中俊郎・関根政美訳、岩波書店、2002年。

増田四郎『ヨーロッパとは何か』岩波新書、1967年。

宮島喬・羽場久浘子編『ヨーロッパ統合のゆくえ――民族・地域・国家』人文書院、2001年。

宮本光雄『国民国家と国家連邦 欧州国際統合の将来』国際書院、2002年。

安江則子『ヨーロッパ市民権の誕生――マーストリヒトからの出発』丸善、1992年。

Anderson, Benedict, *Imagined Communities: reflections on the origin and spread of nationalism,* London, New York: Verso, 1991.（アンダーソン、ベネディクト『想像の共同体――ナショナリズムの起源と流行』白石さや・白石隆訳、ＮＴＴ出版、1997年）

Beaud, Olivier, *La puissance de l'Etat,* Paris: PUF, 1994.

Beaud, Olivier, "The question of nationality within a federation: a neglected issue in nationality law", *Dual nationality, social rights and federal citizenship in the US and Europe: the reinvention of citizenship,* NewYork: Berghahn Books, 2002.

Centre d'Etudes et de Recherches d'Histoire des Idées et des Institutions Politiques, *L'Europe entre deux tempéraments politiques: idéal d'unité et particularismes ré-*

1852	ナポレオン３世、フランス皇帝に戴冠
1860	英仏関税条約（コブデン＝シュヴァリエ条約）締結
1862	オットー・フォン・ビスマルク、プロイセン王国宰相に就任
1865	ラテン通貨同盟結成
1870 〜 1871	普仏戦争、ドイツ帝国成立とフランス帝国崩壊
1882	ドイツ、オーストリア＝ハンガリー、イタリアが「三国同盟」締結
1887	独露再保障条約締結
1890	ビスマルク、ドイツ帝国宰相より失脚
1891	露仏同盟締結（英仏協商締結（1904 年）および英露協商締結（1907 年）により「三国協商」出現）
1898	ファショダ事件
1904 〜 1905	日露戦争
1914 〜 1918	第一次世界大戦
1917 〜 1918	ロシア革命、ソビエト連邦成立
1919	パリ講和会議、ヴェルサイユ体制成立
1923	クーデンホーフ＝カレルギー『パン・ヨーロッパ』発表
1928	パリ不戦条約（ケロッグ＝ブリアン条約）締結
1929	世界恐慌
1933	アドルフ・ヒトラー、ドイツ首相に就任
1939 〜 1945	第二次世界大戦
1946	ウィストン・チャーチル「鉄のカーテン（米ソ冷戦）」演説（3 月）および「ヨーロッパ合衆国論」演説（9 月）
1947	マーシャル・プランによりヨーロッパ経済協力委員会設立
1949	ロンドン条約締結、ヨーロッパ評議会設立
1951	パリ条約締結、ヨーロッパ石炭鉄鋼共同体設立
1957	ローマ条約締結、ヨーロッパ経済共同体・ヨーロッパ原子力共同体設立
1963	エリゼ条約締結
1965	ブリュッセル条約締結、ヨーロッパ諸共同体（EC）設立
1986	単一ヨーロッパ議定書調印
1991	ソビエト連邦崩壊
1992	マーストリヒト条約締結、ヨーロッパ連合（EU）設立
2000	単一通貨ユーロ、決済用仮想通貨として流通開始（2002 年に現金として流通開始）
2004	憲法条約締結（2005 年にフランスおよびオランダの国民投票で否決）
2007	リスボン条約締結
2009 〜現在	通貨危機・経済危機

略年表――「ヨーロッパ統合」をめぐる主要な出来事

年	出来事
395	ローマ帝国、東西に分割
476	西ローマ帝国滅亡
496	メロヴィング朝フランク国王クロヴィス、ローマ＝カトリックに改宗
660頃	マホメット、イスラム教を創始
732	トゥール・ポワティエ間の戦い
800	カロリング朝フランク国王カール1世（大帝）、「西ローマ皇帝」に戴冠
843	ヴェルダン条約、フランク王国が中東西に三分割
962	ザクセン朝東フランク国王オットー1世、神聖ローマ皇帝に戴冠
1076	叙任権闘争
1096	第1回十字軍遠征
1337～1453	英仏百年戦争
1378	教会大シスマ（大分裂）始まる
1452	オスマン帝国により東ローマ帝国滅亡
1492	クリストファー・コロンブスによるアメリカ大陸の地理学的発見
1517	マルティン・ルター、宗教改革を開始
1618～1648	三十年戦争、ウェストファリア講和会議
1641	シュリー公爵『王室財政論』発表（フランス国王アンリ4世「大計画」）
1682	ピョートル1世、ロシア皇帝に戴冠
1701～1714	スペイン継承戦争、ユトレヒト講和会議およびラシュタット講和会議 サン＝ピエール神父『恒久平和論』発表（1713年）
1775～1783	アメリカ独立戦争、アメリカ合衆国独立承認
1789	フランス革命
1804	ナポレオン1世、フランス皇帝に戴冠
1806	神聖ローマ皇帝フランツ2世退位、神聖ローマ帝国消滅
1814～1815	ウィーン会議、ウィーン体制成立とフランス帝国崩壊 サン＝シモン『ヨーロッパ社会再組織論』発表（1814年）
1833	ドイツ関税同盟成立
1848	諸国民の春（フランス2月革命、ウィーン3月革命、ベルリン3月革命）

【ワ行】

【ラ行】

【マ行】

【ヤ行】

【ナ行】

【ハ行】

【タ行】

【サ行】

【カ行】

事項索引

【マ行】

【ヤ行】

【ラ行】

【ナ行】

【ハ行】

【サ行】

【タ行】

人名索引

【ア行】

【カ行】

著者紹介

中嶋 洋平（なかしま・ようへい）

1980年生まれ。慶應義塾大学総合政策学部卒業。慶應義塾大学大学院政策・メディア研究科後期博士課程単位取得退学。フランス国立社会科学高等研究院（EHESS）政治研究系博士課程修了。政治学博士。現在、東洋大学ほか非常勤講師。専門は、政治思想史・ヨーロッパ統合思想史。

主な論文および訳書に、ドミニク・シュナペール『市民の共同体――国民という近代的概念について』（法政大学出版局、2015年予定）、「サン・シモン思想におけるヨーロッパ社会の「領域的限界」」（『KEIO SFC Journal』Vol.11 No.1、2011年）、「来るべき「欧州連邦」――その歴史性と現在」（『KEIO SFC Journal』Vol.7 No.1（総合政策学特別号）、2007年）など。

ヨーロッパとはどこか

統合思想から読む2000年の歴史

2015年3月20日　初版第1刷発行

著　者　中嶋洋平

発行者　吉田真也

発行所　合同会社 吉田書店

102-0072　東京都千代田区飯田橋2-9-6 東西館ビル本館32

TEL：03-6272-9172　FAX：03-6272-9173

http://www.yoshidapublishing.com/

装丁　奥定泰之

DTP　閏月社

印刷・製本　藤原印刷株式会社

定価はカバーに表示してあります。

ISBN978-4-905497-27-1